高级应用型人才培养的探索与实践

主　编　叶时平

副主编　夏　晴

浙江工商大学出版社
ZHEJIANG GONGSHANG UNIVERSITY PRESS

图书在版编目(CIP)数据

高级应用型人才培养的探索与实践 / 叶时平主编. —杭州：
浙江工商大学出版社,2018.10
ISBN 978-7-5178-0359-1

Ⅰ.①高… Ⅱ.①叶… Ⅲ.①民办高校—专业人才—人才培
养—浙江—文集 Ⅳ.①G648.7-53

中国版本图书馆 CIP 数据核字(2018)第225318号

高级应用型人才培养的探索与实践

主　编　叶时平

副主编　夏　晴

责任编辑	张莉娅　姚　嫒
封面设计	王妤驰
责任印制	包建辉
出版发行	浙江工商大学出版社
	（杭州市教工路198号　邮政编码310012）
	（E-mail:zjgsupress@163.com）
	（网址:http://www.zjgsupress.com）
	电话:0571-89995993,89991806(传真)
排　版	杭州朝曦图文设计有限公司
印　刷	虎彩印艺股份有限公司
开　本	710mm×1000mm　1/16
印　张	16.75
字　数	290千
版 印 次	2018年10月第1版　2018年10月第1次印刷
书　号	ISBN 978-7-5178-0359-1
定　价	50.00元

序

　　培养什么样的人、怎样培养人，一直是高校教育教学改革的中心议题。当前，我国高等教育正处于内涵发展、质量提升、改革攻坚的关键时期和全面提高人才培养能力、建设高等教育强国的关键阶段。"以人为本，全面提高人才培养能力"正成为新时代我国高水平本科教育人才培养体系建设的核心点。

　　对于地方新建本科院校而言，从我校30多年的办学实践看，牢牢把握新时代本科教育发展趋势和规律，针对学校自身发展阶段，紧紧围绕"地方性、应用型"办学定位，做好人才培养目标规划及能力与特色建设，应是实现高水平人才培养体系建设的基本途径。

　　浙江树人大学成立于1984年，自2003年升格为本科院校后，便开始了应用型本科人才培养理论与实践的探索。在学校董事会、学校党政班子的正确领导下和广大教职工的共同努力下，教学建设与教学改革日渐深入："升本"以后进行了升格转型、人才培养规格的大讨论；2005年确定了"高级应用型人才"培养定位；2006年全面启动"教学质量工程"；2009年实施"课程改革三年行动计划"；2010年开展"优秀课堂"创建活动；2011年明确提出了"教学服务型"大学的发展定位，教学领域强化"注重应用、服务需求"的理念，开始实施"千人业师"计划；2013年进一步深化高级应用型人才培养改革，将校企融合、课程改造和实践基地建设作为重点推进，"红石梁班""财通班""东忠班"等企业订单培养实体班、虚拟班快速成长；2014年学校推行了"课程改革与课堂创新三年行动计划"，创建了"家扬书院"，积极探索新时期大众化条件下培养应用型卓越人才的新路子。"升本"后十多年来，学校通过加强教学内涵建设，强化校企合作，对接地方产业发展等抓手，大力推进应用型人才培养，学校的教学质量得到了稳步提升，人才培养质量得到了社会认可。2015年底，学校被遴选为浙江省应用型试点示范建设高校，这既是对我们一以贯之培养应用型办学实践的最好肯定，也是对我们进一步探索校企合作、产教融合培养应用型人才的有力鞭策。2016年,学校将"行业学院"作为应用型院校建设的有力抓手,服务区域产业创新创业需求、创新合作模式,对接区域龙头企业,先后成立九个行业学院,形成校企合作、校政合作、校行合作、中外合作的"四轮驱动"架构和共同构建治理方式、共同制定人才培养方案、共同组建教学团队、共同建设教学资源、共同实施教学、共同打造产学研基地的"六个共同"协同模式,初步形成了校企"合作共赢、开放共享"的人才培养机制。

不断探索并实践应用型人才培养模式,是浙江树人大学这样一所新建的民办本科院校在激烈竞争中求生存求发展的内在需要,正是这种危机感和使命感,使得教育教学改革有一股内生的持久动力,从而形成一个很好的传统,即从学校领导到广大教职工都能自觉地将"工作、学习、研究"融于一体,把研究融于实践,把经验提升为理论,把理论用于指导教学,不断推进教学建设与教学改革。为总结近两年全校教学改革取得的成绩,我请教务部门收集了其间部分教研教改论文。其中,既有校领导的宏观研究,也有一线教师的实践探索。在酷暑假期,我一口气读完了这些论文,除了不少亮点文章让我惊喜外,更让我高兴的是,我校的教学改革与研究不仅深入人心,并且不断推陈出新! 正是这些改革和探索,为学校带来了无限活力和广阔空间! 限于篇幅,本论文集精选了其中比较有代表性的33篇文章,分为"民办高校应用型人才培养""应用型专业与课程建设""课堂教学改革""实践教学改革"四个模块予以编排。

深化教学改革、提升教学质量,培养社会需要的合格建设者和可靠接班人是高校永恒的主题。本论文集是对我们探索经验的汇报,同时我们也借此向各位领导、专家学者和同行请教。

叶时平

2018年8月于浙江树人大学

目 录

第一篇　民办高校应用型人才培养

第二篇　应用型专业与课程建设

第一篇

民办高校应用型人才培养

供给侧改革下民办高校发展的思路*

徐绪卿**

摘　要：供给侧改革是经济型常态发展的根本要求。在人才市场中，高等学校处于供给侧地位。高等教育供给侧改革的根本要求是转变方式，优化存量，改善结构，补齐短板，实现可持续发展。在供给侧改革的背景下，民办高校需做好以下工作：转观念、强责任，重市场、强改革，重转型、强内涵，重调整、强特色，重行动、强实效。

关键词：民办高等教育；民办高校；经济发展新常态；供给侧改革；高等学校优化存量；可持续发展

自2015年11月以来，"供给侧"成为经济政策表述中的高频词。2015年11月10日，在中央财经领导小组第十一次会议上，习近平总书记强调：在适度扩大总需求的同时，着力加强供给侧结构性改革，着力提高供给体系质量和效率，增强经济持续增长动力，推动我国社会生产力水平实现整体跃升[①]。11月11日召开的国务院常务会议，也提出以消费升级促进产业升级，"培育形成新供给新动力扩大内需"[②]。而在早前公布的十八届五中全会公报中，也有"释放新需求，

---

* 本文系教育部人文社科规划一般基金项目（15YJA880084）、国家社会科学基金重点项目（AFA150012）。

** 徐绪卿，博士，教授，浙江树人大学校长，中国民办高等教育研究院院长，研究方向为区域高等教育、民办高等教育。

① 赵超：《结构性改革该如何推进——解读中央财经领导小组第十一次会议》，http://news.xinhuanet.com/fortune/2015-11/10/c_1117101242.htm。

② 《培育形成新供给新动力扩大内需》，《解放日报》，2015年11月12日，第01版。

创造新供给"的措辞①。一时间,有关"供给侧"的研究随即兴起,从中国知网的相关统计中可清楚地看出这个趋势(见表1)。

表1 2007—2015年"供给侧"相关论文发表数量一览/篇②

年份	2007	2008	2009	2010	2011	2012	2013	2014	2015	2016
文章数	25	33	46	61	85	59	116	202	556	111

一 "供给侧"的概念

何为"供给侧"?"供给侧"的原名是"Supply-Side",也可以说是供给端、供给方等,20世纪70年代发轫于美国的供应学派是"供给侧"经济研究的先声。在西方经济学文献中,有一个"供给学派经济学或供给侧经济学"(Supply-Side Economics)思潮。"供给学派"或"供给侧"这个词,是美国经济学家裘得·万尼斯基在1975年提出的。罗伯特·门德尔和阿瑟·拉弗两位也是极力推崇"供给学派"的经济学家。从字面上理解,"供给侧"就是供求关系相对于需求侧的另一侧(方面)。供给与需求作为市场经济主要矛盾的两个方面,在不同时期交替成为矛盾的主要方面。供给学派强调供给侧的作用,主张减低边际税率,强化市场调节,放松政府限制,减少福利开支等,通过调节供给谋求经济的均衡。供给学派之前的凯恩斯学派,强调通过需求管理来调节经济周期,以积极的财政政策和货币政策来刺激投资和社会需求,弥补私人市场的有效需求不足,从而实现充分就业,特别是在经济不景气时通过加大政府公共支出来保持经济的稳定③。凯恩斯主义的核心是注重需求侧的管理,通过刺激需求达到经济调控目的,其典型工具是货币政策。尽管凯恩斯主义被一再证明在短期内确实行之有效,但从长期来看,一味扩大需求会导致持续通胀,进而导致经济停滞。

与"供给侧"概念紧密相联系的是"供给侧改革",全称是"供给侧的经济结

① 国务院新闻办公室:《十八届五中全会公报》,http://www.scio.gov.cn/zxbd/tt/jd/Document/1453365/1453365.htm。

② 数据截至2016年1月31日。

③ 陈爱民:《宏观经济学总供给理论与经济增长:观察与思考》,《经济学动态》2013年第9期,第111—118页。

构性改革"。所谓供给侧改革,简单来讲,就是从供给、生产端入手,通过解放生产力、提升竞争力来促进经济发展。近期"供应侧"和"供给侧结构性改革"成为经济改革领域的高频词,也成为最高经济决策机构在宏观调控方面的一个新思路。

长期以来,我国经济的高速增长主要通过需求侧改革的思路实现,强调扩大由投资需求、消费需求和净出口增长"三驾马车"构成的总需求。长时期的扩大需求和高速增长,使得经济运行难以为继,下行压力逐渐增大。与此同时,经济下行虽然有周期性的因素,但根本上还是结构性问题。表面上是有效需求不足,实际上是有效供给不适应市场需求结构的变化。传统的制造能力规模很大,扩张很快,但高端制造业的供给严重不足,导致一些行业和产业产能严重过剩,而一些有购买力支撑的消费需求在国内却得不到有效供给。市场需求已经开始发生明显变化,而供给侧没有跟上这种变化。产能过剩与供给不足并存交织,出现了一系列不协调、不平衡、不可持续的矛盾和问题。解决"供需错位"的问题不能依靠需求管理政策,而要在供给端寻找解决问题的方法。而新常态下,我国经济运行还面临着劳动力供给量减少,劳动要素成本上升,企业自主创新能力不足,产业结构不合理,以及资本投资效率下降等问题。正是结合中国经济发展的现状,中央提出了"供给侧的结构性改革"。在这样的背景下,供给侧改革是决策层对当前中国经济开出的一剂新药方,企求从供给生产端入手,通过解放生产力、提升竞争力来促进经济发展。

作为全新表述,"供给侧"概念的延伸和发展,表明了宏观经济政策思路的新认知,也指明了今后宏观经济政策的走向和着力点,也提供了解读中国经济政策和经济前景的新角度。而回顾"供给侧改革"的理论探索和相关先行经验,对照中国经济的现状,就能更清晰地把握"供给侧改革"的出发点、内在逻辑和推进领域,加深理解这一改革对中国经济的重要意义。着力加强结构性改革,在适度扩大总需求的同时,提高供给体系的质量和效率,提高投资有效性。2015年12月召开的中央经济工作会议强调:"推进供给侧结构性改革,是适应和引领经济发展新常态的重大创新,是适应国际金融危机发生后综合国力竞争新形势的主动选择,是适应我国经济发展新常态的必然要求。"[1]正是这样的原因,《国家十三五规划纲要》中强调指出:"在适度扩大总需求的同时,着力加强供给侧结构性改革,着力提高供给体系质量和效率,增强经济持续增长动

---

[1] 王军:《推进供给侧结构性改革　培育经济发展新动能——中央经济工作会议精神解读》,《紫光阁》2016年第1期,第11—13页。

力。"①

供给侧结构性改革的核心是放松管制、释放活力、让市场发挥更大作用，从而降低制度性交易成本，提高供给体系质量和效率，提高投资有效性。对于如何解决供给侧的矛盾，有关方面比较统一的思路是"去产能、去库存、去杠杆，降成本，补短板"。"去产能"就是积极稳妥化解产能过剩，严格控制增量；"去库存"即化解房地产库存；"去杠杆"主要是防范化解金融风险方面；"降成本"就是帮助企业降低成本，增强企业活力；"补短板"是扩大有效供给②。通过"三去一降一补"，改善供给，增强活力，促成新的更好更健康的发展。可以想见，今后一段时间，供给侧结构性改革将是我国经济改革和发展的主旋律。

二　"供给侧改革"下民办高校发展的着力点

高等教育发展与管理的许多理念和方法源于经济发展与管理的理论。供给侧结构性改革理论对我国高等教育发展，也有着重大的现实启发和指导意义。经济结构的调整和产业的升级转型，对人才的数量和类型必然提出相应的要求，从而为产业提供强有力的人才支撑。而高等教育自身特殊的发展阶段和发展任务，也有必要借助供给侧改革的方法。高等教育的结构和国家的经济结构、产业结构不尽吻合，它直接引发出另外一种后果，一边大学毕业生找到一个适合的岗位比较难，另外一边用人单位找到一个合适的人才比较难，这就是结构性矛盾③。

从高等教育发展的宏观形势来看，经过10多年的发展，我国高等教育已经进入大众化阶段，作为其标志之一，就是高等教育规模已经达到世界第一，高等教育毛入学率超过30%，局部地区超过50%，大众化正在向纵深发展。随着高等教育资源的增加，高等教育供不应求的矛盾得到了根本的缓解，制约中国经济发展的主要矛盾从总量转为质量，亟须加强内涵建设；从中观层面分析，高等教育人才培养与地方经济和社会发展的联系度、适切性亟待改善，高校毕业生

---

① 思远：《谋局中国经济　供给侧改革将发力》，《资源再生》2015年第11期，第1页。
② 《去产能　去库存　去杠杆　降成本　补短板——着力加强供给侧结构性改革　实施相互配合的五大政策支柱》，《今晚报》，2015年12月22日，第1版。
③ 《教育部长袁贵仁就"教育改革和发展"答记者问》，http://www.china.com.cn/lianghui/news/2016-03/10/content_37990239_2.htm。

的就业已经构成全社会高度关注的一个重要问题,高等教育为地方服务的能力尚待提高,人才培养的结构矛盾突出,亟须加强结构优化;从高校本身来看,规模扩张基本结束,生源争夺日益激烈,亟须加强特色建设,提高高校综合实力。现在,在人才培养和人力资源市场中,已经到了更加关注供给侧改革的阶段。

高等教育供给侧改革对民办高校来说既是挑战,又是机遇。整体而言,民办高校办学历史短,缺乏经验积淀;体制障碍多,缺乏制度支撑;师资队伍弱,质量认可度低,在日趋严峻的市场竞争中,现阶段民办高校处于弱势。但是,民办高校与市场有着天然的联系,运作机制相对灵活,又有国家政策支持,具有实施改革的机制优势,更容易实施供给侧改革。

针对民办高校办学实际,当前和今后一段时期,民办高校供给侧改革需要做好以下几个方面的工作。

第一,转观念,强责任。一方面,民办高校要切实转变观念,当前尤其要切实转变大学的象牙塔观念和大学毕业生是皇帝女儿不愁嫁的观念,切实把学校发展与社会需求密切结合起来,把为经济与社会服务作为自身的职责担当起来,从做好服务来获得更多的社会支持。另一方面,供给侧改革非常需要一种责任意识。经济发展转向供给侧的改革,高等院校责无旁贷。应主动担当,有所作为,研究实际问题,掌握经济发展趋势和规律,端正认识,放下架子,把服务经济和社会发展作为学校发展的使命,竭尽全力为社会发展转型提供人才。

第二,重市场,强改革。供给侧改革,说到底是一种以市场为导向的改革,"供给什么""如何供给",这些基本问题,必须根据市场需要和发展趋势来作答。民办高校要充分发挥贴近市场办学的优势,广泛开展市场调研,梳理真实需求,主动调整和优化办学思想、学科专业结构,用市场的需求倒逼办学行为,努力培养适合市场需要的建设人才。供给侧改革需要一种改革的意识。针对供给侧改革的需要,原有的修修补补已经不能满足新的发展的需要,必须加大改革力度,加快转型。同时,必须明确改革的重点。"转型的真正核心是人才培养模式"[①],因此,要以培养应用型人才为目标,深化人才培养模式改革,从培养内容、培养方式、培养机制等多方面来一场彻底改革,使应用型人才培养落到实处,生根开花。改革是高校发展的强大动力。要实施供给侧改革,必须深化改革,深度改革,形成系统全面的改革框架,走出新的路子,创造新的局面。

第三,重转型,强内涵。"鼓励、推动或者引导部分地方高校向应用型转型",

---

① 《教育部长袁贵仁就"教育改革和发展"答记者问》,http://www.china.com.cn/lianghui/news/2016-03/10/content_37990239_2.htm。

已经成为国家意志。袁贵仁部长指出："中国高校的转型发展，实质上是中国高等教育供给侧结构性改革。""地方高校是适应我们高等教育这种大众化的需求新设的、新升格的，因此他们要率先转型，从培养理论型人才转到培养技术、技能型人才，来适应当前经济转型的需要，来适应我们地方经济社会发展的需要"[①]。因此，转型不是要不要转的问题，而是如何转的问题。过去粗放式的规模扩张，已是既成历史，也不符合新常态发展的主流。民办高校需要理清思路，果断停止外延式扩张的相关工作，一方面加强基础建设，夯实办学基础，改善办学条件，为提升教育质量创造条件；另一方面，稳定招生和办学规模，不断加强内涵建设。从民办高校实际出发，尤其要在高水平师资队伍建设和深化教学改革方面下功夫。在加强高端师资建设方面，采取优惠措施吸引人才，要鼓励现有教师进修，内培外引并举，形成提升质量的教学团队。

第四，重调整，强特色。供给侧改革，很重要的就是"供给侧结构"的改革。要适应市场需要，培养"适销对路"市场青睐的人才，要点就是要调整结构。"高等教育的结构和国家的经济结构、产业结构不尽吻合，它直接引发出另外一种后果，一边大学毕业生找到一个适合的岗位比较难，另外一边用人单位找到一个合适的人才比较难，这就是我们讲的结构性矛盾。'转型的关键是调整专业设置，因为设置专业，可能有的学校专业贵的设得少，要花钱，包括工科、理科，相对文科成本就比较低，这个结构就是和国家的经济结构、产业结构不尽匹配，所以转型的首要内容就是要调整专业设置。'"[②]当然，也有一些专业，由于国家规制严格、门槛过高，造成社会人才奇缺，需要通过供给侧改革，调整思路，顺应市场，优化提高。尤其是对于社会人才严重供过于求的专业，要下决心调整；而对于一些社会急需的专业，要加快建设步伐。尤其是对于一些国家产业政策倡导的有发展远景的专业，要舍得投入，通过努力，培育起适应社会需求的专业体系。

在专业调整的过程中，还要注意培育特色。要在供给侧的众多主体中脱颖而出，赢得市场，就必须勇创特色，突破陈规，形成优势。社会行业是复杂多样的，就是同一个专业之间，实际工作也会有很多的差异，要适应需方的需要，人才培养还要注意突出特色，根据服务面向，合理优选课程，科学确定培养模式，使素质能力培养能更好地对接生产管理岗位的实际。通过"优化结构，办出特色，提高质量，来满足经济社会对高等教育的需求，满足人民群众对教育多样化

①② 《教育部长袁贵仁就"教育改革和发展"答记者问》，http://www.china.com.cn/lianghui/news/2016-03/10/content_37990239_2.htm。

的需求"。

第五,重行动,强实效。供给侧改革需要一种行动意识。当前,供给侧改革已是经济发展的重点方面,必然对高校人才培养和科研工作提出要求。从人才培养角度说,高校是人才供求的供给侧,供给侧改革应该成为高校的自觉行动。明者因时而变,知者随事而制,强者乘势而进。当前贯彻供给侧改革,需要的是实实在在的行动。面对供给侧改革,民办高校必须增强紧迫感和责任感,顺势而为、主动作为、奋发有为,抓紧制定方案,落实各项有效措施,做出成果,做出质量,做出特色,为经济和社会的供给侧改革做贡献,在供给侧改革中展现民办高校的活力和风采。

行业学院:概念内涵、组织特征与实践路径
——兼论民办本科院校应用型人才培养

徐绪卿* 金劲彪 周朝成

摘　要:在民办本科院校转型过程中,行业学院成为应用型人才培养的重要模式,引发社会关注。行业学院是本科高校与行业(或行业中的骨干企业、典型企业)紧密融合,以行(企)业生产链、产品链、技术链和服务链为对象,共同开展人才培养和科技服务的应用型专业学院。行业学院的兴起主要受经济转型升级、创新驱动和民办高校转型发展三种因素的影响,其组织特征表现为共同构建治理方式、共同制定培养方案、共同组建教学团队、共同推进管理改革、共同打造产学研基地及共同开展项目研发。文章以浙江树人大学行业学院建设的实践为例,提出行业学院的建设应注重扎根地方、加强协同、引入标准、推进融合及发挥优势等对策建议。

关键词:民办本科院校;发展转型;行业学院;概念内涵;组织特征;实践路径

目前我国高等教育发展政策呈现两条基本路径:一是建设"双一流",主要面向高水平的研究型大学;二是推进应用型大学建设,主要面向地方本科院校。当前,我国社会主义市场经济体制不断完善,科学技术水平不断提升,产业结构逐步优化,社会服务需求逐步扩大,迫切需要地方本科院校培养大量的高素质应用型人才。《国家中长期教育改革和发展规划纲要(2010—2020年)》提出要"重点扩大应用型、复合型、技能型人才培养规模""调动行业企业的积极性,建

* 徐绪卿,博士,教授,浙江树人大学校长,中国民办高等教育研究院院长,研究方向为区域高等教育、民办高等教育。

立健全政府主导、行业指导、企业参与的办学机制,制定促进校企合作办学法规,推进校企合作制度化"。2014年,习近平在全国职业教育工作会议上指出:"要树立正确人才观,培育和践行社会主义核心价值观,着力提高人才培养质量,努力培养数以亿计的高素质劳动者和技术技能人才……坚持产教融合、校企合作、工学结合、知行合一。"国务院出台的《关于加快发展现代职业教育的决定》指出:"引导普通本科高等学校转型发展。采取试点推动、示范引领等方式,引导一批普通本科高等学校向应用技术类型高等学校转型,重点举办本科职业教育……独立学院转设为独立设置高等学校时,鼓励其定位为应用技术类型高等学校。"2015年,教育部、国家发改委、财政部出台《关于引导部分地方普通本科高校向应用型转变的指导意见》,明确指出推动转型发展高校把办学思路真正转到服务地方经济社会发展上来,转到产教融合校企合作上来,转到培养应用型技术技能型人才上来,转到增强学生就业创业能力上来,全面提高学校服务区域经济社会发展和创新驱动发展的能力。教育部在《2017年工作要点》中进一步指出:"深化地方高校转型发展改革,推动实施应用型高校建设项目,继续搭建应用型高校校企合作平台。"

民办本科院校作为我国新建本科院校的重要组成部分,其人才培养目标主要是应用型人才,绝大多数民办本科院校也已认识并明确自身的定位,正在努力加快人才培养模式改革。那么,如何推进地方民办本科院校的转型发展?从诸多改革实践来看,关键是要抓住产教融合、校企合作这一转型的重要突破口,但这又是教学改革的一个难点,"校方一头热、企业不主动"的现象往往造成校企合作难落地、成效不明显。校企合作不深入有两个非常关键的因素:一是校企合作双方没有真正形成一个基于互惠共赢之上、服务双方的"利益共同体",很难建立持久而深入的合作关系;二是缺乏一个结构科学合理的紧密型组织形态,缺乏制度化与组织化,缺乏对于"利益共同体"的组织固化。基于校企双方攻克这两个难题的努力以及多年积极的实践与探索,行业学院模式横空出世,并很快成为推进地方高校应用型转型的重要途径。

一　行业学院的概念内涵

大学组织主要是按照一定的学科专业等知识体系为基本逻辑架构形成的,但随着现代社会经济、技术与产业的变革,大学组织在适应外部发展的过程中不断地进行组织创新,在基于学术组织的基础上,出现了许多面向社会问题解决与服务功能的混合型组织,包括跨学科组织、公私合作伙伴组织等不同标准类型的组织。学院主要是按照一定的学科或者专业群关系架构的大学内部的二级学术组织,但随着大学与社会关系的变化,近年来也出现了一些功能性组织,如创业学院。在与企业不断推进合作的过程中,为了紧贴市场、紧贴产业行业发展,一些地方本科院校对内部机构进行调整,设置了行业学院。因行业学院在应用型人才培养方面出现了许多新动向、新优势,很快引发了很多高校的兴趣和社会的高度关注。

目前,行业学院的建设与发展还刚刚起步,没有成熟的模式与路径可借鉴,其概念内涵也缺乏学理方面的深入探讨。根据多年的实践与学理逻辑分析,笔者认为,行业学院是本科高校与行业(或行业中的骨干企业、典型企业)紧密融合,以行(企)业生产链、产品链、技术链和服务链为对象,共同开展人才培养和科技服务的应用型专业学院。具体而言,主要包含以下四层含义。

1. 行业学院由本科高校与行业(或行业中的若干骨干企业、典型企业)合作共建。行业学院可以与行业合作,也可以与行业中的某些骨干企业、典型企业合作;所培养的学生具有行业的广泛适应能力,也具有广泛的行业需求,因为学生的技术应用能力是针对行业需求培养的,确保了毕业生的应岗能力和就业水平。

2. 行业学院是一种本科高校与行(企)业系统全面而紧密融合的新模式。校行(企)业在人才培养、科研服务等方面进行全面合作,双方共同投入、开放和共享设备、场地,以及人力等方面资源,按照一定的行(企)业标准与需求,共同培养行(企)业所急需的应用型人才。学校与行(企)业之间的合作是紧密融合的合作,双方的结合度不是物理性质的,而是化学甚至是生物性质的,你中有我,我中有你。行业学院是校行(企)之间紧密融合的结合点。

3. 行业学院的人才培养具有明确的对象性和针对性。行业学院人才培养明确以行(企)业的生产链、产品链、技术链和服务链为对象,具有明确的行业标准与规格要求,所培养的学生既具有行业标准的技术与服务等应用能力,又具有行业职业文化的素养。因此,行业学院培养的人才不是泛泛而谈、无的放矢的假应用,而是实实在在能收到效果的真应用。

4. 行业学院是一个以行业产业链为基础统合资源而设置的应用型专业学院。行业学院建设主要以行业产业链、行业典型产品或者生产过程等为基础统合专业资源,形成围绕行业、产业的专业集群布局,打破传统学院以学科知识为基础的专业集群与方向模块布局。因此,与传统学术型学院不同,行业学院是一个典型的产业导向的应用型学院。

二　行业学院的组织特征

大学中任何一种组织的创生与再造,均有其内外部的特定影响因素。作为校企紧密合作的组织载体,行业学院的出现既具有外部的逻辑特征,也有内在的发展动因。第一,经济转型升级是建设行业学院的政府动因。党中央、国务院一直在推进经济转型升级、优化经济结构等战略性调整,这是行业、企业发展的主方向,同时也给地方高校与行业企业合作发展创造了新空间。2014年国家提出"建设混合所有制行业学院"的指导意见,2017年教育部要求将搭建应用型高校校企合作平台作为重点工作之一,许多地方政府近年来也出台了一系列促进校企合作的政策。行业学院正是地方本科院校响应国家政策、转型发展的重要形式。第二,创新驱动是建设行业学院的企业动因。企业与高校建立"利益共同体",形成紧密的合作关系,这是企业创新的重要路径。由于社会分工不同,企业在技术应用和产品开发等方面具有很强的优势,但在基础研究和技术创新等方面存在诸多困难,而高校拥有人才优势,科研能力较强。因此,当企业现有技术手段不足以满足市场需求时,通过与高校联合组队、优势互补并共同攻克产业技术难题,可有效缩短技术开发的时间,降低研发成本,促进产业的技术创新和优化升级。同时,通过人才"定制化"培养、员工培训等形式,可以让企业获得急需的技能型创新人才,从而使企业持续保持创新竞争力。第三,民办高校转型发展是建设行业学院的高校动因。民办本科院校大多定位在"地方性"与"应用型",学校与行(企)业合作是高校应用型人才培养的重要途径,建设行业学院更是校行(企)业深度融合的"利益共同体"的组织载体。行业学院通过共同设计与改革应用型人才培养体系、推进行业标准引入课程体系及将行业实景作为教学场景等改革举措,能有效推动高校的应用型建设。

总之,行业学院是我国民办本科院校应用型建设、改革与发展的必然结果,是新时期产学合作的新型组织,是对传统大学内部学术型组织的重构与再造。从校企合作互动与产教融合的视角分析,行业学院呈现出以下六个方面的特征。

1. 共同构建治理方式。行业学院是校行(企)双方高度融合的模式,只有双方共同治理才能共同建立和共担责任。在实践中,校行(企)双方共同派出骨干人员建立共同参与的治理结构,形成共同治理机制,这是行业学院区别于松散校企合作的重要特征。在一般的校企合作中,学校是主角、企业是配角,企业作为合作方,发挥的积极性和作用并不明显,参与度也不高。在行业学院中,行

（企）业作为重要的治理方，对于学院的发展方向和人才培养等重大发展战略具有重要的发言权、决策权，并兼有建设的责任，直接参与学院的运行管理。在共同治理方式的架构上，民办本科院校具有天然的优势。

2. 共同制定培养方案。行业学院是学校与行（企）业之间紧密融合的教学共同体，既然为行（企）业培养人才，就有必要在人才培养中引入行（企）业标准，紧密结合行（企）业对人才知识、素质和能力的需求，依托学校现有专业（专业群、专业方向），形成凸显行业特色的人才培养模式。在共同制定培养方案过程中，要将行（企）业标准引入课程体系改革，对专业的培养方向、课程模式和具体行（企）业课程等进行系统调整，形成全新的适应行（企）业标准与需求的人才培养方案。在遵循教育基本规律的基础上，行业学院的人才培养要大力倡导以行（企）业需求为导向，对理论教学和实践教学体系进行大胆改革。

3. 共同组建教学团队。行业学院的发展必须构建校内外结合、专兼职结合的教学团队。一方面，需要开展基础理论教育，没有基础理论教育就不可能开展面向应用的专业教育；另一方面，需要着眼于应用型人才的培养，将最新的应用技术成果及时、完整地教授给学生。但是，高校教师一般很少长期在生产一线，不可能时时追踪技术应用的前沿，行（企）业的科技人员正好具有这方面的优势，因此应用型教学应将企业导师纳入学校专业课程的教学团队。应用型人才培养需将技术应用与课堂教学很好地对接起来，在实习实训、毕业设计等环节，企业导师可以发挥更大的作用。行业学院应建设一支高校教师与业界导师高度融合的教学团队，并让两支队伍的优势在应用型人才的培养中相得益彰，切实提高人才培养的精准性、针对性、适切性和有效性。民办本科院校的教师队伍本就需要聘任兼职教师，行业导师的设置为民办院校教师队伍的建设找到了新的方向。

4. 共同推进管理改革。行业学院的管理涉及多方面的内容，从实践来看，面向人才培养是当前行业学院建设的中心任务，教学管理改革是其中的重要工作。由于学院的培养计划、内容和目标发生了变化，需要与相关行（企）业团队一起，共同协商教学管理的相关安排，并对教学管理及其流程等进行创新与改造。如在学期制方面，行业学院应在"三学期制"改革的基础上，尝试多学期多元化的教学，培养学生在学习时空上的灵活性与交叉性，以便于与行（企）业实践需求在时间和空间上进行对接；在学分修习制方面，鼓励行业学院进行相关的课程置换、学分替代；在教学组织形式方面，可以单独建班，也可以打破专业、学院、层次及人数界限，在全校范围内单独招生或设置班级（或虚拟班）等。

5. 共同打造产学研基地。产学研基地建设是应用型人才培养的重要平台。行业学院建设需要一批具有行业产业典型性的实践基地,既服务于人才培养需求、服务于教学改革需求,又服务于应用研究与创新的需求。因此,校行(企)双方应积极探索多元化、多层次和多样式的合作,在共建、共用和共管的基础上,实现产学研基地的共同治理,形成复合、开放和共享的基地长效管理机制,保障学校在实践教学、业师来源、学生就业及教师实践培训等方面的实景场地资源,同时也为行(企)业的人才培养、项目研发及人才储备提供有力保障。

6. 共同开展项目研发。项目研发包括教学改革项目的研发与科技项目的开发。行业学院整合校行(企)双方力量,共同打造一批校行(企)合作的模块课程、教材,建设资源共享的课程和新型教材;围绕实际运用,发挥技术优势,研发新产品与新工艺,改进管理流程,并带动学生创新创业。同时,以市场需求与行业技术需求为导向,高校发挥人才优势、技术优势和学科优势,与行(企)业骨干一起,围绕生产服务等一线问题,开展技术项目研发与服务咨询,直接服务于行业企业的技术改造、产品升级和转型发展。目前民办本科院校科研力量相对薄弱,合作项目难寻,而行业学院的建设在某种程度上为民办本科院校教师的科研工作创造了很好的机会和条件。

三 行业学院发展的实践路径

顺应国家高等教育政策,加快民办本科院校发展转型,行业学院已经成为我国民办本科院校建设和发展的一个重要模式选择。目前,一些民办本科院校根据地方产业结构及其自身的专业资源,在校内设置了一批行业学院,如南京理工大学泰州科技学院、浙江树人大学等。从实践效果来看,行业学院已突破校企合作原有的障碍,给传统的学院模式注入了新的活力,有力地推进了学校的应用型改革。下面以浙江树人大学为例,探索并分析行业学院发展的实践路径。

1. 扎根地方,瞄准地方产业发展需求设置行业学院。2011年,浙江树人大学确立了"教学服务型大学"的办学定位,致力于开放办学,服务社会、服务地方经济转型升级,要求学科和专业充分对接产业发展需求。2015年,学校成为浙江省应用型试点示范建设院校,以此为契机,学校开始积极探索"以行业学院建设为龙头、紧密对接地方产业发展需求"的实践改革。

浙江省"十三五"经济与社会发展规划提出:"重点打造信息、环保、健康、旅游、时尚、金融、高端装备制造和文化八大万亿级产业。"新兴产业与主干产业的确定与发展,必然会带来对产业人才、技术及资金等方面的旺盛需求。浙江树人大学围绕八大万亿级产业布局,寻求并对接地方核心产业、特色产业发展需求,根据学科和专业资源,抓住地方经济产业转型升级与"双创"发展的重要机遇,主动出击寻找合作,先后与地方行业骨干企业共同建立了树兰国际护理学院、浙江省养老与家政产业学院、山屿海商学院及绍兴黄酒学院等九个行业学院,涉及八大万亿级产业布局中的七个产业。

2. 加强协同,围绕产业需求大力推进学科和专业集聚。行业学院的协同主要包括三个方面:一是学校与行(企)业之间的协同,主要包括治理、运行等,即上述组织特征中所提及的六个"共同";二是行业学院与传统学院之间的协同,学校内部同时存在着以学科和专业为基础的学术型学院和以产业需求为基础的应用型学院两种组织形态,它们共生共存、互补发展(见表1);三是学科与专业之间的协调,即围绕行业产业需求所进行的学科和专业调整、集聚。围绕八大万亿级产业,在每一个行业学院创建的过程中都对学科和专业资源进行不同层面和不同程度的调整,如围绕大健康方向,与树兰(杭州)医院合作成立树兰国际护理学院,并专门调整学院、学科和专业资源,成立健康与社会管理学院,统合护理学、老年服务与管理、社会工作及公共事业管理等专业,纳入现代服务业专业群之中,形成"行业学院—传统学院—学科专业群"之间的对应衔接关系,形成围绕行业发展方向的学科与专业协同。通过实践探索,学校初步实现了学校与行业企业、行业学院与传统学院、学科专业群落与行业产业等三个层面对接的协同机制(见图1)。

表1　浙江树人大学与企业协同共建行业学院关系表

序号	行业学院名称	主要对接学院	主要合作单位
1	树兰国际护理学院	健康与社会管理学院	树兰(杭州)医院
2	山屿海商学院	现代服务业学院	上海山屿海投资集团
3	华为信息与网络技术学院	信息科技学院	华为技术有限公司
4	同花顺金融信息服务学院	现代服务业学院	浙江核新同花顺网络信息股份有限公司
5	绍兴黄酒学院	生物与环境工程学院	会稽山绍兴酒股份有限公司
6	红石梁学院	管理学院	红石梁集团

序号	行业学院名称	主要对接学院	主要合作单位
7	定格梦想创意学院	艺术学院	杭州定格文化创意有限公司
8	浙江省养老与家政产业学院	健康与社会管理学院	浙江省民政厅
9	中白科技学院	生物与环境工程学院	白俄罗斯国立大学

省八大万亿产业集群	行业学院	专业群落	专业
信息	华为信网科技学院	电子与信息专业群	计算机科学与技术、电子信息工程……
环保	绍兴黄酒学院	化工与环境专业群	环境工程、食品质量安全……
金融	山屿海商学院	现代服务业专业群	投资学、养老服务管理、护理学……
旅游	同花顺金融信息服务学院	语言文学专业群	网络与新媒体、新闻学……
时尚	树兰国际护理学院	文化创意专业群	工业设计、茶文化……
健康	浙江省家政与养老管理学院	建筑与土木专业群	城市规划、土木工程（钢结构）……
文化	定格梦想创意学院		
高端装备制			
中白科技学院			

图1　行业产业、专业群落与专业的协同关系图

3. 引入标准，面向行业特色需求改造课程培养体系。行业学院培养的人才应当掌握行业标准，符合行业人才标准，因此必须将行业标准引入课程体系，引入课堂教学，确保学校专业理论知识与行业生产技术实际相对接。各行业学院以行业需求、职业能力需求为导向，着力培养学生的技术技能和创新创业能力，并完善"平台+模块"的课程体系。如家政与养老管理学院发挥自身参与（起草）制定国家、地方家政服务、母婴护理和家庭保洁等标准的优势，将这些标准嵌入课程体系之中;同花顺金融信息服务学院根据行业特点和要求,增设互联网金融数据分析、互联网金融产品销售等课程,并通过校企合作团队实施课程教学。近年来,各行业学院通过紧密的校企合作,结合岗位能力培养设计项目化课程教学方案,开发结合企业生产实际的项目化课程教学资源,将企业的实际项目或培训资源、企业文化、岗位责任意识及真实的职场环境带入课堂,合作开发了20门校企合作课程,初步形成了具有行业特色的课程培养体系。

4. 推进融合,促进校企紧密合作形成科学治理结构。行业学院以校行(企)业双方共同实施科学治理为前提,是校行(企)业紧密融合的组织体。在治理结构上,行业学院实行理事会领导下的院长负责制,由学校和行(企)业双方共建理事会,学院领导班子由校行(企)业双方共同委派组建,校方代表成员有校领导、对接学院的领导、学科专业带头人与骨干教师等,企业方代表有企业董事长、总经理、总监及技术骨干等。同时,双方共同派员组成学院管理团队,负责行业学院的日常教学运行与人才培养。行业学院院长执行理事会决定并全面负责学院的教育教学和行政管理工作。通过一段时间的运行,行业学院不断完善校行(企)双方的治理结构,初步形成了符合行业学院运行的科学治理机制。

5. 发挥优势,完善行业学院的体制机制建设。民办本科院校面向市场、面向应用的体制机制,在行业学院建设和发展中具有得天独厚的优势。共同治理本身就是民办本科院校治理的要求,这在行业学院治理中得到了进一步发挥。由于与市场有着更加紧密的联系,民办本科院校在与社会行(企)业共同建设行业学院中具有较好的合作基础。行业学院的建设和行业应用型人才的培养,也将大大提升民办本科院校的发展价值,在服务社会、服务学生成才和服务国家发展战略的过程中发展壮大自身,在行业学院的建设发展中与行(企)业真正做到融合与双赢。

教学服务型大学：定位与建设路径

陈新民[*]

摘　要: 近年国内对教学服务型大学的讨论空前高涨,并涌现了一大批教学服务型大学。教学服务型大学既是大学的一种办学定位,也是高等学校的一种类型划分。笔者将现有大学划分为传统教学型大学、传统研究型大学、教学服务型大学和创业型大学四个类型。教学服务型大学丰富了我国高等教育生态,为新建本科院校的发展提供了可资借鉴的发展路径,使高校和经济社会发展之间的联系更加紧密,为区域经济发展提供智力和技术支撑,在地方经济发展和产业结构调整升级中扮演着重要角色。笔者认为,教学服务型大学具有应用型本科的特性,可以与应用型示范院校建设很好地衔接起来,可以从学理上和实践中找寻应用型示范院校建设与教学服务型大学建设之间的关联,以便更好地推动教学服务型大学的健康发展。

关键词: 教学服务型大学;学校定位;社会需求导向;应用型示范院校

继应用型本科、创业型大学讨论之后,这几年国内又兴起了教学服务型大学的讨论。2007年,刘献君教授在国内率先提出了教学服务型大学概念,之后众多学者纷纷加入该研究行列中来。据不完全统计,截至目前,全国已有50余所高校加入教学服务型大学的阵营,并有不断扩大之势。教学服务型大学概念认同度的提升,在一定程度上标志着中国高校自主设计自己发展时期的到来。

---

* 陈新民,研究员,浙江树人大学副校长,研究方向为民办高等教育。

一 教学服务型大学的定位

目前,学者们对于教学服务型大学是在何种语境下提出的并未达成一致。刘献君认为,在现有高等学校研究型大学、教学研究型大学、教学型本科院校、专科学校和高等职业学校的分类中,"应增加教学服务型大学,列在教学研究型大学之后";浙江树人大学校长徐绪卿认为,"教学服务型大学的高校,办学层次属于教学型的高校,凸显服务的功能和特征,强调服务手段主要来自教学"。有学者避开院校分类之说认为,"教学服务型大学是根据大学的三大职能在不同类型院校办学过程中的不同侧重而分化出来的一种大学类型,是机构整体及其成员全面融入社会、主动服务地方经济社会发展的开放办学的现代大学"。随着应用型大学转型的讨论日益展开,有学者明确提出"教学服务型大学是一种以服务为宗旨的应用型大学",我国高等教育学创始人潘懋元先生也认为"教学服务型大学的实质,也就是应用技术本科教育"。

可见,国内学者对教学服务型大学是办学定位的区分还是大学类型的划分,仍然存在分歧。造成这种分歧的原因是多方面的。从大学分类本身看,目前这仍然是一个世界性的难题,划分出发点和依据不同,分类结果也会不同,并且随着人们认识的深化,这种划分还有可能进一步分化和演变。从国际视野看,"教学服务型大学"概念并没有成熟的理论借鉴。学者一致认为,挪威奥斯陆大学阿瑞德·特杰达夫提出的"服务型大学"是国内教学服务型大学的"雏形",至于在中国如何演变并未达成一致意见。从大学分类、分层、特色发展背景看,实践者比较认同将教学服务型大学首先作为办学定位,并在此语境下探讨相关问题,以求得院校个性化发展;而研究者更多纠结定位和分类的经纬区分,权衡传统分类框架和新分类框架之间的选择。

实际上,教学服务型大学首先是一所高校的整体性办学定位,涉及理念、战略、制度和文化等,其建设需要院校进行系统性的变革。教学服务型大学既是大学的一种办学定位,也是高等学校的一种类型划分。笔者尝试从高校教学、研究这两项传统的、基本的职能出发,依据高校教学、科研偏重爱好(理论或应用),构建一个二维象限图,将现有大学划分为传统教学型大学(偏理论、侧重教学)、传统研究型大学(偏理论、侧重科研)、教学服务型大学(偏应用、侧重教学)和创业型大学(偏应用、侧重研究)四个类型。在这个二维象限图中,笔者将侧重教学职能发挥,偏好教学、科研为应用的这类大学称为教学服务型大学。教学服务型大学建设既是办学目标,也是办学路径,既可以是行业性高校的战略选择,也可以是新建本科院校"弯道超车"的策略之选。它以教学为中心,以育人为根本,以服务为宗旨,教学服务并重,有助于构建与区域经济和行业发展需要紧密结合的服务型办学体系。

二　丰富我国高等教育生态

一个国家的高等教育体系应该是多元的,只有具备多类型多层次的高等教育生态体系,才能适应国家经济社会发展的需要。我国现有本科院校1200多所,各高校的办学起点不一,办学目标多样,办学条件差距很大,导致现有的高校分类方法显得"容量"过小。特别是自1999年以来,我国新增本科院校600多所,已占我国本科院校的40%以上。这些学校大都是高校扩招以后新建的或升格的本科院校,本科教育历史短,本科基础建设任务重,有的学校甚至与合格标准还有很大距离。建设好这些学校是我国高等教育的重要使命之一。

教学服务型大学的提出,扩充了我国高等教育的分类品种,满足了大学的更多选择,特别是为新建本科院校的发展提供了可资借鉴的发展路径。教学服务型大学使人们的目光不再局限于传统的研究型大学和教学型大学,使大学直接面向经济和社会的发展,对于提高高校的创新水平和育人水平具有非常重要的意义。教学服务型大学是我国高等教育本土化创新的范例,特别是为众多新建地方本科院校、民办本科院校优化人才培养目标和发展路径提供了重要参照依据。

教学服务型大学使高校和经济社会发展之间的联系更加紧密,促进了区域经济社会的全面发展。在很长时间内,我国的高校往往被动地"适应"和"追赶"社会需求,而社会需求是处在发展变化之中的,所以这种"被动适应"往往难以达到理想的效果,这就导致高校长期滞后于经济社会的发展,而经济社会的发展也得不到高校的有力支撑。教学服务型大学使大学放下了架子,确立了服务宗旨,主动走进社会,服务社会,积极推进以社会需求为导向的人才培养模式改革,努力满足社会对人才、对大学的时代要求,从而为区域经济社会的发展提供了有效的资源支撑。

很多定位于教学服务型大学的高校位于非省会城市,这些城市的人才短缺,研发力量薄弱,面临着许多技术难题。教学服务型大学通过大力开展应用型科研,向所在地区提供应用技术的开发和推广服务,培养区域经济迫切需的应用型、技能型人才,以此为区域经济发展提供智力和技术支撑,在地方经济发展和产业结构调整升级中扮演着重要角色。

三　借鉴应用型示范校建设经验

由于受制于传统大学分类体系的影响,教学服务型大学的建设和探索还面临诸多的挑战以及政策性的"潜在风险"。从高校自身来看,若将教学服务型大学作为一种办学定位,则应将服务理念投射到高校运作的各个领域和层面。尽管从现实看师生在观念上已有认识,但常囿于条件、环境、基础等因素,观望、等待、敷衍等现象具有一定的普遍性。从高校外部来看,作为一种类型的教学服务型大学,其建设标准与评价体系有哪些不同,正面临来自业界、政府部门、社会各界的拷问,并且在我国传统的研究型大学、教学研究型大学、教学型大学的分类框架体系中尚无一席之地的大背景下,定位于教学服务型大学的院校普遍面临着"何去何从"的困境。

为教学服务型大学找到合适的抓手至关重要。目前,国家教育部、省市政府教育部门及众多新建本科院校都在布局应用型示范院校的建设。安徽省于2010年遴选了合肥学院等5所省级示范应用型本科高校,河南省于2016年遴选了黄河科技学院等10所本科高校进行示范性应用技术类型本科院校建设,浙江省在2016年遴选了浙江树人大学等10所高校进行应用型试点示范校建设。在遴选学校的同时,各地也出台了一些针对应用型示范院校建设的优惠政策。而被选中的各个试点院校也表现出积极的态度,在办学理念、人才培养和专业设置等方面进行了大胆的改革创新。

笔者认为,可以从学理上和实践中找寻应用型示范院校建设与教学服务型大学建设之间的关联,以便更好地推动教学服务型大学的健康发展。教学服务型大学就其实质来说,就是通过明晰用人单位的人才需求,提供更为精准的服务,来提高人才培养的有效性,并赢得自身更好的发展。就此而言,教学服务型大学具有应用型本科的特性,可以与应用型示范院校建设很好地衔接起来,因此可以用应用型示范校建设来助推教学服务型大学建设。

行业学院:地方本科高校转型发展的新形态

陈新民*

摘　要:在我国高等教育高速发展的情况下,为适应地方社会经济发展需求、加强与地方产业企业对接合作,应用型改革成为地方本科高校改革与发展的一条新路径,在此背景下,行业学院作为一种新的组织形态具有重要的指导价值和模仿借鉴意义。本文对行业学院的组织形态进行了解读,对其在提升人才培养竞争力、丰富高等教育生态、改革组织形态、灵活贴近区域产业上的发展优势进行了分析,希望能起到一定的指导意义。

关键词:地方本科高校;转型发展;行业学院;人才培养

改革开放近40年,我国高等教育得到了长足发展。2016年我国高等教育毛入学率达到了42.7%,目前我国已成为世界高等教育规模最大的国家,同时,在内涵和质量建设方面也取得了巨大成就。然而,随着高等教育大众化、普及化进程的推进,地方本科高校如何适应地方社会经济发展需求越来越成为改革的关注点,改变地方本科高校传统办学观念、传统办学模式的呼声日趋强烈,地方本科高校面临着全面加强服务地方经济发展、加强与地方产业企业对接合作的发展任务。"转型"成为我国地方本科高校改革与发展的一条新路径。

一　应用型转型发展的实践探索

为了推动地方本科高校的应用型转型,2015年10月,教育部等三部委出台

---

* 陈新民,研究员,浙江树人大学副校长,研究方向为民办高等教育。

了《关于引导部分地方普通本科高校向应用型转变的指导意见》(以下简称"指导意见")。在随后的两年时间内,全国各省份(自治区、直辖市)教育主管部门基本上都出台了相关的落实细则和举措,推动省域层面的应用型转型工作,各地政府在这轮转型中较好地发挥了主体的引导作用。

一是省域层面展开了大学分类的有益探索,进一步推动地方本科高校明确应用型发展定位。按照科研功能的发挥程度,传统的大学被划分为教学型大学、教学研究型大学和研究型大学,长期在"同一把尺子"下的"等级办学",使得地方本科高校盲目追求"高、大、全",办学特色不够鲜明。为了鼓励地方本科高校走出"象牙塔",很多省份在这轮转型过程中实施了大学分类和分类办学的改革,如上海市采用了"4×3空格"划分法,将大学划分为"学科研究、应用研究、应用技术、应用技能"四类,以及"综合、多科、特色(单科)"三型,鼓励地方本科高校向"应用技术"类方向发展;山东省将大学划分为"研究型、应用基础型、应用型、技能型"四种类型,引导地方本科高校向"应用型"方向发展。二是省域层面开展了转型的试点工作,设计了转型改革工作路线。根据"指导意见"要求,有些省份采用"高校制定转型方案——组织省级层面遴选——立项转型试点高校"的路径来展开,有些省份采用"高校制定转型方案备案——高校先依照转型方案实施改革——一两年后组织省级评比立项"的路径来进行。由于省级层面的大学分类和试点改革往往与大学考核和经费拨款等相对接,对地方本科高校的转型具有很大的"牵引"作用。

两年来,结合自身办学基础与优势,地方高校展开了丰富多彩、卓有成效的转型实践和探索。在这一改革过程中,地方本科高校较好地借鉴了德国应用科技大学的办学理念,借鉴了这些年来我国"卓越工程师计划"改革和专业认证的先行经验,以大学生应用能力提升为目标,以专业(群)建设为核心,以校企合作为途径,以要素变革为手段,着力破解制约转型发展的要素"短板",取得了可喜的成绩,也呈现出了一些新的发展趋势。例如,一些高校结合"大众创新、万众创业"形势,展开了创新创业为旨向的转型改革,一些高校则结合区域产业需求,展开了以专业集群建设为核心的转型改革,还有一些高校则结合行业发展需求,展开了以行业学院建设为核心的转型改革等。

二　行业学院的逐渐成型发展

在这一轮转型发展中,其核心旨向是"高校要以更大的胸怀融入经济社会发展中去"。地方本科高校人才培养要从用人单位的需求出发,探索校企合作、产教融合的新途径、新方法,行业学院作为一种新的组织形态逐渐在改革中显现,成为传统"校企合作班""订单班"及"实习实训基地"的升级版。

行业学院主要是指高校与龙头企业紧密融合,政府、行业、其他企业参与,以行业(企业)的生产链、产品链、技术链和服务链为对象开展人才培养和科技服务的应用型专业学院。需要说明的是,行业学院不同于20世纪末我国"条块分割"管理体制下的行业性高校,它并非像行业性高校那样作为一所整体性面向行业设置的大学;它主要是综合性或多科性高校为了创新人才培养和转型发展的需要,在现有院系设置的基础上,通过增设实体或虚拟的二级教学单位,来面向行业培养应用型人才的组织。行业学院由于既打破了人、财、物上对行业本身的绝对依赖,又充分利用了地方本科高校综合性、多科性学科的优势,为行业企业发展提供更加灵活、全面的人才保障,具有了较好的组织形态和良好的发展前景,并呈现出新的形态表征。

1. 创新性地为行业精准培养人才的组织使命。引入行业标准和相关行业资源,为特需行业培养适用型人才是高校和合作单位共建行业学院的初心,也是行业学院作为一个组织的使命所在。相比以往高校与单一企业的合作模式,行业学院的组织模式在精准培养人才方面具有一定的优势:一是高校方出于转型发展需要,对特需人才培养有着急切改革的内、外在需求;二是合作企业方对特需人力资源的渴望,也促成尽快精准培养人才的强烈需求。

2. 行业学院的产生具有组织合法性。行业学院作为实体或虚拟组织建构,成为学校机构的有机组成部分,具体可表现为人员、经费、资源等方面获得学校和相关合作方的支持,并具有相应的支配权。同时,行业学院的合法性也体现在一定的区域范围和一段时期内,由于龙头企业的美誉度和高校设立行业学院的先发优势,一般不会出现同行业的类型组织机构,这使得学院在一定时期内具有相对的唯一性。

3. 具有校企双方协同治理的组织结构。有效的治理结构是组织运行的重要条件,基于行业学院的特殊使命,一般应成立行业学院理事会和学院日常运行机构,理事长和院长分别由企业高管或高校方负责人担任,并对机构的职能给予明确设计,对相关机构成员赋予责任。校企双方协同治理的组织结构是行业学院形态的重要表征。

4. 功能多元性促使各方保持持续的合作动力。面向行业需求的人才培养是行业学院存在的基础。但是,行业学院还具有科研合作、平台建设等多方面的功能,可以较好地满足合作各方的需求,主要表现在合作各方资源的互补需求、高校较强的科技服务和企业对技术升级的需求、高校毕业生高质量就业与企业实现社会责任的需求等。

作为一种组织形态,行业学院的发展具有了相对固定的组织形式,具有校企合作的组织治理结构、行业标准植入的教学模式、校企共担的教学团队、共建共享的教学科研基地等基本特征。显然,行业学院的这些组织形态可复制、可移植,对地方本科高校的转型来说,这无疑具有重要的指导价值和模仿借鉴意义。

三　行业学院将开辟改革新路径

当前,我国高等教育制度改革存在一个基本逻辑路径:一方面,鼓励研究型高校朝"高、精、尖"的"双一流"目标迈进;另一方面,对于占绝大多数的地方本科高校来说,引导其走"产教融合、校企合作、转型发展"道路,鼓励其朝一流的应用型本科高校方向发展。在笔者看来,行业学院诞生于转型发展实践,并将在实践中越来越趋于完善,其所潜藏的功能、价值及其现实意义,必将在改革推进过程中更广更大地呈现出来,也必将被越来越多的改革人士所关注。

我们认为,行业学院具有以下四个方面的发展优势:一是行业学院帮助了没有行业背景的高校,通过走产教融合道路,易于培养行业精准人才,提高人才培养的竞争力。二是由于不同行业差异大、专业性强,从某种程度上讲,行业学院可以避免专业设置的同质化,引导高校更好的个性化发展,有利于丰富高等教育生态。三是行业学院属于教育模式的一种创新,且具有较好的组织形态,便于移植,有望成为高校转型发展的重要趋势。四是待条件成熟,高校还可以围绕区域产业需求,通过整合、改造现有二级学院设置成为若干个综合性的行业学院,全方位、大力度地推进行业学院建设。可以预见,在不久的将来,行业学院必然成为地方本科高校应用型转型发展的重要路径选择。

民办本科高校应用型发展:基础、挑战与策略*

尹晓敏**

摘　要:民办高校转型发展应用技术大学具有国家政策和自身发展两个方面的客观基础。然而,民办高校的应用型转型在办学定位、专业设置、课程体系、双师培育、校企合作等方面面临着诸多挑战。民办高校应当直面既存的问题,明晰办学定位,实现异质错位发展,聚力打造应用型优势特色专业群,对接职业标准强化课程应用型改造,创新双师培育机制突破师资瓶颈,恪守双赢理念构建双向互动校企合作机制。

关键词:民办高等教育;民办高校;转型发展;应用技术大学

21世纪以来的高校扩招,使我国高等教育实现了从精英培育向大众化教育的历史性变迁,其间,民办高校也获得了长足的发展。据教育部网站相关信息,截至2015年5月,全国共有高校2845所,其中普通高校2553所(包括具有独立建制的民办普通高校447所、独立学院275所),成人高校292所①。2015年全国高校总数增长12%,增量部分本科率已达92%,其中超过8成为民办本科高校②。民办高校在30余年的发展历程中,为我国高等教育大众化、普及化及其区域经济社会发展做出了重要贡献。然而,随着经济体制与社会结构的全面转型、高等教育国际化的加速推进、高校生源争夺战的白热化,在与办学实力整体较强、

---

* 本文系国家社科基金教育学重点项目(AFA150012)。

** 尹晓敏,浙江树人大学马克思主义学院教授,研究方向为教育法学、高等教育管理。

① 数据来源于2015年教育部网站资料,http://www.moe.edu.cn/publicfiles/business/htmlfiles/moe/moe_229/201505/187754.html。

② 《2015年新增342所正规高校　超8成是民办高校》,《法制晚报》,2015年5月28日,第A20版。

办学历史普遍较长的老牌公办高校的竞争中，民办高校往往因自身定位不清、办学特色不明、发展同质化现象严重，而处于市场竞争的弱势地位并面临多重的发展困境。当前，我国高等教育正由快速发展期进入深度的结构调整期，面对重点本科高校、高职高专的上"压"下"顶"和前"夹"后"击"，以及类似层次本科院校之间的激烈竞争，积极引导和有序推动民办高校转型发展应用技术大学，以顺应教育组织体外部环境的裂变与整合，强优势、谋特色、实现错位发展将是民办高校深化内涵建设、提升办学品质、激发创新活力和摆脱生存危机的根本路径。

一　民办本科高校应用型发展的基础

民办高校转型发展应用技术大学①的客观基础可从国家政策基础和自身发展基础两个方面进行解析。

（一）国家政策基础

《国务院关于加快发展现代职业教育的决定》明确指出："采取试点推动、示范引领等方式，引导一批普通本科高等学校向应用技术类型高等学校转型，重点举办本科职业教育。"2015年教育部等三部委印发的《关于引导部分地方普通本科高校向应用型转变的指导意见》非常及时地抓住了当前高校应用型转型的核心矛盾与焦点问题，从四个方面提出了转型发展的14项战略性任务，为改革进程的全面、深入、有序推进提供了方向性的指引。"转型应用型高校主要是部分地方公办本科院校、全部的民办本科院校和独立学院"，共计约为650所院校，其中地方公办高校234所，民办本科高校141所，独立学院275所②。从地方层面看，各主要省份也纷纷出台关于普通本科高校应用型转型的相关政策文件，并以此为基础引领转型工作落到实处。以浙江省为例，2016年浙江省教育厅以《关于积极促进更多本科高校加强应用型建设的指导意见》为指导，公布了

---

① 根据国家政策文件，向应用技术大学转型的高等学校框定为本科层次的普通高校。因此本文所称"民办高校"基本指向"民办本科高校"。

② 数据来源于2015年教育部网站资料，http://learning.sohu.com/20151117/n426757651.shtml。此名单所列转型高校只有少部分是地方公办本科高校，大多数是民办本科高校和独立学院。

10所试点建设应用技术大学的示范高校,其中包括浙江万里学院、浙江树人学院等7所民办本科高校。由此可见,当前国家政策文件关于普通本科院校尤其是民办本科高校转型发展的"集结号"已经吹响,实际操作的"说明书"也已下发,这是民办高校应用型转型的政策性基础与合法性保障。

(二)自身发展基础

我国民办高校发展的历史缘起、当下的规模实力、灵活的办学机制等都为转型发展应用技术大学奠定了坚实的基础。

1. 民办高校发展的历史缘起为应用型转型奠定了观念基础。我国现行的民办本科高校主要包括新建民办高校、民办高职高专升格而成的民办高校、独立学院转设为独立建制的民办高校、尚未与母体脱离的作为"校中校"的独立学院四类。通过对各类民办本科高校发展历史缘起的考察我们不难发现,很多民办院校发端于成人本科学历教育、高等职业技术教育、各种短期技能型培训等,这些学校的市场竞争意识和办学危机意识普遍较强,自建校之初即以对接社会需求作为其人才培养的重要理念,以提升学生的技术应用能力作为其组织教学的基础观念,并以此为指引设计学生的知识、能力、素质结构及其学校的人才培养方案。民办高校的发展渊源及其由此确立的人才观、教育观、危机观等,为转型发展应用技术大学奠定了不可或缺的观念基础。

2. 民办高校当下的规模实力为应用型转型积蓄了充足力量。经过30余年的发展,我国民办高校办学规模不断壮大,办学实力稳步提升,尤其是自21世纪初以来,一批具有企业家创新创业精神的办学者敏锐地洞察到我国高等教育市场的发展趋势与有利时机,以投资、合作、贷款等方式筹措办学经费,依法征用土地,新建扩建校舍,强化师资队伍,优化教学环境,扩大招生规模,逐渐成为国家应用技术型本科人才培养的生力军,并基于高校总量上的三分天下而渐次进入与公办高校同台竞技的发展阶段。"民办高校成为我国高等教育的重要组成部分,在增加高等教育总量、引领高等教育体制机制创新中发挥了重要作用"[①],民办高校当下的办学规模与总体实力为其转型发展应用技术大学积蓄了充足的力量。

3. 民办高校灵活的办学机制为应用型转型创设了丰富空间。较之于由国家出资举办的公立大学,民办高校的办学经费由院校举办方通过多种方式筹措,普遍以董事会领导下的校长负责制为核心管理体制,并以此实现投资者学

---

① 王一涛:《探索高水平民办高校的可行性》,《中国教育报》,2016年4月7日,第12版。

校所有权与校长办学权的必要分离。当前,民办高校的成长模式虽然不一,包括以学养学滚动发展、以产养学注入式发展、国有(公有)民办改制运作、一校两制附属再生等多种成长模式,但是民办高校由于办学资金来源的非政府性,因而较公办高校拥有更为灵活自主的办学机制,重大办学事项的决策过程也更加简洁务实高效,有利于敏锐地抓住高级应用型人才的市场需求及变化,这为其转型发展应用技术大学创设了丰富的空间。"民办本科高校由于其经费是通过社会筹资,利用闲置教育资源,其自主办学的优势可以更好地顺应市场需要,及时变革创新,对市场需求做出积极回应,提供更加灵活而多样化的教育服务。民办本科高校这些灵活的办学机制为其转型提供了空间。"[①]

二 民办本科高校应用型发展的多重挑战

民办高校转型发展应用技术大学困难重重,挑战多多,突出表现为:

(一)办学定位时有摇摆,漂移现象屡有发生

民办高校成功转型发展应用技术大学的关键在于其对人才培养应用性、学术研究实践性和社会服务区域性的深刻认知和精准把握,并在差异化办学上有所作为。然而目前相当部分民办高校发展的目标指向并不清晰,办学定位时有摇摆,惯性式地沿循着体量扩张的外延发展之路,不顾办学历史、综合实力、文化积淀等方面的短板而提出一些不切实际的办学目标,追求学科专业设置的"大而全",注重师资学历职称的"高大上",推行教师绩效考核的科研中心主义,积极申报博士、硕士和专业学位授权点资格,以精英教育教学模式为标杆,屡屡表现出向综合性大学甚至一流大学"漂移"的冲动,在判定"学"与"术"两个砝码孰轻孰重的过程中举棋不定、左右摇摆,并导致民办高校毕业生素质"上不着天、下不着地,理论不够、实践不足"的问题突出。

(二)专业设置随波逐流,专业趋同现象严重

专业设置的实质是遴选若干领域的学科知识建构一定的知识体系,以实现专业人才的培养目标。专业建设是民办高校培育应用技术人才的基本载体与

---

① 顾德库、孙建三:《民办本科高校向应用技术大学转型的战略思考》,《黄河科技大学学报》2014年第5期,第11页。

核心依托,直接关乎应用型转型发展之成败。当前,大部分的民办高校在专业设置过程中缺乏深入系统的市场调研、精细到位的需求预测、规范严密的专家论证,从专业设置的提出到专业培养目标的确定、专业教学计划的制订等都较少体现"走出去、请进来、沉下去"的实证精神与行动逻辑,未能在专业定位的"独特、优特、新特"三个"特"字上下功夫以强化办学"底色"、突显办学"亮色",并直接导致民办高校专业设置随波逐流,趋同化现象十分严重。

(三)课程体系改革滞后,课程职业对接不畅

课程是学校教学活动组织实施的轴心与枢纽。课程体系建设既是民办高校教学管理工作的基本单元,也是以专业建设为核心的教学内涵建设的细胞工程。民办高校应用型转型过程中专业结构的调整、专业特色的凝练、专业校际竞争力的提升等最终都要反映到课程体系之中。然而,当前民办高校的课程体系改革明显滞后,存在的问题:一是课程设置原则、课程框架搭建、课时总量安排、课程实施策略等方面深受公办高校特别是研究型大学的影响,与传统的"学术型"课程体系区分度不高,未能准确把握应用型民办本科高校课程体系建设的核心指向——以服务地方需求、匹配市场需求为导向,构建体现所在区域经济结构调整、产业技术进步、企业岗位能力等要求的课程体系,有的民办高校甚至直接套用公办高校的课程设置模式。2014年,学者潘琦在《民办高校课程体系改革思考》一文中所述及的"东南大学工程管理专业的课程设置与苏州科技学院天平学院同一专业的课程设置如出一辙、基本雷同、并无二致"[1]的现象绝非个案。事实上,此种现象在当前民办高校的课程设置中具有相当程度的普遍性。二是课程结构失衡。课程设置"重理论轻实践、重课内轻课外、重必修轻选修"的现象明显,与应用技术大学着力培养"生产服务一线紧缺的应用型、复合型、创新型人才"的目标定位不相契合。三是课程内容失当。课程内容是课程目标的实现载体。受到学科型教学模式的束缚,民办高校课程内容体系的建构强调的是学科知识的系统性、完整性,尚未真正实现课程内容从学科知识体系为基础向岗位能力为基础的转变。当前民办高校课程内容的凝练、精选与重组工作亦不尽到位,课程内容整合不力,并由此导致相关学科知识衔接不畅、关联课程内容呼应不足和学生专业知识体系的断层。

---

[1] 潘琦:《民办高校课程体系改革思考》,《统计与管理》2014年第7期,第191页。

(四)双师培育成效不彰,师资瓶颈日渐凸显

"'双师型'是职业教育对教师队伍提出的基本要求,建设'双师型'师资队伍是民办高校向职业教育发展的关键,但同时,恰恰也是民办高校教育目前最薄弱的一环。"[1]当下民办高校双师培育存在的主要问题:一是双师内涵界定与认定标准不统一。教育界对作为园丁之家新秀的"双师型"教师的内涵理解见仁见智、分歧较大,教育主管部门也尚未确立双师界定的明确标准,这在一定程度上影响了民办高校教师个人发展方向的明晰化,也在客观上制约了双师队伍建设的整体推进步伐。二是由于受到传统高校师资培养模式的深刻影响,多数民办高校教师队伍建设依然以学历、职称、科研能力与成果等为核心评价指标,缺乏一套行之有效的双师队伍的管理体制与评价机制,包括任职资格、人事管理、考核标准、职称晋升、培养培训、工资待遇等,导致民办高校双师的工作积极性不高,并给其他教师面向双师的转型带来负面影响。三是民办高校教师来源渠道单一,从高校毕业直接任教、"从校门到校门"的理论型教师占比过大,持有"双证书"而不具备"双能力"、追求"双证"而忽视"双能"的双师占比亦不小,真正意义上的"双师双能型"教师平均比例不到20%,且老龄化严重[2],难以满足向应用技术大学转型发展的师资需求,应用型转型的师资瓶颈日渐凸显。

(五)校企合作呈"单相思",校企深度融合不足

校企合作是民办高校应用型转型发展中实现教学过程与生产过程"无缝对接"的基本路径,也是增强学生就业创业能力,培养高素质技术技能型人才的根本通道。然而,由于校企双方在利益诉求、关注焦点、组织运行等方面存在着较大的差异性,导致民办高校与企业之间签订合作框架协议不少,但实质性合作却并不多,相当部分的合作还停留在表面繁荣、走走过场的层面上。纵观近年民办高校校企合作发展之路,便不难发现校企之间普遍存在"一头热、一头冷"的状况,一头是学校的主动对接、积极争取,另一头却是部分企业的消极对待、被动应付。现实中很多借助于学院及教师的人脉、企业临时需求达成的合作关系很难牢固持久,而校企深度融合不足已经深刻影响到民办高校的毕业生"出

---

① 贾利宁、李桂萍、刘小航:《试论民办高校向职业教育深入转型》,《榆林学院学报》2015年第5期,第119页。

② 刘昌:《胡卫委员:加强地方本科高校"双师型"队伍建设》,2015-03-03,http://edu.china.com.cn/2015-03/03/conte。

口"和产业企业的新用工"入口"。

三　民办本科高校应用型发展的路径

转型就是改革。鉴于转型发展应用技术大学时存在的上述问题,民办高校应当全面推进"需求传导式"的改革,根据自身资源基础及优势,面向区域经济社会发展的需求进一步革新办学理念明确办学定位,在契合于地方产业行业需求的专业设置与建设、对接职业标准的课程体系与内容改革、"双师双能型"师资的培育、深度融合的校企合作等转型发展的核心环节上有所创新与建树。

(一)明晰办学定位　实现异质错位发展

成也定位,败也定位。办学定位精准与否对民办高校核心竞争力的形成具有决定性的影响。民办高校必须谨记高等教育学鼻祖、著名教育家潘懋元先生关于"应用型不是办学层次的高低而是类型不同"[①]的谆谆教诲,时刻警惕并遏制向传统大学"漂移"的冲动,坚持走与研究型大学、高职院校的异质错位发展之路,既不可将学校办成研究型大学的"缩小版",也不可办成高职高专的"放大版",而应通过定位准确的高质量办学,输出实践动手能力强于研究型大学的学生、理论与技术探究能力高于高职院校学生的应用型本科高校的合格毕业生。民办高校应当牢牢盯住"应用"、锁定"地方"、突出"特色",以"产业链、创新链和人才培养链"三链融合为指向,通过专业设置对接产业需求、课程内容对接职业标准、教学过程对接生产过程、毕业证书对接职业资格证书、师资队伍对接"双师"标准等五大对接,持续优化高级应用型人才培养方案,创新"上可探天、下可着地,理论够用、实践为重"的高端技术技能型人才培养模式,努力提高办学活动与区域经济社会发展的契合度,增强民办高校转型发展应用技术大学的系统性、整体性和协调性,激活应用型转型的内生动力与活力。

(二)聚力打造应用型优势特色专业群

2016年3月10日,教育部部长袁贵仁在出席全国"两会"新闻中心记者会时

---

① 潘懋元、车如山:《略论应用型本科院校的定位》,《高等教育研究》2009年第5期,第35页。

明确指出:"高校转型发展的关键是调整专业设置,核心是人才培养模式"。[①]民办高校要创新专业建设的理念,按照教育部应用技术大学建设"强化专业、弱化学科"的要求,把专业设置、布局与调整优化作为转型发展的切入点和着力点,根据学校的服务面向,以优势特色专业为核心,按照专业基础相通、技术领域相近、职业岗位相关、教学资源共享的原则构建与区域产业发展高度契合的专业群,发挥专业群的聚集效应并以此为基础带动学校资源的优化配置。民办高校应基于系统性的市场调研、前瞻性的需求预测、规范化的专家论证,动态调整与不断优化专业群建设方案,执着地围绕传统办学特色凝练专业、敏锐地抓住市场新兴需求创设专业、果断地整合陈旧过时的专业,聚力打造紧密对接地方产业链、创新链要求的应用型优势特色专业群。

1. 执着地围绕传统办学特色凝练专业。民办高校必须执着地抓住在其长期办学实践中逐步形成的,具有较高办学水准、鲜明办学特色、良好办学效益的传统优势专业,进一步挖掘此类专业所蕴含的发展潜力和增长空间,悉心洞察其与就业市场需求变化的契合度,找准其与本科职业教育的交汇点。在此基础上依据应用技术大学的内涵与特征对此类专业进行改造升级,使其成为民办高校应用型转型中专业建设的先行者、引领者和示范者。

2. 敏锐地抓住市场新兴需求创设专业。"民办高校最大的优势在于其以市场为导向,办学机制灵活,能够根据市场需求灵活设置专业。"[②]为提升专业的核心竞争力,民办高校要善于把握市场动向,增强对区域经济社会发展的人才需求敏感度,在与用人单位充分沟通、进行深度的专项调研及论证、客观评估学校开办新专业的综合实力的基础上,敏锐地抓住市场需求,增设为地方产业转型升级、创新驱动、民生改善等所急需的专业,满足社会对新型人才的殷切期待,并以主动变革的姿态赢得新专业成长的先发优势。当然,民办高校新专业的创设绝非"学校有多大胆,专业有多大产",罔顾学校的办学能力,急功近利地在专业设置上赶潮流、追热点,甚至"挂羊头卖狗肉"的话,终将会被市场以无比尴尬的方式打回原形,并最终遭遇学生和家长的"用脚投票"。

3. 果断地整合陈旧过时尤其是被亮牌的专业。民办高校要充分重视和利用教育部全国就业中心的"全国高校毕业生就业管理与监测系统"、麦可思研究

---

① 尚阳:《袁贵仁:高校转型首先是调整专业设置》,http://edu.china.com.cn/2016-03/11/content_37995426.htm。

② 贾利宁、李桂萍、刘小航:《试论民办高校向职业教育深入转型》,《榆林学院学报》2015年第5期,第119页。

院每年发布的《中国大学生就业报告》等对毕业生、用人单位的动态跟踪调查及所做出的预警意见,并以此为基础建立健全本校的专业预警制度,准确研判学校各专业的就业形势,明确提出对预警专业尤其是被官方或权威研究机构亮出红牌、黄牌专业的整改要求。通过就业及专业预警,突出问题导向,不断完善"专业—招生—就业"的联动机制,将就业状况与专业设置、招生计划适度挂钩。对于专业陈旧老化、口径过宽过窄、社会需求量少、学生报考率低的专业,民办高校应当果断地通过"减、停、并、转、联"等方式进行调整,以确保将有限的办学资源集中到学校的优势特色专业上。

(三)对接职业标准强化课程应用型改造

民办高校课程体系的应用型改造应着力抓住如下四个方面:一是重组课程体系,优化课程结构。"课程设置强调'职业元素'。不能完全按照专业知识为标准,而必须面向整个行业的内在结构和需求,突出其所面向的职业,体现出依托专业、面向行业的特征。"[①]以课程体系与产业需求、职业标准的对接融合为根本指向,民办高校课程结构优化的重点是在以专业教育为主导,协调处理基础课与专业课比例关系的基础上,实现基础课程平台化,即构筑起公共基础课、学科基础课、专业基础课有序衔接且逐级递进的平台化课程体系。此外,民办高校还要在合理设定必修课与选修课比例关系的基础上,实现选修课程模块化;在大幅调整理论课与实践课比例关系的基础上,实现实践课程一体化;在有效改善课内课程与课外课程比例关系的基础上,实现课外课程多元化。二是重点建设应用型专业核心课程。作为课程体系中居于核心位置、具有丰富生成力的那部分课程,专业核心课程是民办高校建构应用型课程体系的灵魂之所在。民办高校应当以"优质、核心、基础"为原则,基于对课程现状的深入调研与综合分析,遴选一批应用型导向的专业核心课程进行专项扶持建设。每个专业一般可考虑设置6—8门核心课程,由专业基础课和专业必修课以1:3的比例组成为宜。同时,"在专业核心课程教学内容的选择中,遵循基础性、必教性、高频性和可拓展性的标准。大力精简浓缩专业核心知识,努力解决好'教学内容过于陈旧繁杂'问题"[②]。三是强化实践教学体系。实践教学是应用型人才培养过程中具有决定性意义的环节。民办高校应当以职业需求为导向、以学生实践创新能

---

① 何金平等:《试点探索建设应用技术大学》,《中国高等教育》2014年第10期,第48页。

② 王小云、匡才远:《地方应用型本科院校专业核心课程建设的探索与实践——以金陵科技学院为例》,《黑龙江教育学院学报》2015年第2期,第59页。

力培养为重点,通过强化实践教学环节、完善实践教学体系、创新实践教学方式等以实现实践教学的持续优化。为切实提升实践教学品质,民办高校应着力统筹校内外实践教学资源,努力打造功能趋于集约化、资源实现共享化、教学模式开放化、运作精细高效化的专业类或跨专业类的综合性实践教学平台。为凸显应用型人才培养的"实践主题",民办高校应当"按照工学结合、知行合一的要求,根据生产、服务的真实技术和流程构建知识教育体系、技术技能训练体系和实验实训实习环境。按照所服务行业先进技术水平,采取企业投资或捐赠、政府购买、学校自筹、融资租赁等多种方式加快实验实训实习基地建设"[①]。

(四)创新双师培育机制 突破师资瓶颈

根据《关于引导部分地方普通本科高校向应用型转变的指导意见》的文件精神,"双师双能型"教师是对传统"双师"的科学化、规范性表述。"双师双能型"教师培育是民办高校转型发展应用技术大学过程中师资队伍建设的重中之重。首先,应对高校"双师双能型"教师做出准确的内涵界定——既有高校教师资格证又有工程师、工艺师等专业技术资格证,既能胜任专业理论教学又可指导学生专业实践和技能训练的新型教师,以此明晰双师的认定标准和教师个人的发展方向。其次,为实施双师培育计划突破师资瓶颈,民办高校可考虑单设"双师双能型"教师类别,并制定与之相对应的晋升、聘任、考核、奖励等办法,建立健全科学管理机制,以此有力推动双师队伍的快速成长。民办高校应当建立实践教学与职业资格晋升的关联机制,创新"双师双能型"教师职称与职业资格证书相互认证机制等,以此打通民办高校与行业企业的人才流通渠道[②]。此外,民办高校还应积极尝试开辟绿色通道,按照技术优先、学历为辅的原则,主动吸纳行业专家、企业骨干加入教学团队,建立适合企业兼职教师特点的薪酬激励体系,加大绩效导向和激励性薪酬实施的力度,吸引兼职教师领衔或参与民办高校实训基地、实训项目的建设,甚至合伙成立准市场化的经营实体。最后,建立政府统筹、引领企业高校携手合作的双师培养机制,大幅提升师资队伍中的双师占比。政府可通过如下举措在双师培育中积极作为:一是对支持应用型高校教师入企参与生产实践、顶岗实习、挂职锻炼的企业给予特定的税收优惠和专项补

---

① 教育部、国家发展改革委、财政部:《关于引导部分地方普通本科高校向应用型转变的指导意见》(教发〔2015〕7号)。

② 刘昌:《胡卫委员:加强地方本科高校"双师型"队伍建设》,http://edu.china.com.cn/2015-03/03/content_34934439.htm。

助;二是出台激励性政策推动企业经营管理、技术人员与高校骨干教师相互兼职,以此加速专兼结合双师队伍的发展;三是遴选优秀企业和高校共建一批"双师双能型"教师培训基地,并以此为基础实施高校专业课教师轮训制度;四是建立应用型高校"双师双能型"教师海外研修项目的政府专项补贴机制,并将此类项目纳入各地指令性培训项目体系。

(五)恪守双赢理念　构建双向互动校企合作机制

双赢方可恒久。优势互补、互相受益、共同发展的双赢式合作是民办高校应用型转型发展中校企深度融合的必由之路。"众所周知,评判校企合作成功与否,能在多大程度上产教融合、工学结合、校企联动是其重要的考核标准,而能否做到'双赢',则是校企合作能否取得成功的关键。舍此,校企合作只会是一句空话。"①鉴于此,民办高校要恪守"双赢共进"的校企合作理念,既要为企业输送高素质、口碑佳、声誉好的应用型人才,又要依托自身专业技术优势,在区域产业升级过程中主动与企业对接沟通,以高质量的科技开发服务帮助企业解决产品研发、技术攻关难题,真正为企业排忧解难,为校企合作互动平台的搭建做好铺垫。在此基础上,民办高校应通过制度设计和组织运行两个层面实现校企合作的双向互动。在制度设计层面上,由校企双方共同制订对彼此皆具约束性的校企合作章程、校企合作系列管理制度等,以此为深入推进校企合作提供制度保障、构建长效机制。在组织运行层面上,积极组建"校企合作(虚拟)班"、"企业订单班"、行业学院等彰显"共管、共建、共享"精神的校企利益共同体和人才培养联合体,并通过系统规范地建立并实施"双向引进、双向互聘、双向培训、双向服务"的校企合作办学机制,持续有力地推动校企合作从"单相思"到"两情相悦"的实质性转变。

---

① 王寿斌:《互惠双赢与校企融合的辩证关系》,《中国教育报》,2014年12月8日,第7版。

地方本科院校应用型人才培养模式研究*
——以校企合作"虚拟班级"为例

高孟立**

摘　要:地方性本科院校的人才培养模式向应用型转型已经势在必行,然而其应用型人才培养模式应不同于全国综合性高校的研究型教育,又有异于地方高职院校的职业化教育。地方性本科院校的应用型人才培养模式改革应当彰显自身的办学特色,又需紧密结合地方社会经济建设的需要,那么如何进行应用型改革需要其审慎地思考和规划。文章从"浙宝电气营销虚拟班"的成功实践出发,以市场营销专业的改革为试点,综合运用资源依赖理论,详细阐述校企合作的新模式——虚拟班级的内涵,具体分析虚拟班级的运行机制。最后,文章综合分析了两年来虚拟班级实际运行的成效,以期为推动地方性本科院校应用型人才培养模式改革提供理论上的指导和提出实践上的建议。

关键词:应用型人才培养模式;校企合作;虚拟班级

　　2015年教育部已着实推进部分地方本科院校进行应用技术型转型发展工作,正式启动了改革的试点工作。这就意味着未来几年,将有一大批本科院校,特别是地方性新建普通本科院校将向应用型高校转型,重点培养更多的高技能应用型人才。那么,在这一改革浪潮中,作为"年轻"的地方本科院校将如何谋求自身的发展道路,以适应人才培养职业化发展的趋势,彰显人才培养的应用型特色,这归根结底还是高校人才培养模式的问题。地方本科院校大多数是以

* 本文系浙江省教育科学规划重点研究课题(2015SB117)、浙江省高等教育课堂教学改革项目(KG2015343)。

** 高孟立,博士,浙江树人大学管理学院副教授,研究方向为服务创新、知识管理。

教学为主的院校,通过对学生进行专业技能、应用能力方面的训练,重点为行业发展以及地方经济建设培养应用型人才。所以,适应高校改革职业化发展趋势,以培养应用型人才为导向,实现人才培养模式的创新,这是应用型本科院校彰显自身特色,塑造人才培养差异化优势的必然选择。因此,在高等教育职业化发展背景下,地方应用型本科院校将如何开展新的校企合作模式,从而创新人才培养模式,这是一个迫切需要解决的问题。本文在多次校企合作改革基础之上,结合课题组已有的研究成果,进一步深入探索校企合作新模式——"虚拟班级",以此来帮助地方本科院校创新应用型人才培养模式,提高所培养专业人才的就业竞争力,凝练人才培养的特色,提升人才培养的质量。

一　目前校企合作人才培养模式存在的问题

《国家中长期教育改革和发展规划纲要(2010—2020 年)》(以下简称《纲要》)指出:"实行工学结合、校企合作、顶岗实习的人才培养模式,建立健全政府主导、行业指导、企业参与的办学机制,制定促进校企合作办学法规,推进校企合作制度化。"不仅《纲要》明确了校企合作人才培养模式在应用型人才培养体系中的地位,而且当前理论界也普遍认为,校企合作是提高人才培养质量的有效途径,是强化应用型导向的有效措施。然而,我国目前很多高校中所开展的校企合作模式依然存在较多的问题[1][2],主要表现为以下几个方面:

(一)校企合作双方尚缺乏利益分配机制

校企合作不仅是人才培养模式,更是利益相关者间的一种资源配置、利益分配的过程,其中利益分配问题是困扰我国目前校企合作的突出问题[3]。地方本科院校是"以服务地方经济为宗旨"的非营利性社会组织,服务社会是其基本使命和根本性质,强调社会责任感与奉献精神,而企业"以盈利为目的"的特征

---

① 唐国华、曾艳英、罗捷凌:《基于资源依赖理论的高职教育校企合作研究》,《高等工程教育研究》2014年第4期,第174—179页。
② 沈燕:《高等职业教育校企合作人才培养机制的构建——基于"5321"模式的探索》,《教育发展研究》2015年第7期,第49—55页。
③ 胡恩华、郭秀丽:《我国产学研合作创新中存在的问题及对策研究》,《科学管理研究》2002年第1期,第69—72页。

决定了其追逐利润最大化的本质属性,强调利益性与效益性。地方本科院校和企业双方正是组织使命的不同,导致两者之间存在着巨大的价值差异,因此也就很难建立起有效的利益分配机制。

(二)校企合作双方积极性高低不一

合作过程中普遍存在"学校热、企业冷"的现象。首先,地方本科院校往往乐于与企业共同建立校企合作关系,然而目前普遍存在重于最初校企合作关系的建立,轻于后期的维护与有效运行的现象,从而导致企业在后期合作积极性减弱,使校企合作流于形式。其次,校企合作过程中企业过于关注投入产出比、成本与收益之间的均衡,要求高校帮助其解决技术难题,这往往导致企业参与校企合作的成本较高,致使企业方面的合作积极性下降[①]。同时,目前开展校企合作的学校中大多数是高职院校,这些学校并没有充分重视企业实际的需求,也致使企业参与合作的积极性较低[②]。

(三)校企合作双方合作深度不够

目前由于学校与企业之间的对接空间有限,大多数地方本科院校与企业的合作仍然停留在较浅层次的合作层面,更没有内化到人才培养模式的应用型改造中去。现阶段地方本科院校与企业的合作平台,一般是以校内的生产实验实训中心与校外的实践教学基地为主,形式往往是"订单班""顶岗实习""参观实习"等。在校企合作的实践过程中往往由于缺乏有效的对接机制导致产学结合的教学结构不够合理,甚至出现有些院校对校企合作基地的运行上仅仅停留在定期组织学生参观上,这种"走马观花"式的校企合作模式使得校企双方之间的合作浅尝辄止,无法深入进行。

综上所述,目前高校所开展的校企合作存在较多的问题,探索新的校企合作模式,使其在高校适应高等教育职业化发展趋势、提升应用型人才培养质量、推进自身发展定位的成功转型中真正起到关键性的作用。地方本科院校如何认识、解构目前的这种大环境,并选择合理的、适合自身定位的发展策略,实践

[①] 张辉、吴万敏:《高职教育产学合作长效机制论略》,《高等教育研究》2008年第1期,第67—72页。

[②] 罗汝珍:《市场经济背景下高等职业教育产教融合机制研究》,《教育与职业》2014年第21期,第8—11页。

更为深入的校企合作模式,寻求在对外部企业资源的依赖性和自身发展过程中的自治性之间的平衡,同外部的资源建立起和谐、双赢关系,是目前地方本科院校在应用型转型过程中迫切需要解决的问题。

二　校企合作新模式探索:"虚拟班级"模式设计思路

依据资源依赖理论的观点,地方本科院校是一个开放式的系统,其在应用型转型过程中作为一个组织体必须与外部环境中的其他组织要素进行相互间的沟通与协作,以获取诸如财政支持、师资队伍、学生生源、信息资源、研发成果转化等一系列的资源,使自身组织更好地发展与成长,这些主要体现为高校对外部环境中企业资源的依赖。在地方性本科院校应用型转型的大环境下,笔者所在院校适应国家对教育职业化的改革要求,主动出击寻求与市场、企业等外部资源主体的积极合作。现代企业需要具备专业理论知识及相关行业背景知识、技能素养的高级应用型人才,同时学校也一直本着服务地方社会经济建设的目标,倡导校企合作,培养落地生根的高级应用型人才。因此,课题组选择以培养具有电气行业知识和技能素养的营销专业人才为改革试点,以与浙宝电气集团有限公司合作筹办的"浙宝电气营销虚拟班"为契机,积极开展校企合作培养现代企业需要的市场营销专业高级应用型人才的探索,努力探索地方本科院校与企业联合培养应用型人才的新模式。

(一)班级设置的柔性化

本研究中所指的校企合作虚拟班级,并非一般意义上的网络虚拟班级,也不是企业出资组建的订单班,而是具有特殊性质的班级,在不打破原归属专业的基础上临时组建的班级。虚拟班级在运行过程中实行优胜劣汰的淘汰机制,同时也吸纳有意愿的新学生加入。"浙宝电气营销虚拟班"就是我校管理学院和浙宝电气集团(杭州)有限公司合作组建,在高年级学生中通过报名、面试择优选拔部分市场营销、工商管理专业的学生临时组建的虚拟班级;其所参加的学生不形成实质性的实体班级,依然属于原来的班级划分进行分散化的专业学习、组织开展教学活动。

(二)教学体系的灵活性

针对虚拟班级,校企双方制定专门的、灵活性的学习计划,利用大四第一学期最后两个月每周末的时间,由企业派专业人员到学校,或者学校组织学生到企业对企业的规划、制度、文化、生产管理、企业营销管理等相关内容展开集中学习,同时强化教学过程管理和目标管理,对虚拟班级形成"校内实践生产化、校外基地教学化"的新型教学管理体系,同时根据学生原归属班级的教学活动安排,虚拟班级及时调整自己的教学活动以避免冲突。虚拟班级的学生在四年级最后一个学期全部进入企业进行实践学习活动,学生毕业后由企业与学生双向选择,择优录用。因此,虚拟班学生在学校时就有机会深入接触行业,参加企业相关项目的开发,这样学生就有机会进行专业实践能力、专业综合素质的锻炼;而对于企业而言,因为虚拟班学生实质上是未来的员工,愿意把企业自身的文化背景、岗位素质要求等内容融合进日常的学习过程,从而在高校市场提前真正培养出适应企业自身发展所需要的人才。

(三)师资配置的多元化

综合性高校所培养的专业人才,往往重理论知识,轻实践能力;职业类院校所培养的人才往往重实践能力,轻理论知识;而作为服务于地方经济建设的地方本科院校必须做到两者之间的兼顾和平衡。学校专业人才培养的特点往往是注重满堂灌,夯实基础知识,然而学生毕业后所服务的企业又往往千差万别,所以高校师资队伍的配备自然是有限的。因此,通过虚拟班级的构建,甚至是行业学院的组建,学校则可以解决学生就业岗位多样性和师资相对匮乏之间的矛盾,就可以借助企业、社会的力量来弥补自身师资队伍上的不足。本研究中的虚拟班级在实践过程中,与浙宝电气集团一起聘请了一些既懂行业知识、具备专业技能,又懂管理、营销专业知识的行业导师、企业专家、高层管理人员担任业师,具体负责虚拟班级课程体系中相应模块课程的授课。这较好地解决了学校在应用型人才培养过程中对既熟悉实际业务流程,又具备专门行业实践技能师资的不足问题。

(四)应用实践的多样化

作为应用型人才培养途径之一的学科竞赛,无疑是增强学生实际动手能力的有效载体。但是以往的学科竞赛,往往给予学生现成的、成熟的、大众化的企业案例,学生也只能做出肤浅的分析。虚拟班级的学生实质上是企业的准员工,对企业有着较为深入的了解,比如本研究中"浙宝电气营销虚拟班"的同学,在暑假期间实地进驻浙宝电气集团开展社会实践,更加深入地认识、了解企业,积累来自企业经营一线的实战经验。该虚拟班学生在大学生经济管理案例竞赛中,就以浙宝电气集团作为研究的样本企业,对其进行深入剖析,进而形成案例文本,他们参加比赛并且获得了较好的成绩,这也进一步拓展了应用实践场所。

三　"虚拟班级"模式的运行机制:以"浙宝电气营销虚拟班"为例

本研究以"浙宝电气营销虚拟班"这一培养市场营销专业应用型人才的校企合作新模式为案例范本,具体考察地方本科院校高级应用型人才培养的实践活动。

(一)"虚拟班级"学生来源

虚拟班级这一校企合作新模式在我校尚属首次,如何让学生能够积极参与到报名、选拔中来,是虚拟班级能否顺利开班以及后续顺利进行的关键之所在。在学院的支持下,课题组成员密切联系合作企业,组织企业的高管、技术人员来学校开展有关企业现状、发展前景、行业特点的宣讲会,让学生充分了解行业、企业,激发学生对行业和企业的兴趣,提高学生报名参加的积极性。经过多次宣讲会,虚拟班级共吸引了市场营销、工商管理专业的75名高年级学生报名,之后企业专门组建了虚拟班学员的考察小组并对这批学生进行面试,全方位考察其专业素养、发展潜质等素质,最终有35名同学正式成为"浙宝电气营销虚拟班"的学生。

(二)校企双方共同制定教学计划

本课题组与浙宝电气集团经过多次研究,在不影响虚拟班学生原有班级编制和培养体系安排的情况下,专门针对浙宝电气集团对营销人才的具体要求,制定了虚拟班的课程体系,如表1所示。整个培养计划共分为行业背景分析及产品知识等6个模块,共计78学时。

表1　浙宝电气营销虚拟班课程体系

课程模块	教学内容	计划学时	授课教师
模块一	行业背景分析及产品知识 (1)输配电设备行业的特点、行业分布、竞争分析 (2)高低压开关设备、三箱型、低压元器件等产品的结构、用途和技术性能 (3)浙宝新产品技术介绍	40H	技术副总 副总工程师

课程模块	教学内容	计划学时	授课教师
模块二	浙宝的产业发展与战略管理 (1)浙宝的发展历程、产业定位,在行业中的地位、竞争力 (2)浙宝的发展远景、企业管理和企业文化	6H	行政副总 工会主席
模块三	项目营销 (1)项目营销的概念、特征 (2)项目营销的市场实践 (3)项目谈判及客户管理	12H	营销副总 商务经理
模块四	深度营销与业务技巧 (1)业务经理应该具有的素质和能力 (2)通过营销技巧,如何为客户提供解决方案	8H	业务经理
模块五	业务经理成功案例 (1)介绍浙宝2—3个业务经理在市场上的成功案例 (2)交流营销过程中的心得与体会	4H	营销副总
模块六	市场专题报告 (1)企业高管与专家针对市场、技术和合同风险管理进行专题讲座	8H	董事长 企业律师

(三)学用交替深入企业实践

浙宝电气营销虚拟班学生在大四第一学期末开始,根据校企合作制定的教学计划安排,全面组织教学活动,授课时间安排在最后两个月的每个周末,授课地点为学校和企业现场相结合。按照虚拟班课程计划,具体分为理论和实践两大部分,采用学用交替的学习形式,即课堂理论讲解和企业一线现场实践相结合的方式,甚至直接将课堂设置在企业现场进行。由于地方本科院校的管理类专业培养计划中,并没有开设相关工科背景、相关行业知识的课程,专业课程基本上全部局限在管理大类的方向上,而学生毕业后所从事的营销、管理岗位又是需要密切结合不同的行业、不同的企业和不同的产品的。因此,该虚拟班级通过这种学用交替进行的学习形式,极大地增强了在校学生对所属行业知识、产品性能、企业管理文化及大型工程项目的营销特点等内容的熟悉、了解,消除了学生对项目的陌生感、心理恐惧感,缩短了学生未来就业过程中的职业迷茫期。

(四)企业导师与学生结对轮岗培养

第一期培训以后,15名大四学生中有10名有意愿毕业后去浙宝就业,并与企业签订了就业意向协议。于是在大四最后一个学期的毕业实习期间,浙宝电气集团专门召开了集团下属的生产部、管理部、销售部、研发部等部门间的协调会,专题讨论各部门指派业务能力强,有责任心的企业骨干担任实习学生的企业导师,进行学徒式的指导,同时对这10名学生进行以半个月为周期的轮岗培养。通过虚拟班级的模式,校企合作企业愿意付出一定的精力来对学生进行学徒式的轮岗培养,打消了以往"走马观花"式学生实习中的顾虑,将校企合作真正推向了深入,将应用型人才培养真正落到了实处。

(五)激励制度的保障

学校和企业双方为了更好地开展"浙宝电气营销虚拟班"的组织与教学工作,充分调动虚拟班学生学习、实践的积极性,在虚拟班成立之前双方经过多次协商,最终得到了合作企业的大力支持,专门出资设立了"浙宝电气营销虚拟班奖学金"和相应的工作活动经费,共计8万元,其中5万元作为虚拟班学生的奖学金,全部发放给虚拟班学生。因此,通过参加虚拟班,学生在毕业实习期间不仅可以从企业获得实习工资,同时还可以从虚拟班获得奖学金,这样更加调动了学生参与虚拟班学习的积极性。虚拟班级的奖学金激励制度充分保证了学生参与的积极性,以及后续虚拟班推进过程中的持续性和有序性。

四 "虚拟班级"模式的优势

(一)变学生的被动学习为主动学习

本次试行的虚拟班模式,无论是组建过程,还是教学模式,都让学生耳目一新,赢得了普遍的认可。通过参加虚拟班的学习,不少同学重新调整了自己的职业生涯规划。通过虚拟班学用交替的学习模式,学生实实在在地看到了企业精神、企业文化、企业价值观与企业发展之间的关系,从而潜移默化地提升了他们对正常专业学习活动的自觉性和积极性。

(二)变就业市场招聘人才为合作培养发现人才

企业每年都到高校、就业市场招聘人才,不仅招聘成本很高、招来的人往往缺乏工作经验,而且工作一段时间后辞职的比例也很高,企业总是感到真正想要的人才难招、难用、难留。浙宝电气集团作为一家高新技术制造企业,人才问题一直是企业发展的战略问题,营销问题一直是企业的生存之本,通过此次校企合作培养应用型人才,它获得了真正想要的也确实能够留得住的人才,有效地培养出对企业忠诚的员工。

(三)变人才使用的有缝衔接为人才使用的无缝衔接

普通高校的市场营销、工商管理类专业,由于难以非常明确地确定所服务的行业,因此在办学过程中往往比较注重通用性课程的设置,而相关行业知识、行业管理特点、项目营销策划,企业的特定文化等方面的内容无疑是一个短板,这导致所培养出来的人才难以做到与用人单位的真正需求相吻合。这样一来,企业引进人才后,还需要花费一定的精力、物力、财力对其进行培训。通过虚拟班的合作模式,企业可以将符合自身需要的培训内容进行前移,让毕业生在毕业之前就能够获得这方面的训练,从而填补企业人才使用方面的缝隙。

(四)变专业单一化人才为熟悉行业的复合型人才

作为地方性本科院校所培养的应用型人才,其毕业后大都服务于地方经济的建设,这必然存在着一个具体服务于哪个行业的归属问题。随着现代企业的转型升级,产品的技术含量越来越高,营销人才为了更好地实施销售策略,做到与客户思维的无差异对接,必然需要不仅懂得营销的基本理论知识,同时也要具备所属行业的基本知识,只有真正了解、熟悉产品的性能,才能占领营销工作的制高点,为企业带来可持续的经济效益。通过虚拟班的学习,学生在一定程度上具备了行业的基本知识,熟悉了产品的基本性能,能够成为一个熟悉行业特点的复合型营销人才。这样可以真正达到学校人才培养的应用型目标,提升毕业生在就业市场上的综合竞争实力。

(五)变人才犹豫选择企业为人才放心走入企业

浙江经济发展水平相对较高,企业数量众多,人才的需求量也相对较大,人才选择企业的概率也较大,这往往造成有的毕业生手中攥着好几家用人单位,然而犹豫不决,不知选择哪一家企业就业好。浙宝电气营销虚拟班这种校企合作新的应用型人才培养模式,为毕业生在就业之前,了解企业、认识行业搭建了一个多赢的合作平台。通过虚拟班这样的校企合作模式,学生近距离地直接接触企业,接受来自就业一线的考验,让自己认真考虑企业是否符合自己的预期,若合适则会义无反顾地加盟自己心仪的企业,反之则会重新选择,这样可以避免就业时的盲目性。

(六)变重专业理论的师资为重实践应用能力的师资

应用型人才的培养,毫无疑问离不开企业业界导师这一资源,通过虚拟班级的模式,学校可以有效地将企业的高层、技术骨干、业务骨干、管理精英等企业导师引进学校、引入课堂,较好地充实了学校的企业导师队伍。由于虚拟班是一种新型的、合作关系更为密切的校企合作模式,学校和企业有了共同的目标追求,因此企业导师的具体选择自然也就成了企业的内生动力,从而大大提高了企业导师队伍的质量。这也必将驱使学校原先重理论知识的教师走下讲台,走入企业一线,极大地提升了师资队伍的实践应用能力。

五　本次改革研究的不足与展望

尽管本课题组的研究成果得到了学校、企业和社会的高度认可,但仍存在一些不足之处。

首先,由于虚拟班级设置的灵活性,大多数企业往往比较感兴趣,存在强烈的通过组建虚拟班级的形式与高校联合培养应用型人才的意愿和客观需求。然而,具体哪些企业能给学生创造最大化的效益,这就需要学校主动出击,去市场中好好地甄别、沟通和选择,因为这不仅直接影响所设置的虚拟班级质量,影响校企合作关系建立后的维护和提升,更影响着虚拟班学生未来的职业发展规划问题。因此建议学校要多去了解市场行业,多跟企业接触,明确社会需要何种类型的应用型人才,加强与企业的合作,抢占人才市场先机,以便更好地组建符合地方社会经济发展要求的虚拟班级。

其次,本次虚拟班级的设置,充分调动了学校、企业和学生的积极性,学校专门指派专业骨干教师作为虚拟班级的班主任,企业亲自编制教学计划、委派企业技术骨干授课,学生积极参与理论学习和实践活动。但是由于本次虚拟班级是首次探索性的试验,因此虚拟班级教学计划中的学分和课程并没有纳入教务部门的专业培养计划,这导致虚拟班级学生无法获取相应的学分,同时虚拟班级的班主任工作也无法得到有效的体现。因此建议学校将虚拟班级的学分纳入专业培养计划,将虚拟班级班主任工作也纳入相关的考核,这样可以进一步提高学生和教师参与的积极性。

众创背景下民办高校创客人才培养模式和路径研究

——以浙江树人大学为例*

韩巧燕　　耿明峰**

摘　要:民办高校为大学生创客人才培养提供了新的机遇与空间,也为高校创客教育打下了市场与时代烙印。互联网环境下的民办高校创客人才培养应着重培养学生的创新应用思维、创新创业能力。在"大众创业、万众创新"背景下,民办高校培养学生创客应加强对学生创客人才的意识培养,创建学生创客实践平台,培养创客教师团队,建立高校众创空间。

关键词:民办高校;创客教育;创客空间;路径

引　言

"创客"一词来源于英文单词"Maker",是"创造者"的意思。克里斯·安德森在《创客:新工业革命》一书中将其定义为"不以营利为目标,利用3D打印技术以及各种开源硬件,努力把各种创意转变为现实的人"。近年来,随着"大众创业、万众创新"浪潮的不断高涨,以学校为基地为全校师生服务的创客空间,如温州大学创客空间等,正在不断兴起。作为集知识、技术、人才于一体的高校院校,以创客空间为依托,将高校大学生打造成为知识经济时代最具活力与创造力的创客主力军,培养其实践能力、创新创业能力,将成为各大高校日后增强综合竞争力的新途径,同时也必将成为我国高等教育改革创新的时代之选。

---

* 本文系浙江树人大学创业就业研究中心2016年招标课题"众创背景下民办高校创客人才培养模式和路径研究"的研究成果。

** 韩巧燕,浙江树人大学健管学院助教;耿明峰,杭州师范大学文创学院讲师。

目前,关于创客教育的内涵还未有统一界定,主要涉及两个层面:一是"创客的教育",旨在培养创客人才,如清华大学开设"技术创新创业"这一辅修专业致力于培养机器人等领域的"高级创客";二是"创客式教育",旨在应用创客的理念与方式去改造教育,如温州大学的3D打印机的应用。实质上,创客教育不同于创新创业教育,其更强调在创造中学习。本文通过分析浙江树人大学开展创客教育的现状,紧扣民办高校自身及学生的特性,探索创客人才培养的模式和路径,具有重要的时代意义。首先,民办高校为创客人才培养提供理论空间和实践基地,如何在众创背景下培养具有时代精神、工匠精神的创客,已成为民办高校人才培养新的使命和方向;而民办高校办学理念的开放性、包容性及资源对接的有效性使其在创客人才培养上具有显著的优势,通过依靠校企学研四方面的管理、沟通和协调及行业学院的构建来有效培养创客人才将成为可能。其次,创客人才的培养将进一步促进民办高校创业生态发展。将创客人才培养嵌入到民办高等教育,有利于构建民办高校创客教育的形成和发展,培养具有创客精神的人才;有利于丰富民办高校的创新创业生态环境和创客氛围。

一　文献研究

2015年3月11日,国务院办公厅印发乐《关于发展众创空间推进大众创新创业的指导意见》。其中明确提出了"大众创业、万众创新"的八大任务,推动了众创空间发展的新高潮,同时也为高校创客教育的开展奠定了政策基础。与此同时,国家发改委、人社部、科技部、财政部及各省市政府相继出台了各项政策,提出实施大学生创业引领计划,鼓励高校开设创业课程,建立健全大学生创业指导服务专门机构,推进高校创业教育学院和大学生创业园建设,加强大学生创业培训,这些政策为高校创客教育的开展提供了场所、公共服务和资金支持。

国外学者关于创客及创客教育的研究早于国内,得益于创客运动起源于西方。有学者从美国高等教育阶段谈起,认为创客教育主要表现为在创客空间中进行的一系列发现问题、探索问题、解决问题的活动(Halverson et al.,2015)还有学者分析了美国创客空间的组织形式多样化,如MIT的实验室、图书馆创客空间、斯坦福大学的工作坊。通过设立创客空间将创客教育课程与已有的创新创业课程相融合,促进学生批判性思维、创造性思维、实践能力、社交能力等的培养,以适应或引领社会创新发展(Breanne K. Litts,2015)。然而,西方国家基于民族和宗教特点,在私立学校中研究创客的理论较少。

我国高校创客教育自2012年兴起,研究数量呈"井喷式"增长。在CNKI以"创客教育"为主题检索,结果显示2013年1篇,2014年20篇,2015年140篇,2016年551篇,2017年585篇;其中高等教育领域的有139篇。研究内容主要聚焦在美国创客教育、创客教育的理念与内涵、创客空间具体模式、创客教育实现路径四个方面。其中,不少研究者对创客教育的概念进行了不同视角的分析,可分为三类:第一类认为创客教育是为解决中小学教育体制中创新能力培养的不足等问题而实施的一系列关于创新动手技能训练的综合课程,这类被称为创客教育课程说(傅骞,2014)。第二类认为创客教育围绕创客、创客空间、教育创客展开,是青少年在区域创客空间或者学校创客空间自制创意作品的学习活动;同时,也是在创意作品的制作、开源和分享、设计及产品化的过程中,通过自学、跨年龄和跨领域的学习,体会创造快乐的一个过程(江顺硕,2013),这类被称为创客教育过程说。还有一些研究没有给出明确定义,可总结为第三类创客教育综合说。该类研究将创客教育视为培养创客的教育实践,将创客教育的核心定位为创新和动手,认为其根本目的就是培养学生的想象力和创造力(张立新,2014),而且必将改变教育,成为教育创新的新路径(吴俊杰 等,2013)。

归纳近几年国内外学者对高校创客教育的研究成果,大致有以下三个观点:第一,高校对创客教育的认知水平较为薄弱,主要通过"挑战杯"、学科竞赛来激发学生的创业热情,且课程设置不完善(刘健,2016;李慧瑁 等,2016);第二,高校创客人才培养模式形式较为单一,普遍没有形成或建立统一与实践相结合的人才培养方案,导致教育成效甚微(姜春英,2015;朱军,2015;章巧眉,2016);第三,将创客教育和创新创业教育概念相混淆,导致体系构建不健全(李凌,2014;杨现民、李冀红,2015;王丽平,李忠华,2016)。总体来说,目前关于众创背景下民办高校创客人才培养的研究较少,且缺乏对"双创"时代下民办高校创客人才培养现状的综合分析,急需系统性和创新性的研究。

二 浙江树人大学创客教育开展现状

浙江树人大学创办于1984年,是改革开放以来我国最早成立并经国家教育部批准承认学历的全日制民办普通高校之一。近两年,结合国家"大众创业、万众创新"的要求,学校成立了由校长、书记任组长,分管副书记、副校长为副组长,有关行政处室和二级学院负责人等组成的创新创业领导小组,并成立了创业学院。构建了由校创新创业领导小组统领,学生处统一协调,教务处密切配合,创业学院组织实施,校院两级分工合作,课内课外"双轮驱动"的创新创业教育体系。

第一,民办高校学生的特点。调查结果表明,浙江树人大学学生的家庭经济条件总体较好,父母从事企业经营管理、个体经商的学生数占较大的比例,这为其日后创业提供资金支持。学生思想活跃、开放,个性鲜明,自主意识强,在社团活动、校院学生干部竞选中表现积极,社会实践能力强,这与其家庭成长环境密不可分。据用人单位反馈,我校毕业生的实践动手能力、专业水平、合作与协调能力、人际沟通能力、心理素质及抗压能力等均高于全省平均水平,但创新能力方面还有待进一步提高(见图1)。在择业观方面,对前景喜忧参半,但具有创业意识的学生比例大幅度增加。浙江省教育评估院组织的调查显示,近两届(2014、2015届)毕业生整体创业率稳中有升,分别为5.69%、5.81%,明显高于全省高校(5.02%、4.82%)和同类高校(3.76%、3.55%)的平均水平。

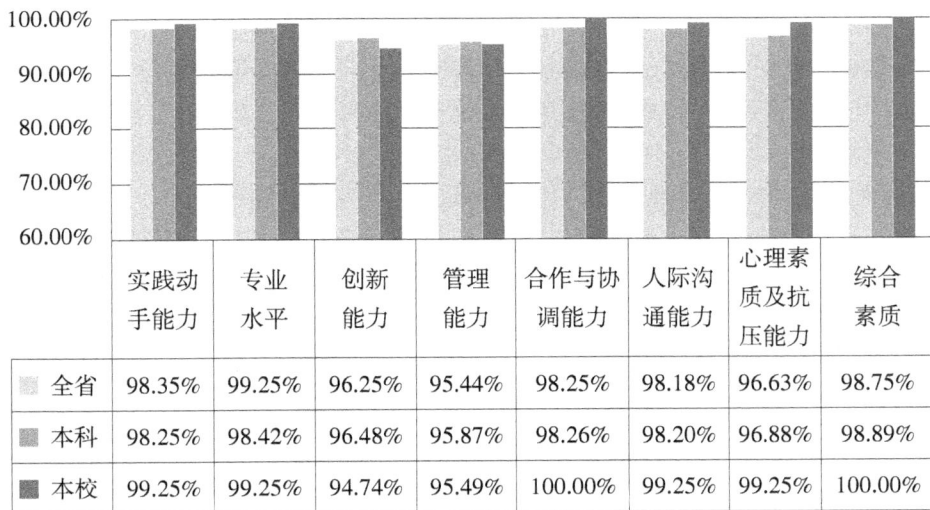

	实践动手能力	专业水平	创新能力	管理能力	合作与协调能力	人际沟通能力	心理素质及抗压能力	综合素质
全省	98.35%	99.25%	96.25%	95.44%	98.25%	98.18%	96.63%	98.75%
本科	98.25%	98.42%	96.48%	95.87%	98.26%	98.20%	96.88%	98.89%
本校	99.25%	99.25%	94.74%	95.49%	100.00%	99.25%	99.25%	100.00%

图1　2015届用人单位对浙江树人大学毕业生总体满意度统计

第二,制度建设。学校制定了《创新创业教育改革实施方案》《创业园区管理办法(试行)》《入驻创业产业园项目团队考核办法(试行)》等相关制度,明确职责,完善创新创业服务机制。修订完善人才培养方案,加强创新创业教育与专业教育的有机融合,要求每名本科生至少修习专业创新导论课1—2学分、创新实践4-8学分、创新创业类选修课程1门。同时,学校在行业学院的建设中与相关企业共同进行师资培养、课程开发与实践教学方面的合作,以培养学生的创新创业能力。此外,学校设立创业基金,选择有意向和孵化项目的学生入驻大学生创业孵化园,先后建设了就业创业研究中心、就业创业指导站、大学生创业产业园、1984创吧等,形成了"一园四区"的实践基地布局。

第三,课程设置与师资队伍建设。近年来,学校构建了基础性创业教育、专业领域创业教育、创业培训"三位一体"的创新创业教育课程体系,开设有《大学生创新创业竞赛导论》《KAB大学生创业基础》《电子商务创业实务》《创业管理实战》等26门创新创业课程;选派116人次教师参加创业咨询师等各类培训;37.5%的在校生参加了创新创业专题培训。2017年3月,学校正式成为"大学生KAB创业教育基地"。此外,学校注重"双师双能型"师资培养。制定了相关队伍建设办法和认定标准,先后实施了"千人业师"和"百业培师"计划,通过聘请行业、企业的业师来校协同教学,支持、鼓励中青年教师下企业、进社区,拜业界人士为师等途径,较好地推进了应用型师资的建设。目前,学校拥有"双师双能型"教师230人,占专任教师的34.2%。多元化的师资队伍有利于创客教育的开展。

第四,校政校企合作育人。近年来,学校积极与地方政府、行业企业合作,着力推进行业学院建设,先后成立了"山屿海商学院""绍兴黄酒学院""树兰国际护理学院"等9个行业(企业)学院,建有"红石梁班""聚光班"等40余个校企订单班、虚拟班,吸引企业资金1000多万元。各行业学院以行业需求为导向,深化人才培养模式改革,推进共同治理,共育应用型创新型人才。此外,学校建有校外实习实训基地195个,其中,包括国家级大学生校外实践教育基地1个、省级大学生校外实践教育基地2个。近年来,学生获得国家级和省级科技竞赛奖550多项,其中,2016年在省大学生科技竞赛中获一等奖19项。

综上所述,近两年浙江树人大学在创客教育方面取得了一定成效,但仍存在一些不足。其一,创客教育的开展场域局限在课堂或者创业产业园,实验室、图书馆等公共空间还未得到充分利用,不利于创客文化氛围的营造。其二,学生的创新意识、创新思维及能力还有待进一步增强,这与教师的教学方式、课程设置及学生自身的学习方式都有密切关系。其三,创客课程体系有待进一步完善,缺乏激发学生创造潜能的创新课程。其四,创客教育师资队伍有待进一步加强,应更多地培养专业型创客教师,且教学理念应更突出创新与实践因素。其五,创客教育实施目前还更多地停留在学科竞赛层面,未真正依托民办高校行业学院的优势。

三　众创背景下民办高校创客教育发展的优化策略

第一，加强对学生创客人才的意识培养，给予学生创客良好的生存环境。

民办高校的学生培养一直是一个时代性兼具挑战性的问题，其就业与创业的人才输出都需要经过在校的实践和市场的磨练。首先，学生创客应有发问、观察、交际和实验的行为技能，教师应当在教学和实践中给予引导和激发学生形成这些技能的途径。其次，创客的行为技能需要不断习得，这就需要在课堂和实践中，让学生理解创新技能，然后操作该技能，最终相信自己有这样的创造能力。最后，在校期间，学生要想成为创客，就必须对某项技术、某个公司或者顾客进行细致入微的观察；进行一次尝试新鲜事物的实践或实验；与成功者进行一次交谈，点醒自己获取重要的机会或知识。学校为此都必须创造或营造这样的创新氛围，让学生进入其中，培养他们的创客意识和能力。因而，创客教育也不应仅仅停留在课堂或创业园，而应扩展至图书馆、实验室等具备创新的场域乃至学校周边的产业孵化园。

第二，建立学生创客实践平台，构成校企政研一体化系统。

"互联网+"时代，要让学生创客得到更多的实践锻炼和机会，就要形成一套完整的架构系统，要构成校企政研联动。学生将在校期间完成的学术作品、科研作品、调研方案，尽可能地与企业需求、政府决策、研究机构目标相适应，做三者希望做的，与其达成共识。企业每年为民办高校提供实习、实训的机会和条件，让学生进企业去感受创新氛围，并在其中完成项目。政府和研究机构与民办高校合作，让高校提供创客志愿者和人才储备，为政研带来新鲜力量，从而提高政研服务地方、服务社会、服务人民的人才输出。民办高校与政企研合力实现创客人才培养实践平台，必能有效解决民办高校创业资金链和人才输出的难题。

第三，培养创客教师，建设专业的创客师资团队。

教师应响应国家创新创业号召，为培养学生创新创业意识而提升自身各方面能力。当前民办高校教师虽然理论基础过硬，但缺乏实际的创客培养实践能力。民办高校应与优秀企业、民办企业、合资企业签订校企合作，为教师提供进企业培训的机会，了解和掌握企业培训员工的先进水平和技能，把实践带回学校，指导学生进行创新创业实践；同时，优秀的企业管理者也可以作为青年创客教师的导师，为教师培养学生创客提供资源与便利。这或许是民办高校培养学生创客未来发展的一个重要方向。再者,让企业走进学校,结合学校教师培养发展,考核与更新教师团队,也能让教师无论是在年龄还是技能层面都有所提高和转变。最后,教师的专业往往都是一成不变的,各教研室教师之间缺乏充分的交流。因此,学校应引进大量的创客实践课程,在校内甚至校外开设教师交流平台,完善教师课程的改变与转型。

第四,建立民办高校众创空间,为孵化学生创客提供有效平台。

在创新创业的大环境下,全国高校都在打造符合自身发展理念的校园众创空间。民办高校应该结合其市场影响力、企业认知度、政府用人制度建立独具特色的众创空间。比如结合优秀专业建立专业型高校众创空间,与产业挂钩,为产业发展提供创客人才。又如结合市场环境需要,将专业与市场发展相结合,形成新型市场园区型的创客孵化空间,让学生在每个空间里运作自己的项目,并将项目市场化运营,与市场紧密对接。再者,可以结合校友资源,让创业的校友走进学校,以校友带动在校生的模式,鼓励和培养学生创客,形成具有专业背景、校园文化的高校众创空间。此外,高校还可以依托周边创业小镇来孵化创客平台,如杭师大与梦想小镇的互动共生模式等。

民办高校培养学生创客不是一蹴而就的,而是任重道远的系统工程。随着互联网社会的不断进步和发展,民办高校势必要在"大众创业、万众创新"领域里寻求突破口,构建专属自身培养学生创新创业的能力和机制。本文也正是在这一背景下提出民办高校创客人才培养模式和路径,期望在未来民办高校发展中培育出越来越多的创客人才,以回馈社会、反哺高校。

参考文献

[1]王佑镁,陈赞安. 从创新到创业:美国高校创客空间建设模式及启示[J]. 中国电化教育,2016(8).

[2]黄兆信,赵国靖,洪玉管. 高校创客教育发展模式探析[J]. 高等工程教育研究,2015(4).

[3]克里斯·安德森. 创客:新工业革命[M]. 萧潇,译. 北京:中信出版社,2012.

[4]王米雪,张立国. 我国创客教育的实施路径探析[J]. 现代教育技术,2016(9).

[5]杨现民,李冀红. 创客教育的价值潜能及其争议[J]. 现代远程教育研究,2015(2).

[6]宋述强,等. 创客教育及其空间生态建设[J]. 现代教育技术,2016(1).

[7]付志勇. 面向创客教育的众创空间与生态建构[J]. 现代教育技术,2015(5).

[8]郑燕林. 美国高校实施创客教育的路径分析[J]. 开放教育研究,2015(3).

英语专业应用型人才培养的供给侧改革与实践

——以浙江树人大学为例*

曹凤静**

摘 要:英语专业应用型人才培养的供给侧改革就是探索搭建培养平台,在以学生为主体的同时,发挥社会、学校、教师的主导作用,发挥教和学、教师和学生的双向作用,进行"多路径、重供给"的培养模式改革,更好地满足学生接受高质量多样化英语学习的需求,更好地满足经济社会发展对应用型高素质人才的需求。本文针对英语专业应用型人才培养供给侧改革,阐述了其提出的依据和价值,提出了改革思路,探讨了实践路径和保障措施。

关键词:英语专业;应用型;供给侧改革;人才培养

为加快构建现代高等教育体系和现代职业教育体系,实现高校特色发展,培养高素质应用型人才,浙江省出台了促进本科高校加强应用型建设的意见,鼓励相关高校和专业进行试点。然而,原有本科高校的办学定位基本都是教学及以教学研究型为主,培养目标和课程体系侧重知识理论的传授,这与试点的应用型高校及应用型专业建设不相适应。作为应用型试点专业的英语专业也存在这样的问题。针对如何向应用型培养方向转型这一问题,笔者认为,需要学校、具体学院及教师主动作为,着眼于解决人才培养中的突出问题进行供给侧改革,探索多平台协同育人新机制。供给侧改革是党中央为保持中国经济稳定发展而提出来的战略举措,但不仅仅在经济层面,国家的重大经济改革必然

---

* 本文系浙江省教育科学规划一般项目(2017SCG349)、浙江省外文学会专题研究项目(ZWYB2017032)的研究成果。

** 曹凤静,浙江树人大学人文与外国语学院教授,研究方向为英语语言学及教学法。

要影响经济发展的全要素,作为能够提高劳动者素质、掌握科技知识和能力、对经济发展有直接影响作用的高等教育,应适时进行"高等教育供给侧"改革实践①。近年也有众多学者进行研究,但针对英语专业人才培养方面的研究尚不多见。本文以浙江树人大学为例,对英语专业应用型人才培养的供给侧改革做一探讨。

一　英语专业应用型人才培养供给侧改革的依据与价值

英语专业培养方式改革是英语专业应用型人才培养的关键。英语专业应适应高校关于应用型专业建设的文件精神,开展应用型人才培养模式的探索和研究。英语专业应用型人才培养的供给侧改革就是探索搭建培养平台,在以学生为主体的同时,发挥社会、学校、教师的主导作用,发挥教和学、教师和学生的双向作用,进行"多路径、重供给"的培养模式改革,更好地满足学生接受高质量多样化英语学习的需求,更好地满足经济社会发展对应用型人才的需求。

(一)英语专业应用型人才培养供给侧改革提出的依据

近年来,英语专业教学改革倾向于强调学生的主体地位,提倡自主学习和创新,这些改革思路对于提高学生的积极性和主动性发挥了积极作用。不过,这种方式适用于以知识掌握为导向的培养目标,以激发学生知识需求的活力为目的。英语专业属实践性较强的专业,不以知识掌握为唯一目的,尤其在英语教育成为大众化教育的背景下,英语专业学生的优势不断下降,这就要求英语专业必须按照专业特点进行培养模式改革。应用型英语专业应以社会需求为导向,以实践操练为抓手,既要强调基础知识扎实,又要强调实践能力超强,更要强调综合素质的提高,这就要求从社会、学校、具体学院和教师的角度加强供给,探索多元化的培养模式改革。这对学生来说,一是加强观念的引导,二是给予条件的提供,尤其是条件的提供方面更为重要。笔者并不否认过去社会、学校和教师曾经提供了这方面的条件,而是这方面条件提供的量少质低,培养体系结构不合理,需要进一步改善。

英语专业应用型人才培养供给侧改革坚持以人为本的理念。应用型人才

---

① 方法林:《中国高等教育供给侧改革研究:起源、核心、内涵、路径》,《大学教育》2016年第9期,第25页。

培养目标的提出从一定意义上说是出于学生未来职业的考虑,实际也是以人为中心,在以学生为主体的同时,注重学校及教师的主导作用,提供有效的"供给"。另外,目前我国高校英语专业布点过多,人才培养质量趋同,特色不明显。其形成的原因固然有传统教育观念保守、专业培养方向相近、培养模式趋同等方面的问题。但如何突破这一困境,这就给英语专业的学生培养和现实发展带来了挑战,我们不妨从供给侧改革方面寻求突破口。

(二)英语专业应用型人才培养的供给侧改革的价值

英语专业应用型人才培养供给侧改革以现代教育理论和方法为基础,以目标导向和以人为本的理念为指导,在以学生为主体的同时,注重学校及教师的主导作用,通过对"教与学"的过程及"教与学"的教学资源的设计、开发、管理和评价进行改革。语言学家许国璋先生曾说:"英语教育是用英语来学习文化,认识世界,培养心智,而不仅是英语教学。"①运用"套餐制""绑定制""合作制"及其他教学模式来促进"教与学"最优化结合,提供有效的"供给",进行供给侧培养方式改革,满足学生对应用型学习的需求,提高人才培养质量。近几年英语专业教学改革的重点是以学生为中心,注重需求侧的实践,英语专业供给侧模式改革应与原有英语教学改革相联系,探求契合点和新模式,这对于转变学校和教师的教育理念、改革英语课堂教学、改进教学方法、增强教学效果、打造特色专业、培养多元化人才、增强高校竞争力和吸引力、提升人才培养质量都具有重要的意义。

二　英语专业应用型人才培养供给侧改革的目标与思路

(一)改革目标

1. 打造英语专业的"应用型"特色。英语专业培养中的供给侧改革,既能尊重学校自身发展的客观实际,充分发挥社会、学校、教师的作用,发挥英语专业自身优势,凸显人才培养的个性和特色,又能使专业在这一领域站稳脚跟,提高专业生存的竞争力。

2. 培养和打造多元化的外语人才。这既是社会多元化建设与改革的需要,也符合人才培养的需要和规律。突出课程体系和教学内容的整体优化,处

---

① 张西平:《外语教育呼吁人文精神》,《中华读书报》,2007年10月24日,第17版。

理好基础、专业、能力及实践课程之间的关系,适应国家和地方经济社会发展对人才培养的要求。

(二)改革思路

1. 强化学校和教师的主导作用。大多数人主张以学生为中心构建教学模式,或者以提高学生实习实践为视角探讨应用型人才的培养。应该说,这些主张遵循了英语专业人才培养的一般规律,注重英语专业学生基本技能的培养。但往往忽略或者淡化了对学校及教师的关注,尤其是应用型的要求,一方面以学生为中心;另一方面,应用型人才培养更需要学校及教师转变观念,通过课程设置、教学模式、实践实习安排等多种方式,为英语专业应用型特色培养提供相应的条件,这就需要英语专业人才培养的供给侧改革,从根本上解决"换汤不换药"的培养方式。

2. 改革课程设置、培养方式和评价方式。由于传统的教育理念及管理体制,高校在人才需求变动的知觉存在滞后性;在教学管理过程中,作为引领教学的人才培养目标的设定与市场人才需求热点之间存在着显著差异;课程体系结构和课程内容不适应发展需要。由于应用型英语专业的实践性强,而且在实际操作过程中软性制约因素较多,课程设计柔性缺乏;[①]实践环节薄弱,理论与实践脱节,注重实践教学的力度和比例,不注重实践的方式创新,部分实践教学为封闭式训练,很难达到预期的效果。因此,必须适时调整课程设置、培养方式和评价方式。

3. 借助社会力量提高专业特色。学校是学生走向社会的桥梁,这座桥梁不能和社会脱节,应大力借助社会力量,提高毕业生适应社会能力。联合国教科文组织的大卫·卡勒博士曾经认为,一般人读过的知识内容能够掌握20%,看过操作的能够掌握60%,亲自做过的能够掌握80%。可见学生亲自实习实践的重要性[②]。所在学院和教师按照学生的就业兴趣选择和搭建实习基地,实现个性化的实习实践模式是供给侧改革的题中应有之义。

---

① 钟蕾、王龙:《高校应对企业需求、提高就业能力的人才培养对策研究——以应用型英语专业人才培养为例》,《出国与就业》2011年第11期,第10页。

② 梁家峰、张洁:《供给侧改革背景下高职教育新视角》,《中国高等教育》2016年第10期,第22页。

三　英语专业应用型人才培养供给侧改革的实践路径

按照应用型人才培养供给侧改革的思路,浙江树人大学的英语专业建设采取了综合性的实践过程,实现"供给"的多元化(见图1)。

(一)课程设置"内外结合"

给学生提供怎样的课程体系决定着学生的知识视野和能力水平,决定着是否为应用型导向。应用型人才培养最为重要的是培养更多适应能力强、创新能力强的高素质人才①。因此,在供给侧改革背景下,课程设置要"内外结合",即课程安排知识与能力结合,课程视野校内和校外结合,实践课程计划内与计划外结合。

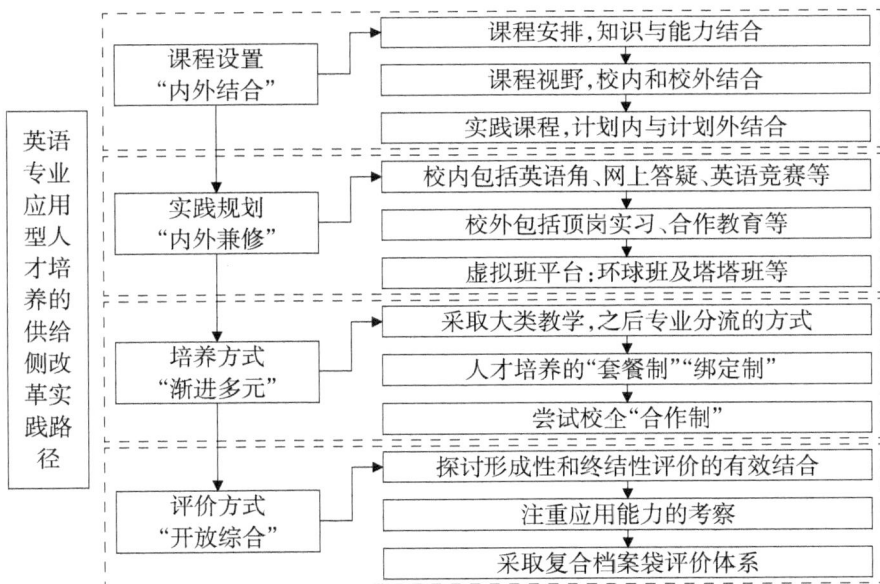

图1　英语专业应用型人才培养的供给侧改革实践路径图

---

① 梁家峰、张洁:《供给侧改革背景下高职教育新视角》,《中国高等教育》2016年第10期,第21页。

设置创新课程,形成创新模块。如在培养计划里新设置"专业创新导论""文科高等数学"等课程。专业创新导论让学生了解专业的学习、研究和应用,提升他们对专业的学习兴趣。设置文科高等数学是考虑到学生兴趣和以后就业的需要。同时,把原来的"英美文学作品选读"改设成"英美文学选读及创作",把原先的"英语朗诵与演讲"改设成"英语演讲与辩论"。传统的以语言训练为主的技能性课程较为浅表,学生缺乏深度学习和思辨能力的训练。思辨型语言技能课避免简单复述、记忆和模仿语言,强调在独立思考和讨论、争辩的基础上输出外语,实现语言技能和思辨能力的双重提高。"英美文学选读及创作"课程与原先的课程相比,增加"创作"环节,旨在培养学生的创作和应用能力。并且在授课的同时增加课外知识,开阔视野。在实践课程设置上,既有课内实践的内容,又有课外的素质拓展,增加实践方式和手段。本专业在课程设置上以就业为导向,课程体系中部分课程与有关职业资格证书如翻译资格证、涉外导游证等考试相联系,学生在校期间就可以取得这些职业资格证书,提高了毕业生的就业竞争力。各类课程设置及学分分配见表1。

表1 各类课程设置及学分分配表

课程分类	必修课				选修课				实践拓展			
	公共基础平台课	学科基础平台课	专业基础平台课	小计	校级选修课	专业方向选修课	专业选修课	小计	集中周	课内实践	素质拓展	小计
学分数	44.50	26.00	31.00	101.50	8.00	10.00	14.00	32.00	23.00	12.30	4.00	39.30
占比/%	27.70	16.20	19.30	63.20	5.00	6.20	8.70	19.90	14.30	7.70	2.50	24.50
课时数	8680	416	496	1780	128	160	224	512				
占比/%	37.90	18.20	21.60	77.70	5.60	7.00	9.80	22.4				

(二)实践规划"内外兼修"

实习实践主要包括校内和校外两个方面。校内包括英语角、网上答疑、英语竞赛,以及课程以外的外语园区活动。至今为止,英语专业已经开展过英语戏剧比赛、英语词汇比赛、英语演讲比赛、英语配音比赛、英语角、读书沙龙等形式多样的英语实践活动,以培养学生思辨、创新能力。这些活动都已被纳入创新实践学分体系,参加活动并取得一定成绩的学生以创新实践学分的形式得到成绩。这些课程和课外活动,一方面要求将课堂所学的语言技能和知识运用到实践中去,培养学生的应用能力;另一方面培养学生的组织能力、创新能力、沟通能力、分析和解决问题的能力,培养他们团结协作的精神。校外实践包括顶岗实习、合作教育等。应用型培养比较侧重校外的实习,让学生真正走向社会。如语言实训课主要是培养学生在校外中小学实践基地英语教学的能力。口译、导游实训、高级口语实训是在大三下学期课堂教学时间精化压缩,专门腾出一周的时间集中让学生到校外从事模拟实践活动。同时,组织学生参加国际动漫节活动,锻炼学生的口译能力。社会调研与实践是让学生利用假期,由专业老师带队参加"公示语纠错"等社会实践活动,增加学生的社会实战经验。此外,积极推进和完善英语专业实习基地建设,英语专业已建设十多个实习基地,启动了外语专业三位一体人才培养模式创新实验区项目建设。

(三)培养方式"渐进多元"

本着以人为本的原则,为适应应用型人才培养,尝试多种培养方式。一是采取大类教学,之后专业分流的方式。这种培养方式配合大类招生,使人才培养目标进入更高层次。采取这种方式的好处是通过英语基础课的学习,学生会进一步明确自身的兴趣、发展方向和社会需求。在此方式基础上,二是尝试人才培养的"套餐制""绑定制"和"合作制"的培养模式。"套餐制"是指在学分制基础上,建立起具有明确就业方向、一专多能的择课套餐,实现课程和培养的有效供给。"绑定制"是指通过绑定制限制其选课的过度随意性和无规划性,实现必修课程和自选课程的融合,尤其是能够提升专业综合素质和学生人文素质的课程,在一定条件下具有强制性。"合作制"是指合作教育,与校外企事业单位合作,定期参加顶岗实习,提高学生的职业适应能力。这些培养方式既符合现代教育改革发展的方向,又为提高学生素质和能力提供了多种可供选择的范式。

(四)评价方式"开放综合"

传统的课程及学业评价方式普遍是笔试,且往往是终结性的。《英语专业本科教学质量国家标准》(讨论稿)明确了学业评价的目的是以评促学,而不仅仅是对学业的评价,强调形成性和终结性评价相结合。为此,英语专业课程应采取多样化、多层次、多维度的形成性评价与终结性评价相结合的评价体系。具体包括：一是考试形式多样化。除了闭卷笔试，专业课程的考试还将采用一定比例的口试、调查报告、课程论文、开卷考试等多种形式。二是增加平时成绩的比重，推广档案袋评价，实现评价的多阶段性。总评成绩由平时成绩、期中成绩和期末成绩构成，增加平时成绩在总评成绩中的比例，平时成绩的组成项目具有多样性。三是评价者角色的转变。评价者由单一的教师评价转变为教师评价与学生自评、学生互评相结合，为学生提供自我认识的机会。学生自评所涉及的自我反思、自我监控、自我评定能力对学生学业的发展，既可起到提高作用，同时也是促进能力培养的重要手段。

四　英语专业应用型人才培养供给侧改革的保障措施

供给侧改革的关键是怎么供给，如何供给，以及如何保证供给。英语专业培养中供给侧改革的保障措施主要体现在以下方面。

1. 观念保障。供给侧改革的重点是提高思想认识，厘清必要性和紧迫性，并在科学理论指导下做出适当的安排。浙江在确定高校发展转型时提道："高等教育已经进入了大众化培养阶段，教育结构还不能适应经济社会的发展，同质化、同构化发展倾向严重，成为制约我国教育现代化的突出因素；引导部分有条件、有意愿的本科高校向应用技术类高校转型发展……是实现教育为学习者创造更大价值的重大改革。"[①]这段话清楚地表明了"应用型"的重要性及进行供给侧改革的原因。从观念上必须转变思想，找准相关高校的发展方向。必须树立这样的意识，即英语专业应用型人才培养的供给侧改革就是要为学生提供一套致力于应用型人才培养的科学合理的课程方案、一套切实可行的培养方式，以及优秀的双师型的教师队伍。

2. 制度保障。必须要有一套严格的切实可行的制度，这是人才培养能够取得成效的关键。这里主要强调学校制度发挥的引领作用。2014年浙江树人大学全面贯彻省厅文件精神，制定了《课程改革与课堂创新三年行动计划（2014—2016）》《本科生创新实践学分指导意见》和《博雅课程实施意见》等文件。通过制度文件，围绕"课程改革与课堂创新"的主题，沿着"课程应用性、学生选择

---

① 武怡晗、吴俏婧：《浙江省确定41所本科高校向应用型高校发展转型》，http://edu.zjol.com.cn/system/2015/07/24/020754733.shtml。

性、人才创新性"主线着力推进人才培养改革,也为本专业供给侧改革的实施提供了政策上的帮助和支持。

3. 师资保障。为使人才培养更显应用型和实践性,必须加强教师队伍建设。主要是"双师型"教师和"业师"队伍的保障,也就是要保证"应用型"教师的"供给",要求教师具有很强的动手能力。解决这一问题一般采用"走出去、引进来"的师资发展策略。派送有创新意识的教师积极参加国内创新理念的教学改革培训和研讨,同时要善于引进具有先进理念的行业精英进入课堂,聘请外籍教师担任核心创新课程授课教师,通过这种方式发挥社会领域和一线专家创新理念的辐射作用。

五　结　语

总之,按照马克思的观点,教育是一种劳务性或服务性的劳动,它是用服务来训练劳动力,维持它,使它发生变形的①。在英语专业应用型人才培养中,必须重视供给侧的改革,在以学生为主体的同时,发挥社会、学校、教师的主导作用,发挥教和学、教师和学生的双向作用,进行"多路径、重供给"的培养模式改革,更好地满足学生对高质量多样化英语学习的需求,更好地满足经济社会发展对应用型高素质人才的需求,注重为学生提供有效的服务,最终为社会培养合格的人力产品。不过,英语专业应用型人才培养供给侧改革探索需要一定的时间和过程,需要各方面的保障,在此条件下期待取得满意的改革效果。

---

① 张有声:《从供给侧改革本科专业人才培养思路》,《中国高等教育》2016年第1期,第47页。

第二篇

应用型专业与课程建设

面向能力需求的应用型计算机软件类专业课程体系建设探索*

叶时平　陈超祥　徐　萍　丁健龙**

摘　要:本文针对高校传统培养应用型本科计算机软件类人才培养的专业课程体系存在的问题,以"需求导向,能力核心,理实一体,工学融合"为理念,在深度校企合作、产教融合的基础上,提出了"能力培养与软件岗位需求对接""课程内容与软件标准对接""教学过程与开发过程对接""孵化项目与产业市场对接"等"四对接"为特色的应用型本科软件类人才培养专业课程体系,以及校企融合的支持平台、教学团队、教学资源和质量保障体系四项建设保障举措。该体系经过浙江树人大学多年实践,取得了良好成效。

关键词:应用型人才;计算机软件类;课程体系;校企合作

随着国家"互联网+"战略的推进,特别是电子商务、服务外包等新兴信息技术产业的迅速发展,社会和产业对计算机软件人才的需求日益旺盛。根据有关部门不完全统计,今后每年对IT人才的需求将突破100万,其中信息、软件、网络管理人才的需求占70%以上,而每年高等院校培养的此类毕业生数量和质量远远不能满足行业发展的需要,兼备信息技术与行业知识的复合型、应用型人才更是紧缺[1]。

传统高校面向学科的专业课程体系、单一的课程教学模式和考核评价机制

---

* 项目来源:2013年国家级大学生校外实践教育基地(教高司函〔2013〕48 号)。

** 叶时平,教授,浙江树人大学副校长,研究方向为计算机网络与信息化、地理信息系统;陈超祥,教授,浙江树人大学教学质量监控中心主任;徐萍,博士,浙江树人大学信息科技学院讲师;丁健龙,浙江树人大学信息科技学院讲师。

培养出来的软件类人才能力与企业需求还存在不小的差距,一般企业不得不花6～12个月的时间和大量的成本对毕业生进行岗前培训[2]。如何构建面向能力需求的计算机软件类课程教学体系是应用型软件人才培养中的关键问题。

近年来,一些高校计算机软件类教育工作者对该问题进行了探索,如高锦标[3]、杨茜[4]对高职院校的计算机软件课程体系进行了改革探索,孙颖[5]、郭川军[6]对地方应用型本科和金融类计算机软件课程体系、实践体系构建进行了研究。但是,如何在新形势下面向能力需求建构应用型本科计算机软件人才培养专业课程体系方面尚未有很成功的经验。本文在深度校企合作、产教融合的基础上,提出了一种"四对接"的专业课程建设体系,并提出了保证课程体系改革的四项举措。

一　应用型本科计算机软件类专业课程体系现状分析

随着社会和高校对应用型转型认识的不断提高,地方性、应用型院校对应用型人才培养的定位越来越明晰。应用型人才培养需要应用型的课程体系。目前,不少高校软件类专业课程体系还不能支撑培养目标,存在着以下问题和不足。

(一)专业课程体系目标定位与产业能力需求脱节

传统高校培养的计算机软件类人才设计开发能力、创新创业能力普遍不足,不能较好地胜任新兴信息技术产业软件岗位,课程教学体系不能支撑软件岗位所需要的核心能力培养。在课程体系定位上,过分强调学科、理论基础扎实,轻视能力需求;在课程教学模式上,固封在传统教室、实验室上课实习,忽视与相关产业、企业的结合;在课程教学安排上,理论课程占比过高,实践课程占比严重不足。

(二)专业课程教学内容与生产实际脱节

传统计算机软件类课程教学的课程目标、课程内容、环节安排、教学方法、实践途径、评价机制、质量保障等与新兴信息技术产业软件行业能力要求、技术需求、组织形式、生产过程、质量标准等严重脱节。课程目标没有与岗位技术相关细分能力要求一致;课程内容陈旧,距离当前行业流行软件开发技术距离较远,更没有与生产标准相结合;实践途径、环节安排也很少与实际软件开发过程相结合;评价机制只注重验证性的个人实践结果正确与否,而不是生产性的团队项目测试是否通过。

(三)支撑资源平台与专业教学需求脱节

培养应用型软件类人才的课程教学体系需要有较好的校企合作平台支撑，需要有良好的校企合作运行机制，需要有校企合作的"双师型"教学师资队伍，需要有与软件生产对接的教学资源。而目前大部分高校的校企合作仅仅停留在校外实践基地上，只注重把学生派到企业实习，没有与企业建立起深度合作课程教学的机制，没有引入企业的师资和教学资源，不能满足教学的深层次需要，校企合作还停留在表面上的实习合作。

二　面向能力需求的应用型计算机软件类专业课程体系建设

(一)专业课程体系的构建理念

针对产业需求和传统计算机软件类课程体系存在的问题，提出了"需求导向，能力核心，理实一体，工学融合"的应用型计算机软件类课程体系建设理念。需求导向，是以产业、行业对计算机软件类人才的实际需求为目标，兼顾毕业生的岗位适应能力和未来职业发展潜力，对课程体系进行顶层设计；能力核心，即课程体系的构建突出行业、企业实际需要的各项能力的培养；理实一体，即通盘设计理论课程与实践课程，使理论课程与实践课程融为一体；工学融合，是指与行业、企业共同设计、建设课程体系，把计算机软件产业当前生产实际的开发标准、组织形式、技术潮流引入课程体系，校企共同实施课程教学。

(二)面向能力需求的"四对接"专业课程体系建设

1. 能力培养与软件岗位需求对接，全面创新专业教学课程体系

经过广泛的调研和深入分析，梳理了应用型计算机软件类人才应具备"软件开发能力、业务流程分析能力、沟通与项目管理能力"三个核心能力。在剖析三项能力的基础上，设计全新的专业课程体系。根据三项核心能力培养的需要，建设业务流程分析、软件开发、沟通与项目管理三个能力课程群。并确定课程群中各课程之间衔接关系，课程中各知识点的串接，并设置课内实验、独立项目实训、企业综合实习等实践环节。从第一、二学年的专业基础知识课程，第三学年综合应用课程到第四学年的行业相关岗位任职的素养课程，构建递进式培养的教学课程体系(如图1)。

能力目标	软件开发能力	业务流程分析能力	沟通与项目管理能力	质量保障
第四学年	综合项目实例开发			多元化多维度途径的校企教学评价和质量保障机制
第三学年	移动应用开发　UML建模　软件测试 Web开发技术（J2EE,NET）	业务流程优化与再造 典型行业软件与业务流程分析	团队协助与职业素养 外包专业英语　软件文档写作	
第二学年	面向对象程序设计（Java,C++） 数据库　数据结构	国际软件外包运作模式 BPO案例分析　软件需求分析	商业与沟通管理 大学英语拓展Ⅰ　大学英语拓展Ⅱ	
第一学年	网页设计　程序设计基础	服务外包概论	大学英语Ⅰ　大学英语Ⅱ　应用文写作	
课程群	软件开发课程群	商业流程分析课程群	沟通与项目管理课程群	

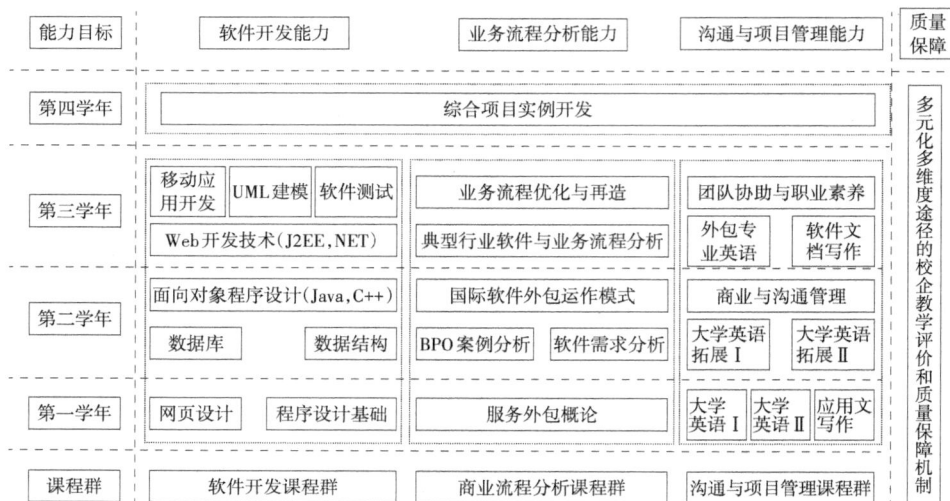

图1　递进式的专业课程体系图

在课程学分安排方面，大幅提高实践课时和学分。独立设置的实践课程加上毕业实习等学分占到总学分的40%以上，核心专业课的实践课时占总课时的50%以上。

2. 课程内容与软件职业标准对接，深化改革专业课程教学内涵方法

从计算机软件行业岗位实际出发，根据《计算机程序设计员国家职业标准》和服务外包软件开发行业标准中的要求，将相关岗位所需的技能素质要求和技术标准细化，成为课程教学标准。学生通过"了解标准""熟悉标准"到"使用标准"三个阶段的教学、训练和实践，毕业进入工作岗位后，能够自觉按照技术标准和工作要求规范操作。

在教学中，根据典型软件岗位技术需求结合各课程要达到的细分能力目标，对教学内容、教学方法、组织形式、评价机制等做了全面的改革。对Java/.net开发工程师、UI设计、Web前端开发工程师、测试工程师等岗位技术与能力需求进行深入的分析提炼，并通过优化课程教材与实践案例把这些内容融入相关课程。将职业素养的培养融合到日常教学和实践中，强调编码规范、编程习惯等基本职业规范。

3. 教学过程与软件开发过程对接，扎实培养学生岗位胜任能力

梳理专业课程，以岗位需求的细分能力为目标，重构理论教学和实践教学过程。在专业实践教学环节方面，重构由专业认知实习、课内实践、实践课程、创新创业实践、综合项目实训、假期顶岗实践、专业毕业实习、就业岗位试用等

紧密相连的八个环节组成的实践教学过程体系,通过理论与实践交互、校内与校外交替、学习与生产交融的实践,实施"从初级到高级""从简单到综合""从实践到岗位"的递进培养综合实践能力。

依托校外实践基地联盟,将"面向对象程序设计课程设计"等8门主要专业课程的实践部分或全部直接放在企业进行,让学生的学习过程直接与软件企业生产过程对接。项目开发实例以软件企业真实开发项目为案例,采用从合同签订、项目启动、设计开发、测试与验收等全程仿真模拟在企业实际操作方式无缝对接软件开发实际生产过程。

4. 孵化项目与软件产业市场对接,着力提升学生创新创业能力

依托基地联盟,通过举办创新创业辅导报告、沙龙论坛、开设创新创业课程等进行创新创业教育;通过组建创新创业团队,设立学生创新研发资助项目引导学生创新创业;通过设立创业孵化项目、设立创新创业工作室、支持学生注册公司等形式推进学生创新创业;依托本专业产学研"软件研发中心"及教师工作室,通过"传帮带"机制,吸引学生参与教师科研,增强学生创新创业实战能力。

为使教学项目更符合新兴信息产业软件发展方向,对接软件产业市场,选择基地联盟企业关注的、创业前景良好的开发类项目设立为创新创业资助和孵化项目。企业也将一部分项目的开发、设计和测试等环节直接放在学校,让学生以参加项目组研发和实践的形式参与其中。

三　专业课程体系建设的保障措施

(一)建设机制融合的校企合作课程体系支持平台

为支撑软件开发能力、业务流程分析能力、沟通与项目管理能力三项核心能力的培养,在全面梳理专业课程体系所需要的实验、实践平台的基础上,依托国家级校外大学生实践教育基地——东忠集团服务外包基地,全面整合完善专业实验室和校内外实践基地,搭建校企融合的计算机软件类人才培养专业课程体系教学支持平台。

为了更好地取得政府、行业、企业的支持,成立了由政府主管部门、浙江省计算机软件行业协会、浙江省服务贸易协会、计算机软件企业等高管、专家和学校、专业领导、教授共同组成的学校计算机软件类人才培养指导委员会和实践教学指导委员会。按照"过程共管、互惠共赢、共享合作"的原则构建人才培养和实践教学共同体——计算机软件类人才培养联盟和实践基地联盟,以"供需对接、资

源共享、利益共享、双赢三益"的新型紧密融合的校企合作机制在校内和企业实施人才培养。

(二)依托"千百"工程共建校企融合的教学团队

依托学校"千人业师""百业培师"的"千百"工程,建立一支跨跃学科、校企融合的教学团队共同建设课程体系、共同实施教学。企业工程师全程参与教学项目和课程设计、组织、实施、考核;学校教师担任企业项目经理、项目组成员和企业培训师,全程参与项目的研发、业务流程设计、员工培训等工作。教学团队根据不同阶段采用不同模式,在校内、外理论教学和实验、实习、实训等教学环节中,采用团队合作授课、指导和考核模式;在企业顶岗实习、毕业实习和就业岗位试用阶段,采用企业分配岗位和真实项目,业师全权指导并考核、教师跟踪管理的模式。

(三)以企业实际项目为基础共同开发教学资源

校企双方根据行业技术和能力需求,以企业真实项目为基础,分解课程知识点和技能需求,结合课程学习、实践的特点,构建基于课程案例资源与企业综合项目的"叶—枝—干"案例项目体系,实施教学后大大提高了学生的学习兴趣和综合实践能力。

为数据库、面向对象程序设计等每门专业核心课提供了10—20个案例资源,校企共同实施理论和实践教学。企业提供、双方共同制作了用于综合项目实践课程的人保会员管理系统、地铁管理系统等10个企业大型真实项目,包括各项目的计划书、需求分析说明书、概要设计说明书、测试计划书等行业标准文档。在梳理知识、技能和案例的基础上,校企双方合作开发教材和实践指导书。

(四)校企合作共建新型教学质量评价和保障体系

按照"校企共管、过程监控、目标管理"的原则构建课程教学评价体系和质量保障机制(如图2)。通过校企融合的教学团队多维度对学生的软件开发、沟通协调、业务分析、项目管理、团队合作等综合能力给予综合评价。构建"校、企、生"多元教学督导机制,对教学过程和状态进行全程监控,通过常规听课、专家评教、企业反馈、教学督查、毕业生跟踪调查等途径对教学过程进行全方位的监控和反馈。

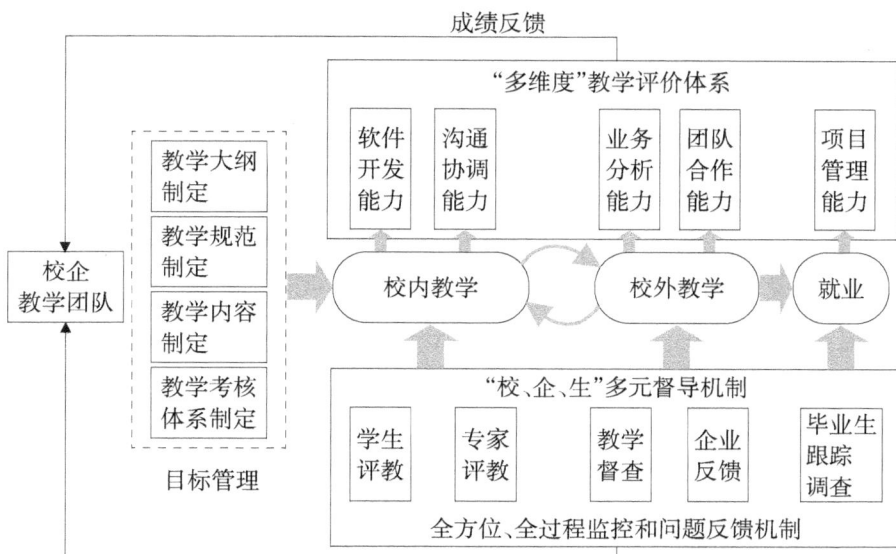

图2　教学评价体系和质量保障机制图

四　改革成效

　　近年来,经过专业课程体系建设和教学实践,浙江树人大学计算机软件类专业在校学生在发表论文,获得国家、省级学生课题、软件著作权、国家与省竞赛奖项等方面均取得了长足的进步;毕业生大部分在知名服务外包企业就业。培养了相对高就业率、高专业符合率、高薪水、高企业文化融入度、高职业发展潜力的"五高"应用型软件类人才,企业、学校、家长、学生四方均较为满意。根据麦可思公司近几届毕业生的数据跟踪调查,该校计算机软件类的毕业学生就业率高达96%,85%以上学生入职软件开发和服务企业;毕业半年后的平均月收入高于全省非985本科高校毕业生平均收入的20%多。其中,一部分毕业生已成为东忠科技、网新集团、塔塔集团等知名软件服务外包企业的部门经理、项目负责人和技术骨干。该校计算机科学与技术专业入选浙江省重点建设专业、省新兴特色专业;浙江树人大学东忠实践教育基地被列为国家级、省级大学生校外实践教育基地;校内基地被列为浙江省国际服务外包人才培育基地;获得浙江省教学成果一、二等奖。基地门户网站、教学案例在线学习系统、教学管理系统等信息化教学资源系统在网上开放共享,受到社会各界好评。

参考文献

[1]陈超祥,叶时平,赵方,等.计算机服务外包人才培养的改革探索[J].中国大学教学,
2015(6):21-24.

[2]YE S P,CHEN C X,HU F J. Reform of teaching and practice for outstanding ITO en-
gineers[J]. World Transactions on Engineering and Technology Education,2013,11(3):
260.

[3]高锦标,李立.职业教育计算机软件技术专业课程体系建设探讨[J].安阳工学院学报,
2016(11).

[4]杨茜.高职计算机软件外包专业簇形课程体系建设研究——基于深度校企合作模式[J].
工业和信息化教育,2015(2):13-26.

[5]孙颖.应用型本科课程体系构建方法研究——以计算机软件专业方向课程体系为例
[J].沈阳大学学报(社会科学版),2013,15(4):522-524.

[6]郭川军.金融院校计算机专业实践教学体系构建和方法创新[J].黑龙江高教研究,2014
(8):135-137.

MOOCs课程质量影响因素的实证研究*

黄　璐　裴新宁　朱莹希**

摘　要：MOOCs发展不仅要有量的增长，更要注重质的提高。对玩课网"大学计算机文化基础" MOOCs课程的562名学生调查发现，影响MOOCs课程质量的因素有18个，通过探索性因素分析、验证性因素分析后得出影响MOOCs课程质量的3个主因子：课程学习支持与服务、课程设计与学习进度安排和课程学习目标管理与教师素养。将这3个主因子与学习效果的5个指标分别进行了线性回归分析，表明MOOCs课程质量影响模型对学习效果都有显著影响。最后提出了MOOCs课程建设的建议，以期对改进MOOCs质量有所参考。

关键词：MOOCs；MOOCs质量；课程；因子分析；影响因素

　　MOOCs如普通事物一样有着螺旋式发展规律。2012年被称为"MOOCs元年"，学者们认为MOOCs既能增加学习人数又能降低成本，被誉为是教育的一大创新。2013年和2014年开始有了质疑声，认为其受众庞大、开发代价大、交互性差、完成率低，参加者仅仅是一些受过较好教育的人。纵观国内外MOOCs发展，无论是国外Coursera、edX、Udacity三大慕课领导者，还是高校开发的大型慕课，或是SPOC，它们的"质量"始终是教育界乃至社会关注的焦点。2015年4

* 本文系2016年度教育部人文社会科学研究青年基金项目"MOOCs质量评价体系及保障模型研究"（16YJC880019）的研究成果。

** 黄璐，浙江树人大学基础学院讲师，华东师范大学教师教育学院博士研究生，研究方向为网络教育应用、学习科学；裴新宁，华东师范大学教师教育学院教授、博士生导师，研究方向为学习科学、科学教育；朱莹希，上海交通大学慕课研究院课程设计师，研究方向为学习科学、教学设计。

月教育部出台了《关于加强高等学校在线开放课程建设应用与管理的意见》，明确指出"建设一批应用与服务相融通的优质在线开放课程"。由此可见，建设高质量MOOCs不仅是促进我国互联网时代高等教育生态体系形成的重要途径，也是我国在线教育健康发展的有力保障。"MOOCs评价"是MOOCs研究的重要领域和关键主题之一，一般认为MOOCs评价主要包含管理、课程内容和媒体技术三个方面，其中课程内容是核心部分，也是决定MOOCs质量的关键要素。因此，基于在线开放课程大发展的背景，探讨MOOCs课程质量及评价就显得十分必要。本研究以"大学计算文化基础"课程为例，通过梳理国内外MOOCs质量的相关政策和研究，提炼评价MOOCs课程质量的主要维度和指标，并使用调查问卷对"大学计算文化基础"教学对象进行实证数据采集，分析影响MOOCs课程质量的主因子，构建MOOCs课程质量影响因素模型，并挖掘该模型对学习效果的影响关系。

一　MOOCs课程质量评价

何谓MOOCs课程质量评价（Evaluation of MOOCs Course Quality）？评价维度及指标包括哪些？本研究所指"课程"（Course）可从"课程即学习内容，课程即目标，课程即预期的学习结果"几个方面来理解，它是一个由学习材料、教师、教学环境构成的生态系统。本研究将MOOCs课程质量评价界定为"对MOOCs的课程内容、主讲教师、教学资源、教学环境等课程构件质量的评价"。与相关研究中提到的"MOOCs教学质量评价"（Evaluation of MOOCs Instructional Quality）、"MOOCs教学设计质量"（Evaluation of MOOCs Instructional Design Quality）有着内在关联性，但从概念范畴来说本研究的关键词"MOOCs课程质量评价"是它们的上位概念。

从目前关于MOOCs课程质量评价研究的文献中，我们梳理出两条研究脉络，第一条继承了"在线教育评价"的研究范式和成果，第二条则是创新的"互联网+课程评价"的研究范式。在第一条研究范式的轨迹中，MOOCs课程质量评价是以已有的开放教育资源、远程教育资源为基础而发展形成的理论和实践。以Wright（2003）的在线课程质量评价标准为代表，评价标准包括课程的一般信息、无障碍、语言、布局、目标和目的、课程内容、学习资源、学习评价等几个方面。在线课程质量评价标准框架下的MOOCs课程质量评价研究范式逐渐清晰。欧洲11个国家的MOOCs教育质量评价基准，包括机构层面与课程层面的一级指标,其中课程层面有11个二级指标。Yousef(2014)提出的评价标准包括教学与技术两个维度,教学维度有教学设计与考核两个二级指标和29个三级指标,技术维度有使用者界面、视频内容、学习与社交工具及学习分析四个二级指标和44个三级指标。Morriso(2013)从教学方法、课程材料的广度和深度、提供交互的程度、提供的教学活动和评估、课程网站的界面等五个方面评价MOOCs教学质量。陈丽等(2014)借助质性研究工具Nvivo对访谈内容进行内容分析,揭示了英国开放大学课程开发、学习支持服务、教学管理和专业教师4个维度的质量保证关键要素。汪琼等(2014)通对北京大学七门首批MOOCs课程评价后,提出了在课程管理、教学内容设计、教学视频设计、教学配套资源、作业和考核、课程互动和技术因素等方面的改进建议。李青等(2015)通过对国内外八个在线课程的分析,归纳了了在线课程的质量因子,构建了MOOCs质量模型,包含媒体技术、课程内容和课程管理三个方面。邱均平等(2015)从MOOCs教学队伍评价、MOOCs教学内容评价、MOOCs教学资源评价、MOOCs教学效果评价和MOOCs教学技术评价五个一级评价、14个二级评价及观测点建构了MOOCs质量评价体系。马瑞等(2015)从资源、课程团队、学习用户和环境四个一级维度、8个二级维度、32个指标项构建了MOOCs传播效果评价指标体系。

第二条研究范式是相对"传统在线课程评价"而言的,MOOCs所拥有的"大规模性"和"开放性"特征意味着它自诞生起就携带着"互联网"基因,这在MOOCs课程评价中得以体现。Conole(2013)主要从开放性、大规模性、多媒体的使用、交流、合作、学习途径、质量保障、反馈量、评估、正式学习、自主性和多样性等12个维度制定了MOOCs质量评价量表。Ehlers(2013)从选择的理念、提供的预备课程信息、课程的教学方法、学生需要的承诺水平、课程安排、技术要求、教学团队的作用、可用性和交互性,以及认证的有效性等方面评价MOOCs的质量。

通过上述对MOOCs课程质量评价研究的分析,我们不妨对MOOCs课程及其质量评价的内涵做出如下概括。MOOCs课程是在线学习课程的一种新形式,关于其质量评价具有网络课程等在线课程评价的基本特征,聚焦课程讲授结果,主要关注师生交互、技术支持、学习环境的完整性等方面,这一取向的评价具有凸显的目标性。而更重要的是,MOOCs是互联网大背景下孕育的新产品,不仅有"互联网+"思维的创新、开放、共享、和谐、包容等内在逻辑,也代表了当下学习科学视野下促进学习者高阶思维发展和师生协作、生生协作的教育价值追求,这使MOOCs课程质量评价具有传统在线课程所不具有的"新特征"。

在厘析其内涵的基础上,我们认为MOOCs课程质量评价的研究取向为,在互联网思维下追求创新、开放、共享、包容的课程评价,其不仅需包含一般课程评价的基本要素,还要赋予质量评价以新的内涵;除了聚焦教学设计质量、媒体资源质量等要素以外,还应考虑课程的开放性、重复性,以及课程服务和管理等要素,从而促使MOOCs成为真正的"大规模、开放、在线"课程。评价课程的质量有很多方法,通常是基于课程参与者和其他关键利益相关者对课程质量的意见。基于MOOCs课程质量评价的上述内容和研究取向,本研究的基本理论假设是,MOOCs课程质量对学习者的学习效果存在影响,MOOCs课程质量的评价主要包括4个维度:MOOCs教学内容质量、MOOCs主讲教师素质、MOOCs教学资源质量和MOOCs课程技术支持质量。四个维度及变量结构如图1所示。

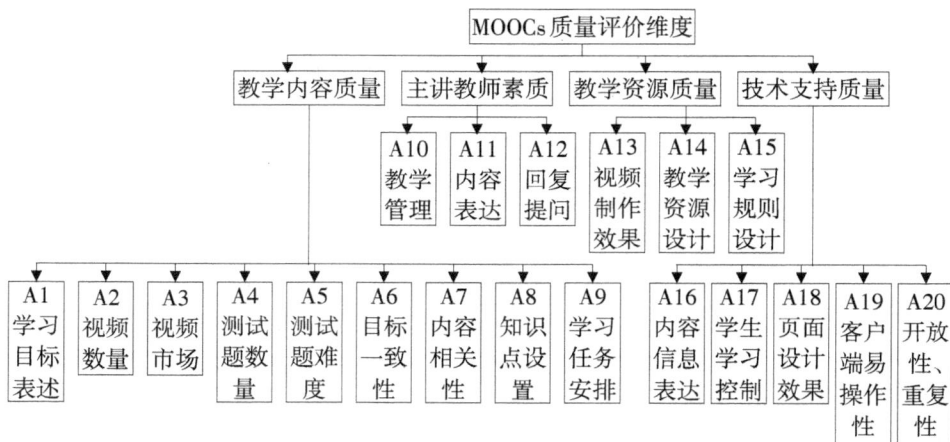

图1　MOOCs课程质量评价框架图

从图1可以看出,MOOCs课程质量评价的主要维度中,"教学内容质量"指标主要体现在视频、任务和测试等设计上,可以通过精心的课程教学设计进行开发和提升。"主讲教师素质"指标主要展现的是教师教学能力和师德,可以通过挑选优秀主讲教师以保证MOOCs课程质量。"教学资源质量"和"技术支持质量"指标既体现了技术性差异也体现了服务性差异,是影响学习者学习效果的重要因素。上述MOOCs课程质量评价的主要维度是否科学合理还需从学习者角度通过调查研究来考核。本研究将依据本评价维度进行探索性因素分析和验证性因素分析,构建MOOCs课程质量影响因素模型,并挖掘MOOCs课程质量影响模型对学习效果的影响关系。

二 研究过程

(一)研究工具

根据以上MOOCs课程质量评价框架,本研究设计了一份"MOOCs课程质量影响因素"的调查问卷。其主要包括以下三个部分:第一部分基本情况,包括学号、性别、年龄、专业类别、使用计算机的年限。第二部分MOOCs课程质量,主要包括MOOCs教学内容质量、MOOCs主讲教师素质、MOOCs教学资源质量和MOOCs技术支持质量4个二级指标、20个三级指标。第三部分学习效果,主要包括自我效能感、学习兴趣、学习方法、操作技能和理论知识5个指标。MOOCs课程质量和学习效果的题项都反映了被调查学生的主观判断,调查采用李克特量表5点计分法。

(二)数据处理

本研究数据运用SPSS 22.0进行探索性因素分析,再使用AMOS 21.0软件对探索性因素进行验证性因素分析,最后使用SPSS 22.0进行线性回归分析。

(三)数据结构

本研究选取了笔者所在高校学习玩课网"大学计算机文化基础"MOOCs课程的2015级学生为调查对象,发放问卷562份,回收有效问卷562份,有效回收率为100%。样本的基本情况如表1所示。

表1 样本分布的基本特征

性别	男,240(42.70%);女,322(57.30%)
年龄	18周岁以下,8(1.42%);18周岁,297(52.85%);19周岁,223(39.68%);20周岁及以上,34(6.05%)
专业类别	理工类,201(35.77%);经济管理类,224(39.86%);语言文学类,137(24.37%)
使用计算机的时间	0—1年,31(5.52%);1—3年,67(11.92%);4—7年,238(42.35%);8年及以上,226(40.21%)

(四)研究的问题

本研究通过问卷调查研究MOOCs课程质量评价的20个变量,使用因素分析得出影响MOOCs课程质量的主要影响因素,从而构建起影响因素模型,进一步挖掘MOOCs课程质量影响模型对学习效果的影响关系,各变量的测量维度及问题如表2所示。

表2 MOOCs课程质量评价的变量及其题项

测量维度	题 项
维度一: MOOCs教学 内容质量	A1 MOOCs视频中的学习目标表述 A2 MOOCs每章视频的数量设置 A3 MOOCs视频内容的时长设置 A4 每章MOOCs闯关题的数量设置 A5 MOOCs闯关题的难度设置 A6 MOOCs视频中的学习内容与学习目标一致程度 A7 闯关题与视频学习内容相关程度 A8 每个视频内的知识点数量设置 A9 每周的MOOCs学习任务组织与安排
维度二: MOOCs主讲 教师素质	A10 MOOCs视频中主讲教师的教学水平、组织管理水平 A11 MOOCs视频中主讲教师的内容表述能力 A12 教师回复学生提出的问题
维度三: MOOCs教学 资源质量	A13 MOOCs视频中视频制作、动画制作效果 A14 MOOCs提供的资料、提问、笔记等教学资源设计 A15 MOOCs中积分、评论、建议、问题解决等规则设计
维度四: MOOCs课程 技术支持质量	A16 MOOCs视频中字幕、语句、摘要等信息表述 A17 MOOCs学习中学生自主控制学习进度、画面大小、声音大小等 A18 网站的配色效果、页面布局、网站结构、响应时间等设计 A19 客户端Android版、客户端IPhone版、桌面客户端易操作性 A20 账户注册开放、使用免费且能反复学习

三　研究结果与分析

(一)探索性因素分析

首先对"MOOCs课程质量影响因素"问卷中的MOOCs课程质量部分进行了探索性因素分析。根据初步分析结果,利用方差最大法分析发现:A12教师回复学生提出的问题和A20账户注册开放、使用免费且能反复学习这两个项目主因子负载量小于0.4,说明它们对MOOCs课程质量解释很弱,因此删除了这两个项目。

然后对剩余18个变量进行第二次因素分析。结果显示KMO值为0.899,Bartlett球形检验统计量5394.028,Sig值为0.000,P<0.05,说明量表中的变量适合进一步因素分析。通过因素分析并进行最大变异正交旋转,从解释的总方差表(表3)中,共抽取三个特征值大于1的主因子,由表4可见,每个项目的最大因子载荷均大于0.5,MOOCs课程质量因素分析抽取出来的第一主因子F1包括7个项目(A13、A14、A15、A16、A17、A18、A19)、第二主因子F2包括6个项目(A3、A4、A5、A6、A8、A9),第三个主因子F3包括5个项目(A1、A2、A7、A10、A11),这三个主因子的方差累积贡献率为60.795%。

表3　解释的总方差

成分	初始特征值			提取平方和载入			旋转平方和载入		
	合计	方差的%	累积%	合计	方差的%	累积%	合计	方差的%	累积%
1	6.727	37.370	37.370	6.727	37.370	37.370	5.022	27.899	27.899
2	3.011	16.730	54.100	3.011	16.730	54.100	3.011	16.729	44.628
3	1.205	6.695	60.795	1.205	6.695	60.795	2.910	16.167	60.795
4	0.872	4.843	65.639						
5	0.793	4.408	70.047						
6	0.704	3.911	73.958						

续表

成分	初始特征值			提取平方和载入			旋转平方和载入		
	合计	方差的%	累积%	合计	方差的%	累积%	合计	方差的%	累积%
7	0.643	3.575	77.533						
8	0.592	3.286	80.819						
9	0.530	2.945	83.764						
10	0.493	2.737	86.500						
11	0.458	2.544	89.045						
12	0.402	2.231	91.276						
13	0.354	1.969	93.245						
14	0.305	1.697	94.942						
15	0.270	1.498	96.440						
16	0.254	1.413	97.852						
17	0.218	1.213	99.065						
18	0.168	.935	100.000						

提取方法：主成分分析

表4　MOOCs课程质量因素结构及旋转后的因子载荷矩阵

主因子代码	主因子名称	项目符号	旋转后的主因子载荷			主因子贡献
			F1	F2	F3	
F1	课程学习支持与服务质量维	A16 字幕、摘要等视频信息表达	0.825	0.032	0.328	37.370%
		A18 网页配色、功能布局等设计	0.804	0.032	0.217	
		A15 积分、评论等学习规则设计	0.793	0.055	0.258	

续表

主因子代码	主因子名称	项目符号	旋转后的主因子载荷			主因子贡献
			F1	F2	F3	
F1	课程学习支持与服务质量维	A14资料、笔记等教学资源设计	0.764	0.041	0.355	37.370%
		A13视频、动画制作效果	0.752	0.033	0.331	
		A19网站、手机APP的易操作性	0.733	0.047	0.062	
		A17学生自主控制视频进度、画面大小、声音等	0.687	0.100	0.218	
F2	课程设计与学习进度维	A3 每章视频的数量	0.033	0.754	0.065	16.730%
		A4 视频内容的时长	0.095	0.736	0.072	
		A5 闯关题数量	0.049	0.728	0.134	
		A9 每周视频学习任务安排	0.038	0.708	0.082	
		A6 闯关题难度	0.014	0.692	0.133	
		A8 视频中知识点数量	0.052	0.587	0.264	
F3	课程学习目标与教师素养维	A1 学习目标表述	0.202	0.033	0.823	6.695%
		A2 学习内容与目标一致性	0.299	0.043	0.792	
		A10主讲老师内容表达能力	0.525	0.014	0.622	
		A11主讲老师教学、管理水平	0.547	0.019	0.572	
		A7 闯关题与视频内容相关性	0.431	0.155	0.511	

(二)验证性因素分析

为了进一步考察MOOCs课程质量影响因素的结构效度,选取了AMOS 21.0软件进行验证性因素分析,得到MOOCs课程质量影响因素模型验证性因子分析路径,如图2所示。

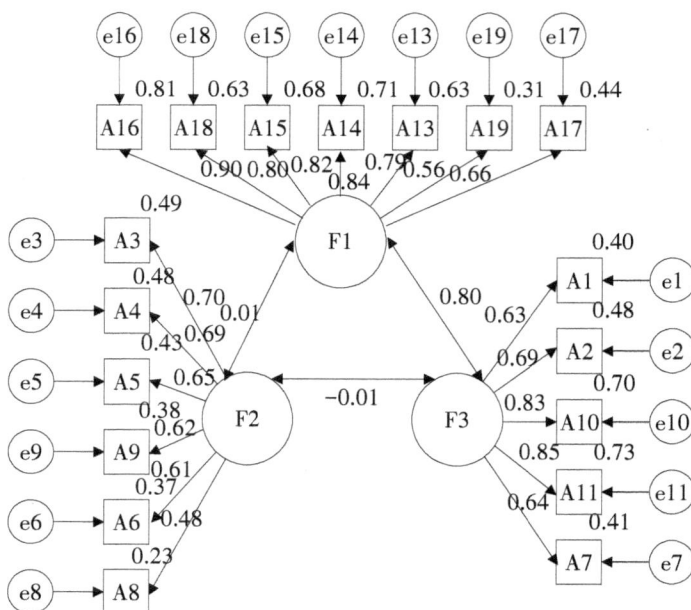

图2 MOOCs课程质量影响因素模型验证性因子分析路径图

选取c2/df、NFI、GFI、IFI、CFI、RMSER作为评价模型拟合程度标准,结果发现IFI>0.9,CFI>0.9,NFI、GFI未达到0.9,但是已经比较接近,可认为基本达到了经验值。可见MOOCs课程质量影响因素模型具有较好的结构效度,数据见表5。

表5 MOOCs课程质量影响因素模型的拟合参数统计表

检验指标	x2/df	NFI	GFI	IFI	CFI	RMSEA
经验值	<5	>0.9	>0.9	>0.9	>0.9	<0.1
本模型	4.919	0.881	0.885	0.903	0.903	0.084

(三)信度检验

采用Cronbach'salpha系数对问卷的内部一致性进行检验。结果显示,总问卷和3个主因子的内部一致性系数,总问卷的 α 系数为0.866,第一个主因子的 α 系数为0.899,第二个主因子的 α 系数为0.794,第三个主因子的 α 系数为0.851。这些说明主因子构造具有较好的一致性。

(四)MOOCs课程质量主因子分析

1. 课程学习支持与服务主因子

从表4可知,主因子F1包括7个因素,从旋转后的因子载荷大小排序依次是MOOCs视频中字幕等信息表述、网站的配色效果等设计、MOOCs中积分等规则设计、MOOCs提供的资料等教学资源设计、MOOCs视频中视频和动画制作效果、客户端易操作性、MOOCs学习中学生自主控制等。它们反映的是MOOCs课程质量中学习资源质量、学习支持质量与学习服务质量等特征,故将之命名为"课程学习支持与服务维"。其贡献率达到了37.370%,说明学习支持与学习服务等设计对MOOCs课程质量影响很大。

2. 课程设计与学习进度安排主因子

主因子F2包括6个因子,从旋转后的因子载荷大小排序依次是MOOCs视频内容的时长设置、每章MOOCs闯关题的数量设置、MOOCs闯关题的难度设置、每周的MOOCs学习任务组织与安排、MOOCs视频中的学习内容与学习目标一致程度、每个视频内的知识点数量设置,它们反映的是MOOCs课程内容设计、视频设计、难度设计、测验设计、学习任务安排等质量,故将其命名为"课程设计与学习进度维"。其贡献率达到了16.730%,说明MOOCs课程中视频设计质量和学习任务的安排等对MOOCs课程质量影响较大。

3. 课程学习目标管理与教师素养主因子

主因子F3包括MOOCs视频中的学习目标表述情况、MOOCs每章视频的数量设置、MOOCs视频中主讲教师的内容表述能力、MOOCs视频中主讲教师的教学水平和组织管理水平、闯关题与视频学习内容相关程度5个因子,它们反映的是MOOCs学习目标表述、学习目标与内容一致性、主讲教师素养等质量,故称为"学习目标与教师素养维"。其贡献率达到了6.695%,说明该因子对MOOCs课程质量影响也很重要。

(五)MOOCs课程质量主因子与学习效果的线性回归分析

为了探明上述MOOCs课程质量影响模型主因子与学习效果之间是否存在影响关系,将主因子F1、F2和F3作为自变量,自我效能感、学习兴趣、学习方法、操作技能和理论知识5个变量作为因变量,分别进行了线性回归分析。各主因子与因变量之间的回归系数数据如表6、表7、表8、表9和表10所示。

表6 主因子与自我效能感间的回归系数

模型	非标准化系数		标准化系数	T	Sig.
	B	标准系数	Beta		
（常量）	1.998	0.025		81.413	0.000
F1	0.280	0.025	0.395	11.395	0.000
F2	−0.092	0.025	−0.129	−3.731	0.000
F3	0.285	0.025	0.401	11.582	0.000
R square=0.332 Adjust R Square=0.329 Df=3 F=92.630 Sig.=0.000					

a. 因变量\:慕课学习后的自我效能感

表7 主因子与学习兴趣间的回归系数

模型	非标准化系数		标准化系数	T	Sig.
	B	标准系数	Beta		
（常量）	2.315	0.026		88.424	0.000
F1	0.352	0.026	0.468	13.445	0.000
F2	−0.098	0.026	−0.130	−3.743	0.000
F3	0.221	0.026	0.293	8.416	0.000
R square=0.323 Adjust R Square=0.319 Df=3 F=88.542 Sig.=0.000					

a. 因变量\:慕课学习后的学习兴趣

表8 主因子与学习方法间的回归系数

模型	非标准化系数		标准化系数	T	Sig.
	B	标准错误	Beta		
（常量）	2.194	0.022		97.576	0.000
F1	0.337	0.023	0.501	14.970	0.000
F2	−0.070	0.023	−0.106	−3.173	0.002

续表

模型	非标准化系数		标准化系数	T	Sig.
	B	标准错误	Beta		
F3	0.227	0.023	0.337	10.066	0.000
R square=0.325 Adjust R Square=0.372 Df=3　F=111.830 Sig.=0.000					

a. 因变量\:慕课学习后的学习方法

表9　主因子与操作技能间的回归系数

模型	非标准化系数		标准化系数	T	Sig.
	B	标准错误	Beta		
（常量）	2.196	0.023		95.742	0.000
F1	0.350	0.023	0.509	15.232	0.000
F2	−0.048	0.023	−0.070	−2.093	0.037
F3	0.230	0.023	0.335	10.016	0.000
R square=0.376 Adjust R Square=0.373 Df=3　F=112.238　Sig.=0.000					

a. 因变量\:慕课学习后的计算机操作技能

表10　主因子与理论知识间的回归系数

模型	非标准化系数		标准化系数	T	Sig.
	B	标准错误	Beta		
（常量）	2.169	0.022		96.445	0.000
F1	0.311	0.023	0.473	13.831	0.000
F2	−0.081	0.023	−0.124	−3.612	0.000
F3	0.216	0.023	0.329	9.608	0.000
R square=0.347 Adjust R Square=0.344 Df=3　F=98.884　Sig.=0.000					

a. 因变量\:慕课学习后的计算机理论知识

从表6、表7、表8、表9和表10分析结果来看,MOOCs课程质量影响模型中的3个主因子(F1、F2、F3)与自我效能感、学习兴趣、学习方法、操作技能和理论知识的回归系数都非常显著($p<0.05$)。其中,影响学习效能感最主要的主因子是F3(课程学习目标管理与教师素养因子)($\beta=0.401$,见表6),影响学习兴趣最主要的主因子是F1(课程学习支持与服务因子)($\beta=0.468$,见表7),影响学习方法最主要的主因子是F1(课程学习支持与服务因子)($\beta=0.501$,见表8),影响操作技能最主要的主因子是F1(课程学习支持与服务因子)($\beta=0.509$,见表9),影响理论知识最主要的主因子是F1(课程学习支持与服务因子)($\beta=0.473$,见表10)。换而言之,MOOCs课程质量影响模型中"课程学习支持与服务"和"课程学习目标管理与教师因素"是影响学习者学习效果最重要的两个方面。

四 研究结论及建议

基于以上的实证分析,我们对"大学计算机文化基础"MOOCs建设和评价提出如下建议。

(一)MOOCs建设应回到检视课程质量的原点

事物"质量"议题并不新鲜,MOOCs作为还在不断演化和更迭中的新事物,其质量是关乎学习效果和效率的关键性问题。如果不回到原点,重新检视MOOCs质量,从根本上设计、建设和评估MOOCs,我们的MOOCs学习效果只会与愿景渐行渐远。从本研究的线性回归分析来看,MOOCs课程质量对学习效果的确存在相关性,MOOCs课程质量影响模型中的3个主因子F1(课程学习支持与服务维)、F2(课程设计与学习进度安排维)和F3(课程学习目标管理与教师因素维)对学习效果5个指标都存在非常大的影响。因此,在大力建设MOOCs的当下,优质的学习支持和服务、精致的课程设计和安排、明确精巧的学习目标、精深的教师专业素养是建设高质量学习效果的基石。高质量的MOOCs课程不仅有利于设计开发人员建设和改进在线开放课程,也有利于高校和企业管理、评价在线开放课程,还有利于学习者、教师遴选优质在线开发课程。我们的在线开发资源建设应把质量放在第一位,只有成熟优秀的MOOCs课程才能推向市场,急于上平台或上课程只会陷入非良性产品运行状态。

(二)提供技术支持和个性化服务以促进深度学习

不同于传统教学,MOOCs体现了技术性但又不完全是技术问题。先进的技术使教学资源丰富且靶向,教学互动多样且有效,学习分析与评价深入且具体,学习终端易操作且多通道。本文调查研究显示"学习支持与服务质量维"是"大学计算机文化基础"MOOCs课程质量影响因素中贡献率最大的因素,可见学习者认为视频中字幕等信息表述、网站设计、教学资源设计、视频制作、动画制作效果、界面易操作等是影响他们MOOCs学习效果最重要的因素,也是衡量MOOCs课程质量的首要指标。技术只能提供支持和服务吗? 学习科学强调课程应带来学习者的深度学习,促进意义丰富的建构和对概念的深层理解[26]。于是技术承担了由"浅层学习"到"深层学习"的媒介和支撑作用。如何表征计算机理论中的抽象知识? 如何可视化地描述计算机课程学习是如何发生和进展的? 如何实现分享和协作计算机理论知识和操作技能? 如何用技术促进对计算机思维的理解、修正知识进展并进行反思? 促进学习者"深度学习"是技术的使命? 这些也是今后本课程以至于所有MOOCs建设都需要考虑的技术发展方向。建议今后的MOOCs课程建设,应通过数据挖掘技术推送和定制个人化学习内容,改变机械、被动地接受知识状态;通过技术增强设计,促进思维可视化,使学习过程外显;通过视频、图片处理技术加强视频与学习者的互动,促进学习者思考,保持注意力,从而使计算机课程学习不再仅是简单的模仿操作,而且是能"知其所以然"。

(三)课程内容设计和教学设计要以学习者为中心

MOOCs质量保障的根本是课程内容建设,这与传统的课程并无差异,要让不同学习风格的学习者被短小的视频吸引并保持注意力,吸收信息并加工信息,定需进行精心的设计。从本文调查研究可见,视频内容的时长、闯关题的数量设置、闯关题的难度设置等6个因素的"课程设计与学习进度安排维"是影响MOOCs质量的重要因素。"以学习者为中心"的设计和MOOCs课程设计是二位一体的。"大学计算机文化基础"的教学对象是大一学生,从多年的教学情况可知学生的计算机基础差距很大,在教学中很难实施同一教学。因此,内容设计和教学设计都必须关照学习者的学习背景、学习时间、学习风格、学习能力等特征,提供具有较大包容度的教学内容和生动、形象的视频,安排难度适中、数量合适的测验,让学习者自主选择学习进度。总之,MOOCs课程质量的提升首先在于对学习者的了解。基于此,可为学习者提供"可选择、可重复、可变化、可分享、可深可浅"的MOOCs课程。

(四)精选优秀主讲教师以提高课程内容传递和服务效果

有调查显示,MOOCs视频中主讲教师是否出现并不是很重要,主讲教师只出现声音,或主讲教师头像长时间出现在视频里各有50%的学生支持[27],但这不代表学生不在乎主讲教师的参与程度、教学水平、组织管理水平等。在本调查问卷最后的开放性问题"对本MOOCs课程的建议或意见"中,较多意见是针对主讲教师,如"希望主讲教师普通话更标准""讲课的声音能生动幽默一点""讲话没有重点""老师教学方式特别好"等。另外,从表4可以看出,"主讲教师的内容表述能力"和"主讲教师的教学水平、组织管理水平"不仅能解释"课程学习目标管理与教师素养因子",也能很大程度解释"课程学习支持与服务维因子"。可见主讲教师的能力和素养不仅直接影响教学内容的传递,也关系到学习服务效果。我们认为MOOCs视频中主讲教师的教学能力和素养不是被弱化或忽略,而只是被"浓缩"了。有较好语言表达能力、归纳能力、组织内容能力、广博的专业知识会对提升MOOCs课程质量起着非常大的积极影响。另外,MOOCs视频开始时的内容概述或目标介绍,也是衡量MOOCs课程质量一个非常重要的指标。明确而适切的教学目标不仅能吸引学习者,还能高度概括视频内容,帮助学习者理解内容和结构,促进学习者思考计算机理论知识。

参考文献

[1]PAPPANO L. The year of the MOOC. The New York Times[EB/OL]. (2012-11-02)[2015-11-08]. https://wenku.baidu.com/view/e4b944dda8956bec0975e3e5.html.

[2]FISCHER G. Beyond hype and underestimation: Identifying research challenges for the future of MOOCs[J]. Distance Education, 2013,35(2):149-158.

[3]SELINGO J. Demystifying the MOOC. New York Times[EB/OL].(2014-12-09)[2015-12-08]. http://pinboard.in/recent/before:1414894784.

[4]MCAULEY A, STEWART B, SIEMENS G, et al. The MOOC model for digital practice[EB/OL].(2010-06-13)[2015-12-08].http://www.elearnspace.org/Articles/MOOC_Final.pdf.

[5]TIMOTHY R.Toward a quality model for UNED MOOCs[EB/OL]. (2014-03-20)[2016-01-08].http://www.openeducationeuropa.eu/en/article/Toward-a-Quality-Model-for-UNED-MOOCs.

[6]DOWNES S. The quality of massive open online courses[EB/OL].(2013-08-19[2016-

01 -08]. http://mooc. efquel. org / week-2-the-quality-of-massive-open-online-courses-by-stephen-downes.

[7]中华人民共和国教育部. 教育部关于加强高等学校在线开放课程建设应用与管理的意见[EB/OL]. (2015-04-28)[2016-01-08]. http://www.gov.cn/xinwen/2015-04/28/content_2854089.htm.

[8]李青,刘娜. MOOC质量保证体系研究[J]. 开放教育研究,2015(10):66-72.

[9]石小岑,李曼丽. 国际MOOC 研究热点与趋势——基于2013—2015年文献的Citespace可视化分析[J]. 开放教育研究,2016(1):93-94.

[10]裴新宁. 化学课程与教学论[M]. 杭州:浙江教育出版社,2003.

[11]徐斌艳,陈家刚. 课程:教师的创新[M]. 北京:教育科学出版社,2008.

[12]WRIGHT C R. Criteria for evaluating the quality of online courses [J]. Alberta Distance Education and Training Association,2003(16):2.

[13]刘路,等. 欧洲MOOC教育质量评价方法及启示[J]. 开放教育研究,2015(10):57-58.

[14]MORRISON D. A MOOC quality scorecard applied to Coursera course.[EB/OL](2014-05-16)[2016-01-08]. http://onlinelearninginsights. wordpress. com/2013/06/15/a-mooc-quality-scorecard-applied-to-coursera-course.

[16]白滨,陈丽,斯蒂芬. 英国开放大学质量保证关键要素研究[J]. 开放教育研究,2014,20(1):29-34.

[17]范逸洲,等,MOOCs课程学习与评价调查[J]. 开放教育研究,2014(6):27-33.

[19]邱均平,欧玉芳. MOOCs质量评价指标体系构建及应用研究[J]. 高教发展与评估,2015(9):74-75.

[20]马瑞,等. MOOC传播效果评价指标体系构建研究[J]. 现代教育技术,2015(6):71-72.

[21]CROSS S. Evaluation of the OLDS MOOC curriculum design course [J]. Participant Perspectives,Expectations and Experiences,2013(6):22-23.

[22]CONOLE G. MOOCs as disruptive technologies: strategies for enhancing the learner experience and quality of MOOCs[J]. Revista de Educación a Distancia,2013(39):1-17.

[23]EHLERS U D, OSSIANNILSSON E & CREELMAN A. The MOOC quality project [EB/OL]. (2015-05-10)[2016-01-08]. http://mooc.efquel.org/the-mooc-quality-project.

[24]MARGARYAN A, BIANCO M, LITTLEJOHN A. Instructional quality of massive open online courses (MOOCs)[J]. Computers & Education,2015(80):77-83.

[25]郭富平. 美国在线课程的评价原则及启示[J]. 华北科技学院学报,2012(10):97.

[26]王美. 学习科学、技术设计与科学教育的整合——用技术增进一致性的科学理解[J]. 全球教育望,2013(1):70-71.

[27]姚笛. 三年了,MOOC到底有没有颠覆教育[EB/OL].(2015-12-15)[2016-01-03].http://36kr.com/p/5041068.html.

创新创业教育与专业教育融合的课程体系探索

王　洁　徐　赟*

摘　要:随着高校创新创业教育的不断推进,近年来高校取得了积极的效果,但也存在专业关联度不高、师资力量缺乏等问题。通过分析大学生创新创业教育的现状和不足,提出将创新创业教育贯穿人才培养的全过程,基础课程与专业课程进行互动衔接,结合实践平台的开发以及校企合作,全面促进创新创业教育与专业教育的深度融合。

关键词:创新创业教育;专业教育;课程体系;融合

构建大学生创新创业教育课程体系是培养创新创业人才的重要环节,是深化高校创新创业教育改革的前沿阵地。将创新创业教育融入专业教育,建立以专业教育为基础,定位精准,帮扶到位的创新创业课程体系,可以促进专业教育与创新创业教育有机融合,在传授专业知识过程中加强创新创业教育,可以有效改善创新创业教育存在的培养目标不明确,与产业关联度低以及无法贯穿学生培养的全过程等问题,还发挥学生的能动性和创造性,提升人才培养质量,进一步推动大众创业、万众创新,支持创新型国家建设。

一　创新创业教育现状分析

近年来,高校对创新创业教育重视程度不断提升,并取得了积极的效果。创新创业教育对提高高等教育质量、促进学生全面发展、推动毕业生创业就业、

---

* 王洁,浙江树人大学人文与外国语学院教师;徐赟,浙江树人大学人文与外国语学院助教。

服务国家现代化建设发挥了重要作用。但也存在一些不容忽视的短板和不足，主要表现在：与专业教育结合不紧密，与实践脱节；教师自身创新创业教育的意识和能力欠缺，教学方式方法落后等方面。

（一）创新创业教育脱离专业

目前，大多数高校创新创业教育以集中授课、讲座方式为主，大多以通识教育为主，不区分学科和专业。脱离专业的创新创业教育活动缺乏针对性，也不符合分类施教的原则。创新需要以某个专业或者学科为背景，创业也需要选择某个行业或者领域。抛开专业教育，创新创业教育只能停留在基础理论教学上，甚至流于形式，只求过程，不能切实提高学生的创新创业能力，也不能满足经济社会发展需要。

（二）缺乏实践教学

长期以来，高校课程主要由理论课程和实验课程组成。传统的实验课大多以验证性实验为主，极大限制了学生的想象力和创造力。创新创业教育首先要培养学生的独立思考能力和创新思维品质，而这些都需要从实践中总结和积累。实践教学是高等教育的一大短板，如何开设实践课程，搭建综合实践平台，满足不同专业方向学生的需求，是创新创业教育的基础。

（三）师资队伍建设落后

高校从事创新创业教育的教师大多来自学生工作的管理人员，通过后期创业导师培训后担任授课任务，自身创新创业能力有限，甚至有些创业导师没有踏入过社会，很难对学生的创新创业提供专业化和职业化支撑。因此，大多数高校在创新创业课程设置上也很难有突破，难以满足学生对创新创业教育的差异化需求。

（四）教学内容和方式落后

很多高校教师受传统教学思维的影响，将创新创业教育定位在知识传授和课程设置上，以通识教育模式去开展创新创业教育，存在教学形式局限于课堂，知识结构单一，师资力量缺乏等问题。一方面，这种灌输式的被动教育不能突出学生的主体性，也很难激发学生的创新精神和创业意愿；另一方面，以第二课堂形式存在的各类创新创业大赛往往都是阶段性活动，以实现短期目标为主，很难有稳定的团队和持续性的投入。

二　促进创新创业教育与专业教育融合

长久以来,高校创新创业教育定位为综合能力的培养,属于通识教育范畴。而这种创新创业教育往往停留在基础理论阶段,很难在具体的创新创业实践活动中起到积极的作用。由于创新创业具有明显的方向性和专业性,创新创业教育不能脱离专业教育,只有两者有机融合才能使创新创业教育落到实处。因此,需大力推进创新创业教育与专业教育在各个层面的融合。

(一)观念融合

教育的变革与发展需要先进的教育理念来推动,在创新创业教育过程中要牢固树立先进的教育理念,将创新创业教育与专业教育有机融合。创新创业教育应该以专业知识和技能为基础,以行业发展方向为依据,以经济社会发展需求为导向,切实发挥专业特长,培养有竞争力的创新创业人才。一方面,作为高校应该认识到创新创业教育的目的是能力培养,而不是理论学习。那些临近毕业的集中学习或在线学习补学分的创新创业教育方式很难有实质性的作用。就创新创业能力培养角度出发,创新创业教育应该贯穿整个培养周期。另一方面,专业教育过程中也要注重培养学生利用专业知识和技能创新创业的能力。在专业教育中融入行业新知识、新动向,加深对行业的认识,培养学生创新创业意识。努力转变受教育者的观念,把以通过考试为目的学习动机向以实现个人价值转变,培养创新能力,增强创新创业的信心和意愿。

(二)师资融合

创新创业教育离不开师资队伍的培养。目前,国内大多数高校在创新创业师资总量和质量上都存在不足。鼓励专业教师参与创新创业教育,不但能弥补创新创业教师人数上的不足,还能使创新创业教育与专业教育相融合,消除教学方式单一、师资专业知识薄弱的弊端。对于创新创业师资队伍的建设来说,这是短期内最容易实现的方法。当然,这既需要专业教师转变观念,也需要出台相关政策来鼓励和支持,充分发挥专业教师的专业技能,调动参与创新创业教育的积极性。

(三)课程融合

独立于专业教育的创新创业课程大多以讲解成功案例、传授基本常识和方式方法为主,往往脱离专业背景,脱离时代背景,缺乏针对性。因此,将专业教育融入创新创业教育课程体系中去已形成共识。只有将创新创业与专业结合起来,创新创业才能变得具体,创新创业实践活动才能真正落地。因此,创新创业教育与专业教育融合的基础是课程融合。

三 与专业教育融合的创新创业课程体系

(一)创新创业教育贯穿人才培养全过程

通过转变观念,转变教育方式,将"突击培训"式的创新创业教育模式逐步提升为贯穿整个人才培养周期的持续浸润式的教育方式。不仅要培养学生创新创业能力,还要注重发掘学生的兴趣和特长,通过专业协同,全方位引导学生进行创新创业实践。而所有这些工作都必须从学生入学便开始贯彻和执行,因此需要全员参与,才能保证持续浸润式的创新创业教育氛围。

在课程设计上也应体现出创新创业教育贯穿始终,特别是在公共基础课程上更容易被忽视。很多高校低年级课程不涉及任何专业课程,大多数学生对自己专业不了解,对将来就业和创业没有想法,错过了根据个人兴趣和特长调整专业的时机,也很难形成创新创业意愿。要较彻底解决以上问题,需要把公共基础课与专业课程衔接,并融入创新创业教育理念。在当前条件下,要让基础教育和专业教育的教师在课程设计上产生互动,让学生感受到基础课程与专业课程的无缝衔接,无疑大大增加了教师的工作量,同时需要教师有一定的创新精神。例如,机械专业的数学课和会计专业的数学课显然应用领域是不同的,在知识点的侧重以及具体应用甚至例题都应该结合专业特点,需要大量专业教育教师深度参与。如此一来,对教师的知识结构、创新能力以及协作精神都提出了很高的要求,授课难度也可想而知。鉴于当前高校师资力量普遍不足,可根据自身情况进行选择性尝试,积累经验后逐步覆盖。同时也需要配套的考核激励机制来调动广大教师参与创新创业教育的积极性。

(二)构建以专业背景为基础的创新创业课程体系

创新创业教育要提高专业关联度,在专业教育中融入创新创业教育,防止创新创业教育脱离专业背景。近年来,各大高校加大投入积极参与创新创业教育,很多高校设置了专门的创新创业教育机构或部门。但值得注意的是,设置专门的创新创业教学部门并不是把创新创业教育任务归集到一起,关起门来搞创新创业教育。其首要职能应该是统筹协调创新创业教育资源,化解各方矛盾,出台相关政策等组织管理工作。所以创新创业教育的主要力量还是来自各个领域的专业教师。以专业教师为主导,构建以专业背景为基础的创新创业课程体系。一方面,在专业教育课程中适当融入创新创业思想,突出专业知识的实际应用,关注行业的新发展新动向。另一方面,创新创业课程根据不同专业量身定制,充分反映出所在行业创新创业的条件以及成功的关键因素。根据学生个人的特长和意愿,选择跨专业甚至跨学科的创新创业教育,体现差异化培养目标。鼓励大学生积极参加各类创新创业大赛,培养专业应用实践能力和协作精神,增强对外交流,开阔眼界。

(三)搭建创新创业实践平台

实践教学历来是高等教育的短板,创新创业是一种实践性很强的活动,创新创业能力的培养离不开实践教学。传统的实验平台往往局限于一两门课程,实训平台也只针对某个专业,适用性和利用率相对较低。在搭建创新创业实践平台时,应充分考虑跨专业、跨学科协作的理念,整合资源,努力打造接近真实的创新创业实践环境。开发多专业协同,跨学科共享的综合实训课程体系并建设配套实训基地。积极创建校内创新创业孵化基地,提供创新创业指导服务。引导学生自发成立基于专业背景的创新创业组织和团体,充分利用课余时间进行创新创业活动,在政策和资源上提供全面扶持。

(四)积极推动校企合作

创新创业教育成功与否,最终还是要通过社会实践来检验,创新创业人才培养必须满足经济社会发展需要。长期以来,学校教育与社会需求存在很大差异,教育与社会脱节现象严重。通过校企合作,可以有效解决教育与社会衔接问题。通过校企合作,引进企业导师,参与创新创业课程设计,实践平台建设。将先进的理念和职业化思维带入校园,促进创新创业教育的社会化。同时,可以让师生进入企业进行创新创业实践活动,设立创新实践基地,利用企业的行业背景和专业优势,联合开发创新创业实践培养方案,取长补短,互利共赢。既充分吸收社会实践教育资源,提供更多的创新应用思路和创业项目机会,又激发教师进入企业交流学习,加快培养创新创业师资队伍。

创新创业教育与专业教育融合是一项社会化的系统工程,涉及高校、社会、政府等方方面面。要牢固树立专业化的创新创业教育理念,从专业技能、职业思维、创新意识、协作精神等角度全方位入手,培养综合型创新创业人才。任何教育改革都要注重循序渐进,不可一蹴而就。实现课程融合是基础,也是高校教育改革的前线。通过转变观念,加大师资投入、社会合作等途径,在理论、实训、实践等各个层面构建创新创业与专业教育融合的课程体系,为创新创业与专业教育的全面深度融合夯实基础。

参考文献

[1] 刘玉威,毛江一. 创新创业教育与专业教育融合发展分析[J]. 北京教育(高教),2017(2):64-67.

[2] 刘艳,闫国栋,孟威,等. 创新创业教育与专业教育的深度融合[J]. 中国大学教学,2014(11):35-37.

[3] 蒋阳飞. 高校创业教育与专业教育融合的问题及对策[J]. 大学教育科学,2014(4):107-109.

[4] 刘玉玲. 创业型大学背景下探索与专业教育相融合的创业教育体系[J]. 职业技术,2012(8):29.

高校应用型课程考核机制的改革与实践*

阮 越**

摘 要:针对高校课程考试的传统方式与弊端,以应用型课程考核机制的改革与实践为例,在确定课程教学目标的基础上,提出了建立与应用型课程相应的多种类、重过程、重实践的综合化考评机制的设想,给出了具体的改革方案,并通过该方案的教学与考评运行实践,提供了建立科学的课程考评机制的经验。

关键字:应用型课程;课程教学目标;综合化考评;改革实践

引 言

为了解决中国高等教育存在的同质化现象,教育部引导了部分高校率先向应用型转型,从培养理论性人才转到培养技术技能型人才,以适应当前企业转型需要。我校作为浙江省的首批应用型大学,在专业设置调整、应用型课程改造、产学结合、校企合作等方面开展了系统的改革。在应用型课程改革的过程中,如何突破传统的课程考核模式,创立科学的、综合的课程考核方法已成为高校教学改革工作的重要内容之一。

课程的考核是人才培养过程中的一个重要环节,它不仅是评估学生课程学习成绩、检测教学效果及督促教学目标实现的重要手段,也是课程建设水平乃至学校办学理念的体现[1]。

---

* 本文系2015年度浙江树人大学优秀应用型课程建设项目的研究成果。

** 阮越,浙江树人大学信息科技学院讲师,研究方向为嵌入式、无线传感网络。

一　传统课程考核方式的弊端

课程考核是教学过程中的一个环节,它不仅是一种考察学习成绩的手段,而且直接引导学生的学习方法和学习动力,从本质上说,课程考核的目的就是促进学生的发展,通过考核的形式促使学生形成自己的学习方法,提高学习能力。

在传统的课程考核中主要以考试的方式来呈现,通常题型标准化、评分精量化和形式单一化,主要以考核知识的积累、记忆为目标,静态考核,简单判断。虽然标准化考试在一定程度上提高了考试的公平和公正性,减少了人为误差,由于客观性试题偏多,主观性试题少,而且试题答案多数是唯一的,能留给学生的创新机会较少[2]。目前也有些课程根据具体情况采用"一纸开卷"和开卷考试的方式,避免学生大量的死记硬背,同时增加主观题以提高学生的分析能力。但这种"一考定成绩"的方式,仍将导致在对分数的价值判断上过度夸大分数的价值功能,师生的注意力集中在分数结果上,而忽略了学习过程中的思考、综合和积累。

这种以期末考试成绩为主,不重视学生学习过程的考核方式,再加上有些教师考前会划范围、定重点,致使学生学习无动力,为考试而考试,助长了学生平时学习不努力,考前复习"重点",抄笔记,背答案,投机取巧,临阵磨刀,甚至舞弊的不良学风,使得记忆力成为考试成绩好坏的关键。这种现象的存在,严重挫伤了认真学习的学生的积极性,不利于学生对课程系统知识的掌握,阻碍了创新思维的培养与发展。

特别是对应用型课程来说,大量的实践内容无法在试卷中体现,一纸试卷也很难反映出学生实践过程中的积累与能力,从而导致对学生评价的片面性,影响了学生学习的动力。

二　应用型课程考核方式改革的设想

(一)结合培养目标和课程特点确立课程目标及考核改革方向

课程目标是课程评价的标准,是教师制定课程教学目标及对学生学习进行考核评价的依据。结合当前学校应用型本科的培养目标,在调整专业和课程体系的同时,应高度重视新的课程目标的确立。应用型课程的课程目标应综合课程特点、社会需求、当今学生的身心特征和科目专家的意见等诸多因素,在动态发展的框架中构建。根据课程目标,教师可根据课程特点、教学内容和教学对象的不同,对课程考核内容和方法进行改革、创新。

课程考核的目的,不仅是检验学生对理论知识的掌握程度,更应是激发学生创新意识、锻炼学生实践能力、促使学生养成良好的学习习惯的手段。因此,任课老师一定要摒弃课程考核等同于考试的观念,要将教学的全过程都纳入考核的范畴,使课程的考核过程化、经常化,这样不仅有助于学生掌握理论知识,而且能起到引导学生勤于思考、善于发现问题并提出问题,启迪学生创新思维的作用。

现代的教育评价强调主体的互动与参与。课程考核评价不仅是对学生学习效果的一种检验,也是对教师课程教学目标完成情况的一种评估,课程教学是一项非常复杂的活动,教师、学生、教材互相作用,忽视学生的主体性就必然影响到课程目标的实现。因此,课程考核评价应在教师和学生的互动中展开,改变传统的课程评价中以教师为单一主体的状况,建立多个评价主体。

(二)建立综合化考评机制

所谓综合化考评,就是对学生的知识掌握、学习能力、学习态度、学习方法和实践能力进行综合评价。根据不同课程、不同教学内容来采取不同的考核方法,包括笔试、口试、操作考试、论文式考试、答辩式考试、测试等,除此之外还可将课堂和课外作业、实验、项目研究等也评定相应分数,最后根据各项考核内容的分数来综合评定该课程的分数,形成较为科学全面的考评方式,从而充分体现对学生参与教学过程的尊重和对学生学习需要的尊重。

在课堂教学过程中,学生对课程的把握是有一个时间过程的,其能力的体现也表现在多个方面,而一份试卷、一次考试的考核方式不符合学生课程学习的规律,也难以评估学生的课程学习效果与掌握的能力。所以,对课程的考核应根据不同的教学内容建立相应的综合化考评机制,把课程学习过程的考核与课程终考、知识点的考核与能力的测试、基本技能的掌握与创新等有机结合起来,形成一套较科学又便于操作的课程考核评估体系,以促进学生的学习主动性与能力成长。

综合化考评机制及考评方法的大致框架如图1所示。

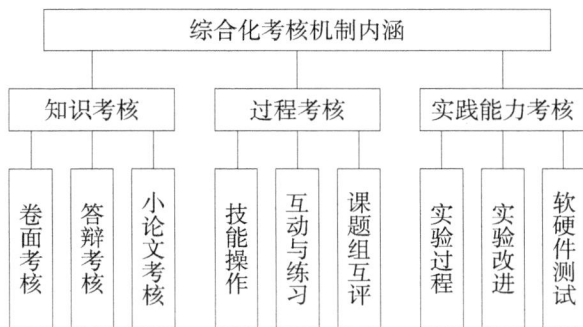

图1 综合化考评机制内涵及考评方法

在图1中,对学生知识点掌握情况的评价可采用卷面笔试、答辩口试或写课程小论文等方式进行考核,当然这只能作为总成绩的一部分;对学生课程学习过程的考核主要可从平时的技能操作、学生上台和课程练习的记录进行评价,根据课程的不同,也可组织学习小组共同完成某项设计,教师可以通过小组答辩给学习小组一个总成绩,但小组中每个成员的成绩由小组的同学自我评定;对学生实践能力的考核,可以通过记录平时每个实验学生的完成情况和对实验提出的改进情况进行评价,或者通过对所设计的硬件、软件的调试情况进行评价。只要教师在平时的教学和实践过程中注意记录学生的学习状况,加上一定量的卷面考试,就能对每个学生的课程学习成绩给出较合理的评价。

三 "现代逻辑设计"课程考核机制改革实践

对于应用型人才培养而言,其课程内容和课程效果的评价主要是检查课程是否培养了学生的应用能力、操作能力和独立思考精神。因此应用型课程的课程评价标准将由传统的注重基础知识和理论转向注重专业能力和职业素质。

(一)"现代逻辑设计"课程教学目标

"现代逻辑设计"是一门应用性很强的课程,其核心内容是EDA(电子设计自动化)技术和可编程器件(FPGA/CPLD)的应用。在课程的教学改革过程中,首先要确定课程的教学目标。课题组在结合学校应用型本科教育的定位、企业实际应用的需求及对课程内容分析的基础上,制订了现阶段"现代逻辑设计"课程的教学目标,具体如表1所示。

表1 "现代逻辑设计"课程教学目标

教学形式	教学板块	教学内容	教学目标
基础知识	课堂讲授	1. EDA技术特点及FPGA/CPLD结构原理	理解EDA技术特点,区别可编程器件FPGA/CPLD异同点
		2. 组合逻辑电路的VHDL语言设计方法(读程、修改程序、编程)	熟练应用VHDL语言设计简单的组合电路(数据选择器、译码器、加法器等),并能独立完成仿真测试
		3. 时序逻辑电路的VHDL语言设计方法	能应用VHDL语言设计简单的时序电路(触发器、移位寄存器、计数器等),并能独立完成仿真测试
		4. VHDL语言的有限状态机设计方法	能应用VHDL语言状态机方法设计计数器、序列检测器等时序电路,并能独立完成仿真测试
	专题讲座	EDA技术的前沿发展及企业需求	企业工程师讲课,了解本课程的社会需求及应用
实践训练	软件平台操作	Quartus II软件平台操作,图形输入法介绍	以图形输入法为例,熟练掌握Quartus II软件平台操作方法
	硬件测试	学习将设计好并仿真测试通过的程序下载到FPGA芯片中,完成硬件测试	熟悉对可编程器件FPGA的芯片选择、引脚设置、程序下载及硬件测试等操作
	综合实验	1. 宏功能模块应用(计数器、随机存储器、只读存储器等LPM模块)	熟悉常用宏功能模块的设置、定制、调用和测试
		2. 简易正弦信号发生器设计	以学习小组的形式,通过方案讨论、分工合作共同完成综合设计实例

在表1中,"现代逻辑设计"课程的教学分为基础知识和实践训练两部分。

基础知识部分:由"课堂讲授"和"专题讲座"两个教学板块组成。课程的主要知识点由课堂讲授的方式完成。课堂讲授的参与者以学校教师为主,可聘请企业工程师参与讲课。而专题讲座则以企业工程师为主,主要介绍企业的技术、人才需求、技术的发展前景和应用背景,促进校企间的合作。

实践训练部分:在教学中这部分分为三个教学板块。"软件平台操作"板块主要训练学生熟悉EDA软件平台Quartus II的操作,因该软件内容丰富,EDA技术的设计都可在此软件平台上完成,所以希望学生能熟练应用。"硬件测试"板块主要是将设计好的、通过了软件仿真的EDA相关文档下载到可编程器件FPGA/CPLD中去,并利用FPGA/CPLD的接口电路对设计进行硬件测试。以上两部分的训练主要在实验课中完成。"综合实验"板块是在课程内容、操作训练等各部分基本完成后的综合性设计训练项目。项目的实施安排在课外,由学生3—5人组成学习小组,在所学知识的基础上,分工合作,共同完成一个项目的设计,包括项目分析、方案设计、编程仿真、下载测试、结题汇报等过程,使每个学生对项目设计的过程有一个实质性的了解。

(二)"现代逻辑设计"课程考核机制的改革实践

课程的教学与考核是一个综合体,互为影响。在课程教学目标确定的基础上,课题组遵循应用型人才培养目标的宗旨,对传统的考核模式进行了改革,在不违背学校考核要求比例的大框架下,初步建立了与应用型课程相应的多种类、重过程、重实践的考核评价机制。具体的考核模块和比例如表2所示。

表2　"现代逻辑设计"课程考核模块及比例表

考核模块	分值(%)	考核形式	考核要求
软件平台操作及上机作业	15	平时记录	按照独立完成的情况和完成的先后记录,成绩分A,B,C,D记录
课内实验及实验报告	20(实验15,报告5)	平时记录	每个实验完成硬件测试后老师检查登记成绩,按独立完成情况和完成的先后记录,成绩分A,B,C,D记录
综合设计题	15	互评,答辩	学生以小组形式课外完成,成绩包含学生互评与答辩成绩

考核模块	分值(%)	考核形式	考核要求
期末考试	50	卷面笔试+上机考	卷面以简答题、改错题、读程序分析题等为主(占40%),主要检查基本概念的掌握。机考题要求在规定的时间内完成一个设计题的编程、综合及时序仿真(占60%),主要检查软件操作及VHDL编程设计和仿真能力

表2将"现代逻辑设计"课程的考核分成了4个模块进行,并给出了相应的考核形式、评分比例和考核要求。

"软件平台操作及上机作业"考核模块贯穿于整个教学过程,其考核成绩依照平时指导、检查、记录的情况给分,该考核模块占总成绩的15%。考核依据:是否独立完成操作和作业、结果是否正确及完成速度。

"课内实验及实验报告"考核模块根据每次做实验的情况及上交的实验报告给分,该考核模块占总成绩的20%,其中:实验过程及结果占15%,实验报告占5%。每次实验完成后要经教师检查通过后才能得到实验分。实验的考核依据:是否独立完成实验、结果是否正确及完成速度。实验报告的考核依据:是否按要求如实记录实验的过程、分析实验结果和总结在实验过程中出现问题的解决方法等。

"综合设计题"考核模块一般是在基础知识和基本操作有了一定基础后的下半学期开始布置。以3—5人为一个学习小组的形式,利用课外时间完成综合设计。整个过程分三个阶段:第一阶段布置设计题(如要求设计一个简易的正弦信号发生器),给出项目指标和要求,给一周时间查资料,每个小组上交一份设计方案,由各小组指定人汇报,经修改后确定方案。第二阶段结合设计方案,给2—3周时间由各小组分工完成设计,小组长负责任务的分配与组员间的协调。第三阶段是完成设计后的答辩,以小组为单位上台展示自己的设计结果,解释设计原理并回答老师的提问。该考核模块占总成绩的15%。考核依据:学生在小组设计中的参与度、小组汇报及答辩情况。考核成绩由老师根据最后答辩及展示的设计结果给每个小组一个总分,各小组再根据组员的参与情况进行互评,由小组长给出小组成员的互评成绩,小组成员的互评成绩总和应等于该小组的总分。

"期末考试"采用卷面笔试加上机考试的方式进行,占总成绩的50%。卷面以简答题、改错题、读程序分析题等为主(占卷面成绩的40%),出题主要从学生需掌握的概念和平时易出错的程序入手,主要检查基本概念的掌握情况。上机考题则要求在规定的时间内完成一个设计题的编程、综合及时序仿真(占卷面成绩的60%),主要检查软件操作及VHDL编程设计和仿真能力。

四　结　语

在"现代逻辑设计"课作为校优秀应用型课程的建设过程中,课题组对应用型课程的考核评价机制的建立进行了较系统的研究并开展了改革实践。从改革实施以来的教学效果看,初步的收获有如下几点:

(1)摒弃侥幸心理,重视平时学习。以前有相当部分的学生对一考定音的期末考试存有侥幸心理,认为考前老师的重点复习加上成绩好的同学的归纳笔记,利用考前几天的死记硬背也能考试过关,平时不好好学习照样能及格,而且屡试不爽,造成了懒散的学习风气和考生的侥幸心理。在实施考核方式的改革后,平时的学习情况被记录下来作为课程考核的组成部分,因此学生平时的上机操作和作业都不敢怠慢,较好地纠正了学习风气。

(2)改变实验旁观,重视实验参与。在以往的实验课内总有部分学生就像实验的旁观者一样,看别人做实验自己不动手,等到下课和别人一起离开实验室,只要到了实验室就被视为完成了一次实验。在新的考核方法实施中,实验的完成是以老师当场的检查记录为准,并记录是否独立完成及完成的先后排名,既对学习好的学生起到激励作用,又督促一般学生完成实验。如有的学生在规定的时间内完不成实验,则允许在课外实验室开放的时候来继续完成,结果也要给老师检查通过后该实验才算完成。这项考核方法的实施促使学生每个实验都必须自己完成,从而提高了实践动手能力。

(3)转变学习方法,强化自主学习。为了培养学生自主学习的能力,"综合设计题"的考核模块起到了较好的促进作用。小组分工合作的学习方法、自主完成项目设计的考核要求,都培育和激化了学生自主学习的动力,同时也督促学生改变以往的被动学习和个体学习的习惯,将更多的课余时间融入团队的合作学习和为完成设计要求的自主学习中。

课程考核评价机制是课程教学和课程建设的组成部分,必须在实践中不断修正和完善。"现代逻辑设计"课程考核机制的改革与实践,极大地推动了课程的应用性教学改革,但对如何科学发挥课程考核的功能与作用、加强考核制度的研究及对课程考核自身的评估,还需要我们不断地去探索和实践。

参考文献

[1]周旭,邱强.高校课程考试现状分析及对策研究[J].中国轻工教育,2011(3):39-41.

[2]姚遥,汪旦华.高校课程教学考核方法改革研究[J].教育教学论坛,2015(26):81-82.

应用型本科高校大学英语课程设计

——以浙江树人大学为例

胡建伟*

摘 要:科学的大学英语课程设计是应用型高校教学建设的重要组成部分。应用型本科高校应如何正确实施教育部的《大学英语教学指南》,并结合教学要求进行有效的大学英语课程设计,尚需深入探讨。笔者认为,在具体的课程设计过程中,应把握当地社会经济发展的需求、学生个人的成长需求及高校自身的专业特色,致力于语言应用实践能力的提升。该课程应具备良好的体系完整性、动态适切性、实践与发展性,以更好地服务应用型本科高校的人才培养总目标。

关键词:大学英语;课程设计;应用;应用型本科高校

为适应我国经济发展新常态、经济结构调整和产业升级的要求,2015年,教育部、国家发改委和财政部三部委联合发布《关于引导部分地方普通本科高校向应用型转变的指导意见》,希望把办学思路真正转到服务地方经济的发展上来。应用型人才的基本特点为理论基础扎实、实践能力强,其显著特征在于学以致用、以用为本。

教育部高等学校大学外语教学指导委员会在2014年制定的《大学英语教学指南(征求意见稿)》(以下简称《教学指南》)中明确提出,大学英语教学以英语的实际使用为导向,以培养学生的英语应用能力为重点。英语应用能力是指用英语在学习、生活和未来工作中进行沟通、交流的能力。王守仁(2016)指出,

---

* 胡建伟,浙江树人大学家扬书院副院长,教授,研究方向为应用语言学、英语课程与教学论。

大学英语在人才培养方面具有不可替代的重要作用,大学英语课程应服务于学校的办学目标、院系人才培养的目标和学生个性化发展的需求①。英语应用能力的提升,作为人才培养的工具性目标与人文素养目标,是培养学生实践能力和沟通交际能力的重要组成部分。《教学指南》中的实用型、应用型导向,与应用型人才的培养目标不谋而合。为体现这一目标,应用型本科高校须对学生的英语能力素质构成提出新的要求,也须开展新的课程设计。对此,学界已有相关研究,如薛东岩(2016)②、李玉升(2016)③、章于红(2016)④和张殿海(2015)⑤等均分析了基于地方性应用型本科高校办学实际的大学英语课程的改革方向和改革方案,提出要夯实英语基础,开设应用性较强的课程,包括技能类、跨文化类、考试类、学术类和职业类的英语课程。这些研究课程设置涵盖面较广,学生可选择种类也较丰富,但同时也存在课程设置较泛、应用性特色不明显,以及核心英语应用能力培养指向性不明确等问题。笔者认为,大学英语课程设计要结合应用型本科的教学要求,以需求分析为基础,对课程体系、课程设置、教学模式、教学内容、教学方法和评价体系等做出基于各校实际的思考,着力体现以高级语言沟通技能为核心的应用型目标;该体系应具备良好的完整性、动态适切性和实践发展性,以更好地服务应用型本科高校的人才培养总目标。

一 应用型本科高校大学英语课程设计的理论依据

Brown提出的课程框架以寻求学校、管理部门、教师和学生一致性为准则构建⑥。需求分析、课程目标、测试、教材、教学,以及对整个课程的评估构成课程

---

① 王守仁:《〈大学英语教学指南〉要点解读》,《外语界》2016年第3期,第2—10页。
② 薛东岩:《民办应用型本科院校大学英语课程体系构建研究》,《兰州教育学院学报》2016年第3期,第148—152页。
③ 李玉升:《地方应用型本科院校大学英语课程体系构建研究——以滨州学院为例》,《鸡西大学学报》2016年第3期,第90—92页。
④ 章于红:《应用型本科院校大学英语课程设置》,《盐城师范学院学报》2016年第1期,第115—118页。
⑤ 张殿海:《应用型本科院校大学英语课程建设探索——以济宁学院为例》,《济宁学院学报》2015年第2期,第71—73页。
⑥ Jame Dean Brown:*The Elements of Language Curriculum: A Systematic Approach to Program Development*,Brooks/Cole Publishing Company,1995,p.41.

设计的整体,彼此之间相互关联、相互促进,构成课程设计的严密体系。只有各因素运行良好并对其他因素产生良性影响,课程才能发挥作用。Richards认为,课程设计是制定或更新课程的设计与实施过程,包含的环节如下:需求和教学环境的分析、教学目标的设定、课程安排和教学大纲的设计、辅助教学的良性循环、教学材料的准备,以及对整个课程的评价①。Macalister提出操作层面的课程设计模式:第一部分是课程大纲,以课程目标为核心,包括课程内容和序列、课程形式和展示、课程监控和评估;第二部分是课程原则、课程环境和需求分析;第三部分是课程评价,为改进课程提供依据。该课程设计包含七个步骤:环境分析、需求分析、原则设定、目标制定(内容选择)、课堂展示、结果评价,以及课程评估②。

《教学指南》是大学英语的课程大纲,对课程目标、课程设置、课程内容、教学方法和评价方法具有总体性的指导。《教学指南》把大学英语教学的主要内容分为通用英语、专门用途英语和跨文化交际三个部分;欧盟国家则根据国情差异分别开设内容依托式课程与特殊用途英语课程③。对于课程设置,《教学指南》建议按照上述三种课程内容形成相应的三大类课程,由必修课、限定选修课和任意选修课组成。各高校应根据学校类型、层次、生源、办学定位和人才培养目标等,遵循语言教学和学习规律,合理安排相应的教学内容和课时,形成反映本校特色、动态开放及科学合理的大学英语课程体系。在实际操作中,国内各高校的大学英语课程设计,往往根据各自的想法和理念开展教学,其中有个性化的体现,也有随意性的表现,尚缺乏科学、统一和操作性的指导。薛东岩(2016)提出,部分民办应用型本科高校大学英语课程目标并没有明确定位,其课程设置体系、教学目标及教学模式等几乎照搬一些知名公办高校,而知名的公办高校往往是以学术型或教学科研型为主组织教学,其课程目标不符合应用型高校的要求④。

基于应用型本科高校的生源特点和市场需求,综合Richards、Brown和 Ma-

---

① Jack C. Richards. *Language Curriculum Development in Language Teaching*,外语教学与研究出版社2001年版,第39—43页。

② John Macalister. *Language Curriculum Design*,Routledge,2010,p.1.

③ 王嘉铭:《博洛尼亚进程中大学英语有效教学模式探究及其启示》,《陕西教育(高教)》2014年第7期,第41—43页。

④ 薛东岩:《民办应用型本科院校大学英语课程体系构建研究》,《兰州教育学院学报》2016年第3期,第148—152页。

calister提出的课程设计模式，笔者认为，英语课程设计可分为如下步骤：课程需求的分析、课程目标的制定、课程内容的安排、课程模式的设定，以及评价体系的建立。应根据应用型高校的人才培养目标、学生的英语基础和兴趣、地方及国家经济发展的需求，建立起以高级语言沟通技能为核心能力的课程目标，全面提高学生的听说读写译能力，让学生在求学、求职时做到英语交流无障碍。以此为目标，以能力导向、实用性为主精心选择课程内容，设置科学合理的英语课程，实践目标驱动、合作完成语言任务和过程性评价为主的课程体系。

二　应用型本科高校大学英语课程设计的需求分析及核心目标

现代课程设计理论高度重视需求分析。束定芳（2004）提出需求分析的四大作用：为制定外语教育政策和设置外语课程提供依据；为外语课程的内容、设计和实施提供依据；为外语教学目标和教学方法的确定提供依据；为现有外语课程的检查和评估提供参考。其认为基于需求分析的外语教学才更有针对性，更能做到有的放矢[1]。外语学习存在两种主要需求——社会需求和个人需求，对社会需求的分析是为了解社会对外语人才的类型、数量、分布以及他们所应具备的外语水平、语言技能和知识结构等要求，从而制定出外语教学大纲，并依此进行科学的课程设计；个人需求是在社会需求背景下的个体对外语学习的具体需求，是一种差异需求，即目标水平与目前实际水平之间的差异。对个人需求的分析，对确定外语教学目标、选择外语教学方法等，同样具有重要的指导意义。目前的普遍情形是，大学英语课程往往是教师接受统一的教学大纲，而未根据学生需求进行规划，无法做到个性化教学。

应用型本科高校更需要对各个层面进行需求分析，学校和院系的需求应与社会需求紧密对接，即满足当地经济发展的需求。比如，我国沿海地区对外开放程度更高，经济发展水平位于全国前列，信息技术和互联网发展位居前沿，外贸、旅游、餐饮和宾馆等服务经济发展迅速，对于外语人才的需求非常旺盛。因此，应用型本科高校和学生对外语的工具性需求非常迫切，大学英语课程应满足学生在个人求知、求职和提升个人语言能力等方面的需求。但是，当前的大学英语课程设计未能充分满足社会及学生的需求。从2010年华东地区高校英语教学情况调研报告看，教师课程实施水平不足以应对英语水平日益增高的学

---

[1]　束定芳：《外语教学改革：问题与对策》，上海外语教育出版社2004年版，第19页。

生以及国际化环境对英语课堂带来的挑战①。有学者对西北政法大学进行相关调查,发现大部分学生认为自己迫切需要"提高英语听说能力"。调查还发现,该校大学英语的课程设置与学习者需求及《课程要求》有很大差异:每班每周4节精读、2节听说,在课时数量上听说少于精读,且听说课缺少有效的口语训练②。

《教学指南》提出了基于需求分析的指导性建议。大学英语教学应该以先进的外语课程理念为指导,根据语言教学规律和学生学习需求,构建多元、多层次的课程体系;从英语能力、学业/学术英语能力、英语工作能力和跨文化交际能力等领域设计不同等级的教学目标,体现基础性与应用性。基于应用型本科高校的定位和社会所需,大学英语课程目标的制订,既要保留传统的外语学习对于学生知识、能力和素养发展的作用,又要结合时代要求彰显其独特的工具性作用,能够在区域经济发展中熟练运用语言开展技术、贸易和文化的对外交流,提升当地的国际化水平,同时提升满足学生个人发展所需的国际视野和国际化能力。

三 应用型本科高校大学英语课程的初步设计

应用型本科高校的基本建设目标是适应市场,紧贴当地社会经济发展实际,优化本科专业设置,优化人才培养方案,深化人才培养模式改革,对接行业和产业链,提升学生实践创新能力,不断为社会培养适销对路的高级应用型人才,建成具有区域性、协同性、创新性和示范性的高校。根据这一目标要求,大学英语课程设计应以人才培养目标为导向,建立起满足该需求且符合校本特点的课程体系。同时,基于学生的个人需求,应对非英语专业的英语类课程进行统一、一体化和有所侧重的设计,其总体教学目标为打好英语语言基础,强化听说读写译的高级技能,全面提高语言应用能力;以语言高级技能为核心,以通过社会标准化考试为量化目标,深化学生未来生活、工作所需的跨文化交际、职场英语等教学内容,培养学生的交流能力。

① 束定芳:《高校英语教学现状与改革方向——华东六省一市高校英语教学情况调研报告》,上海外语教育出版社2015年版,第106页。
② 王萍:《课程性质及需求分析视角下大学英语课程设计》,《长江大学学报》(社会科学版)2011年第7版,第131—132页。

　　根据《教学指南》,为实施满足学校、院系和学生个性化需求的大学英语教学,应把大学英语教学目标分为三个阶段:基础、提高、发展。应用型本科高校的课程设置适合定位于基础阶段和提高阶段。如浙江树人大学是2016年浙江省10所应用型本科建设试点示范院校之一,该校在校生人数达15000余人,在一定程度上可以代表高等教育大众化背景下地方本科高校和民办本科高校的建设与发展水平。该校按学生的实际情况实施分类指导和分流教学,针对学生高质量就业所需的人际沟通能力、考研需求及出国深造所需的国际化能力和水平开展相关教学。基础阶段为能力目标的实现打好基础,提高阶段则实施特殊用途英语课程,实现行业对接。该英语课程体系分为综合英语、高级口语、考研(出国)英语及国际化职场英语四大块。基础阶段包含综合英语和高级口语,提高阶段包含考研(出国)英语和国际化职场英语,大致分为以下四个阶段:一是综合英语以夯实语言基础为目标,以通过社会标准化英语等级考试,如全国大学英语四、六级为量化目标,开设时间为三个学期,第一学期四级水平目标,第二、三学期分层教学,对通过四级考试的学生开展六级水平要求的教学,对未通过四级考试的学生开展四级水平要求的教学;对第二学期末通过六级考试的学生,在第三学期安排英语学习任务,如英文原著阅读、自学免修及辅助配套的网络学习资源等。二是高级口语以高级口语交际能力为目标,开设四个学期,第一学期侧重语音基础、日常口语交流会话,第二、三学期侧重叙述和演讲,第四学期侧重辩论;鼓励学生考取行业证书并积极参加竞赛,对获得校内英语演讲竞赛二等奖以上或省级校外三等奖以上的荣誉,可折算成相应学分。三是考研(出国)英语针对考研和出国的学生,从第四学期开始,第五、六、七学期开设;第四、五学期以读为输入、以写为输出,大量的语言输入和输出训练有助于提高学生的阅读理解水平及写作水平;第六、七学期则强化研究生入学考试和雅思、托福真题训练。四是国际化职场英语针对高质量就业学生,在第四、五学期开设,使用职场和跨文化交际的教材;商务英语类证书考试成绩可替代第四、五学期任意学分。

　　在该课程体系中,阅读能力目标是语言教学的首要目标,四年中始终要求学生坚持阅读、读书报告和阅读分享;课程之间加强关联和融合,实施课堂内外衔接的教学,实行中外教合作、师生合作和生生合作的教学模式;坚持开展英语沙龙活动,举办中外文化交流系列活动,举办国际学生论坛;开展境外研学,扩大学生的国际视野。评价方式以过程性评价为主,学生的读书报告、海外研习汇报、演讲和辩论等结合自我评价、小组评价及教师评价,纳入课程评分体系;评价过程伴随着教学过程,鼓励学生注重日常的语言学习、语言表达的准确性;

同时注重培养学生勇于表达的信心和勇气,鼓励他们相互学习,提高分析能力和鉴赏水平。

以上方案自2013年起在浙江树人大学家扬书院实施,已取得良好效果。该院2013级和2014级的大学英语四级合格率分别为91%、94%,大大高于学校的平均水平。该院学生在省级英语演讲赛、写作竞赛中屡屡获奖,在海外交流中英语水平超过日本、韩国的大学生。该院学生能熟练使用英语开展海外研习汇报,能为国外师生、友人提供高质量的接待服务,能积极参与国际青年论坛,用英语表达专业的前沿知识等。

四　应用型本科高校大学英语课程设计的基本特点

即将启动的新一轮大学英语课程建设呈现多样性、系统性、致用性和人文性等四个基本趋势[①]。应用型本科高校的大学英语课程设计应立足于学生的语言水平,夯实语言基础,以大量的语言输入和训练为基础,以阅读为载体,提高口头及书面输出的准确性、流利性和得体性。从课程设计的各方面来看,该课程应符合体系完整性、动态适切性和实践发展性特点,即围绕"应用"两字做文章,这与欧盟语言框架中"Can Do"的理念是一致的。引入、追求基于知的致用性,将成为此轮大学英语课程体系建设的突出趋势之一。因此,"知"与"行"的有机结合,将是本轮构建大学英语课程体系的重点、亮点和突破点[②]。

(一)体系完整性

大学英语学习本身具有体系性,作为一门完整的课程,应具备可操作的课程目标。应用型本科高校重点要培养的是岗位实践能力强的人才,通过课程学习,学生能迅速获得岗位或职业所需的知识和技能。因此,这门课程应考虑学生能获得什么样的知识结构、具备怎样的能力、培养哪方面的人文素质。基于课程目标,思考课程应如何实施、课堂教学比例如何分配、课外自主学习的形式和要求有哪些、教学内容和教材如何选择,以及什么样的教学内容才能吸引学生的兴趣等。另外,还要考虑课堂教学方法、评价方式的适用性,还需要考虑课程的前因,即考虑课程实施前学生学课程的要求,学生的语言基础、教学要求,以及当前的能力和水平,进而在现有基础上帮助学生达到更高的水平。

---

①②　向明友:《试论大学英语课程体系建设》,《中国外语》2016年第1期,第4—8页。

(二)动态适切性

该课程体系按照社会经济的发展和学校专业的发展呈现动态性,在总体的课程设计框架内,课程内容的比例、教学方法的改变和评价方式的灵活性都应恰如其分地体现。教学内容要包含最新的经济、政治和文化等内容,符合国家提高年轻人道德素质的要求,符合学校专业发展的趋势,符合年轻人的志趣。应用现代的教育技术,充分发挥互联网的优势,甄选优质课程资源,并经常性地做出调整,以满足不同的需求。该课程设计要立足本校,不能盲目照搬照抄统一的或者通行的课程设计,要符合学生的能力水平,选择难易适当的教学内容,采取操作性强的教学模式,针对学生的性向特点、专业兴趣开展教学,开发其外语学习的潜能,使学生达到善学会用的目的。

(三)实践发展性

应用型本科高校的大学英语教学应更侧重语言的工具性功能,充分培养学生听说能力,以满足未来国际化交流的语言实践需求。在与外国友人交往的过程中得体表达,能看得懂产品介绍或药品说明书,能进行一定的专业展示和商务沟通,能进行一般的英文应用文书写和商务英语写作。该课程还承担着一定的人文教化功能,在培养大学生价值观、人生观方面发挥积极的作用,可以帮助学生更理性地看待西方社会,更正确地看待祖国文化,通过中西文化比较,更加真切地热爱祖国的传统文化。同时,因为语言学习的工具性特征,学生通过该门课程的学习,可以更好地掌握自主学习的方法,培养自主学习的习惯和能力,从而可以更熟练地掌握语言,更广泛地阅读,培养更深层次的人文情怀。

在激烈的竞争环境下,应用型本科高校的大学英语课程要想增强对学生的吸引力,就需要满足应用型人才培养的需求,不断完善课程体系建设;要针对市场需求、学生个人需求,体现高级语言沟通技能的核心课程目标;要全面思考课程设置、教学模式、教学内容、教学方法和评价方法,使课程设计具备体系完整性、动态适切性和实践发展性,充分体现外语教学的工具性目标和人文素养目标,以便更好地服务应用型本科高校的人才培养总目标。

业师授课和学生团队合作的电子商务
案例分析应用型课程改革

吕晓敏*

摘　要：在高校转型发展的大背景下，应用型师范本科院校迫切需要建设应用型课程，实现课程转型。电子商务案例分析作为电子商务专业的核心课程，在学生应用型能力培养方面起着举足轻重的作用。探索其改革的方法和操作路径是教学改革中的一项重要任务。文章有针对性地提出了教学过程的改革、课程内容的改革、师资队伍的建设等改革措施，进一步加强应用型课程建设，以提高教育教学质量。

关键词：应用型课程；电子商务案例分析；课程改革

引　言

当前，我国已经建成了世界上最大规模的高等教育体系，为现代化建设做出了巨大贡献。但随着经济发展进入新常态，人才供给与需求关系深刻变化，面对经济结构深刻调整、产业升级加快步伐、社会文化建设不断推进特别是创新驱动发展战略的实施，高等教育结构性矛盾更加突出，同质化倾向严重，毕业生就业难和就业质量低的问题仍未有效缓解，生产服务一线紧缺的应用型、复合型、创新型人才培养机制尚未完全建立，人才培养结构和质量尚不适应经济结构调整和产业升级的要求，各地各高校要从适应和引领经济发展新常态、服务创新驱动发展的大局出发，切实增强对转型发展工作重要性、紧迫性的认识，摆在当前工作的重要位置，以改革创新的精神，推动部分普通本科高校转型发

* 吕晓敏，浙江树人大学信息科技学院讲师，研究方向为电子商务、信息系统和数据挖掘。

展。浙江树人大学作为浙江 10 所应用型示范院校之一,也在积极进行教学改革。电子商务专业作为应用性很强的专业,理应顺应时代发展要求,积极拥抱变化,进行课堂教学改革。

一　课程现状分析

"电子商务案例分析"是电子商务专业的一门重要专业课,案例分析课程的学习目的在于使学生能够应用所学知识进行电子商务项目优化、问题分析和策划电子商务方案。而以往的"电子商务案例分析"教学方法和考核方式与培养应用型人才的目标还有一定的差距:

(1)以教师讲授案例为主,学生参与度低,自我思考能力薄弱,实际电商项目分析能力不足。由于传统的课堂以老师授课为主,学生参与普遍度低。让学生组队合作完成一个实际项目分析的情况较少,传统的灌输式教育使学生自我思考能力薄弱,解决实际问题能力不足。

(2)与行业内的企业联系深度不足,业师授课次数少。电子商务专业属于应用性较强的专业,学生在学校学习理论知识的同时最好有行业内的业师能够过来授课指导,一则增加学生学习的积极性,二则让学生知道社会上电子商务企业具体发展模式是如何的,三则有助于企业到我校选拔人才。很显然之前这方面做的是不足的。当前电子商务专业已经与校外的一些企业建立了实践基地关系,一方面需要与企业进一步进行合作,花一定的精力与时间去维系关系,邀请其成为课程讲师,来我校授课;另一方面,要积极拓展更多校外实践基地,为日后校企合作教学打好基础。

(3)教材案例达不到培养电子商务专业应用型人才的需求。电子商务的课程比较特殊,知识更新很快,案例层出不穷,而"电子商务案例分析"的教材一出版在时间上就已经至少落后了一年,有些教材上的案例企业到讲课的时候可能已经倒闭或者有了更好的发展已经上市等,因此案例的编写至关重要,教师应根据应用型的教学目标对案例进行重新编写,电子教材更适合本课程教学,并且能与企业合作,设计企业项目作为案例教学和分析,让学生真正拿实际项目"操刀",会得到更有效的效果。

(4)教师团队下企业调研和企业实践还不足。虽然电商教研室已经有意识地增加教师下企业调研的机会以及要求教师下企业顶岗实习,但和建设应用型课程的目标相比,在时间和力度上的安排还远远不够。教师只有提高了自身的项目实战能力,才能更好地指导学生。

二　改革内容

我们提出了以"业师授课和企业项目驱动"的教学模式,打破原有教师授课为主的方式,继而代替的是教师、学生、业师三方一起参与课堂教学。与行业内的企业建立好关系,请业师来授课,在学生和业师的交流中让学生发现所学知识有用之处及意识自身需要提高的地方。并且直接拿企业项目作为案例,让学生组团队对实际项目进行分析、策划,最终结果由业师和教师共同点评,这不仅提高了同学们解决实际问题的能力,也为企业选拔人才提供参考。

(一)深化校企合作教学模式

先前本课程已经邀请部分业师来课堂授课,有一定的效果,但希望能够与企业建立更深入的合作教学关系。除了邀请更多的企业业师参与课堂教学,达到企业业师授课课时是总课时的三分之一以上,还希望邀请企业业师参与教学项目设计,让学生拿企业的实际项目进行案例分析与项目策划,结果由业师和教师共同点评,从而让学生更加了解企业,让企业了解学生,为企业选拔人才做好参考,也为学生选择实习单位做好准备。深化校企合作教学模式如图1所示。

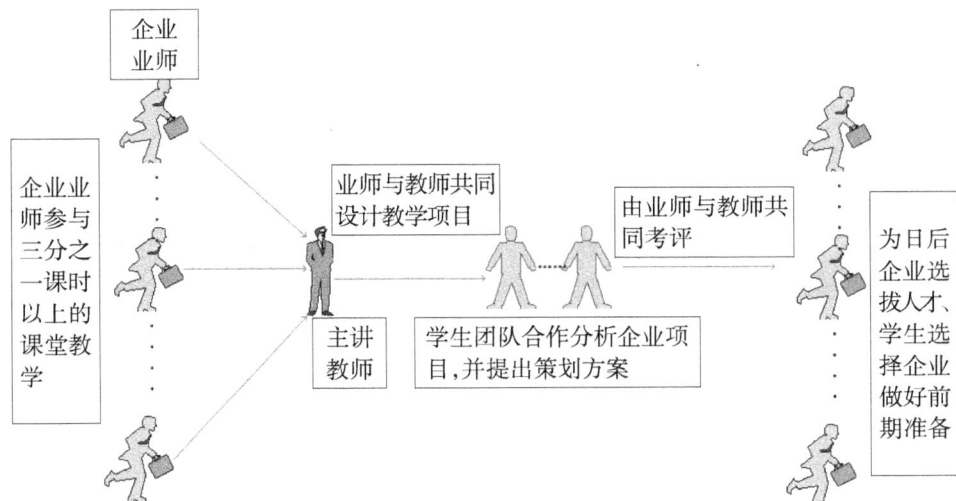

图1　深化校企合作教学模式图

（二）积极拓展更多的校外实践基地，加强校企合作；建立双师型人才培养机制，打造适合应用型教学的师资队伍

继续拓展电子商务专业校外实践基地多家，并邀请企业业师进校授课并且参与课程的项目设计。并利用校外实践基地资源，派教师去企业实习，让教师了解企业，增强教师的实战水平。由于企业业师毕竟是非专业的教师，在课堂教学经验方面不足，需要学校教师与企业业师共同合作，才能达到更好的教学效果。教师去业师所在单位实习共同设计教学项目，如图2所示。

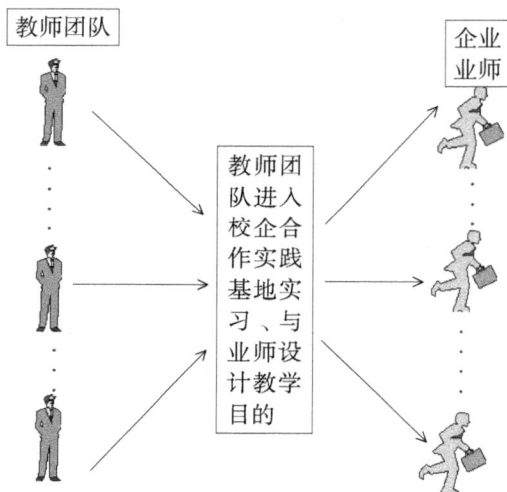

图2　教师团队去业师所在单位实习共同设计教学项目模式图

（三）教师和业师共同编写适合应用型课程教学的教材

电子商务的课程比较特殊，知识更新很快，案例层出不穷，而"电子商务案例分析"的教材一出版在时间上就已经至少落后了一年，有些教材上案例涉及的企业可能已经倒闭或者有了更好的发展已经上市等，教师应根据应用型的教学目标，邀请企业业师对教材进行共同编写，如图3。这一方面能够让学生对企业业务有更深刻的了解，另一方面使学生接收的是最新的知识。

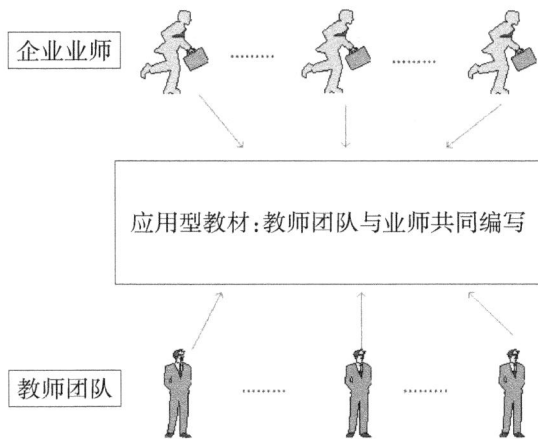

图3 教师、业师合作编写教材模式图

(四)采用"项目驱动"教学方式以及采取过程式的考核方式

业师和主讲教师共同设计项目,学生进行自由组队,老师为每队指定项目,学生团队必须根据企业的实际情况,从企业的商业模式、经验模式、竞争对手分析、当前困境分析、解决方法等几大模块进行分析,最终的结果由业师和主讲教师共同考核。过程式的考核方式暂定考核比例:总评100%=考勤10%+实验20%+期中案例分析20%+(项目分析成果、答辩、个人贡献)50%。

(五)通过课程引导增加学生创业与就业率

这门课设置在大三的下学期,处在这个阶段的学生已经在专业学习上有了较大的提升,通过这门课的项目实战分析,能够进一步提高学生的实战水平,学生对自身的能力有了比较好的认识,那么就业还是创业都会有一定的想法。从以往的情况看,课堂组织的效果直接的成效就是学生在大四时候的就业率和创业率提高了。因为本课程也是希望能够通过有成效的引导,增加学生创业与就业率。

三　总　结

经过两年的教学改革,通过开展与六家企业深度合作,邀请业师进入课堂讲解项目,学生团队合作分析企业项目,成立了案例库,教学改革效果显著。一方面提高了学生学习的主动性,另一方面企业在此过程中也选拔了想要的人才。在这两年的教学改革过程中,两个年级的学生就业率100%,创业率有增加,可以说和校企合作、项目化进课堂有一定关联。

参考文献

[1]葛芳.应用型课程教学改革与研究——以安徽新华学院数字媒体技术专业为例[J].合肥学院学报(自然科学版),2014(1).

[2]寿永明.应用型课程教学模式改革的实践探索——以绍兴文理学院为例[J].绍兴文理学院学报(哲学社会科学版),2013(5).

[3]王凯风."电子商务案例分析"课程教学的改进与创新探析——基于教学现状和乔纳森构建主义理论[J].现代商贸工业,2012(12).

基于工程应用的"土木工程施工"课程改革与实践*

胡　娟**　郑高磊

摘　要:针对目前应用型本科院校"土木工程施工"课程教学改革中面临的一些新问题,提出基于工程应用和能力培养的课程教改新模式。教学过程采取"大班授课,小班讨论"的模式,结合工程实际对内容进行系统化,构建新的教学方法、教学内容、教学手段及考核方式,使学生在学习理论知识的同时最大化地减少与工程现场间的差距。教学改革已在学校土木工程专业学生中推行,取得了良好的效果。

关键词:土木工程施工;工程应用;课程改革;能力培养

引　言

"土木工程施工"课程是土木工程专业的一门专业基础课程,内容涵盖土方工程、桩基工程、砌体工程、模板钢筋混凝土、预应力混凝土工程、安装工程、防水和建筑节能等方面内容。它不仅是后续施工组织设计、混凝土结构设计和高层建筑施工等的前导课程,也是土木工程专业现场施工和管理所必须掌握的知识的计算技能。本课程的实践性和专业性均很强,要求在教学过程中针对现场需要及学生实践知识的欠缺,一改传统教学中的"满堂灌"和"重理论、轻实践"的课程教学模式。学生通过本课程的学习,能够在后期的实习、毕业设计及进入工程单位时,将所学知识应用于工程实际,课程改革中建立体现知识、能力、素质三位一体的课程教学思路。为此,文章在分析现行课程教学存在问题基础

---

* 本文系2017年度浙江树人大学校级应用性课题的研究成果。

** 胡娟,博士,浙江树人大学城建学院副教授,研究方向为桥梁桩基及结构研究。

上,着重对课程教学的方法、内容和手段等方面的改革进行探讨和实践,提出一些具体的措施和建议。

一 课程教学中存在的问题

应用型本科院校作为高等教育必然发展的方向,尤其针对工程应用性较强的土木工程专业来说,应用型本科课程的建设培养目标是为生产一线提供高技能专业人才,教学中应突出理论与实践相结合的原则,使学生掌握"教中学,学中做,做中悟"的思想和方法,使课程内容与工程实际联系紧密,紧跟现代施工技术、施工方法和手段、施工新材料等方面的发展,提高学生知识的广度和深度。目前,土木工程专业"土木工程施工"课程教学过程中存在如下问题。

(一)教材滞后于施工

土木工程行业发展突飞猛进,结构形式多样化,设计理论及计算方法逐渐无纸化,工程新材料层出不穷。而目前课程所用教材内容没有及时随着现场工程技术的革新而更新,另外一些新的规范和规程经过多次的补充与修改,在教材里也没有得到体现。为了让学生能够紧跟行业发展,能够很好地掌握并能结合简单工程,把现有的电子设备应用于工程实际,这些均急需用一种适当方法及时地将最新的教学资料补充到教学中。而目前本专业所用教材未能及时更新,而且不能解决随时随地在书本里学习施工视频等知识的内容,这方面还有待解决。

(二)多媒体取代实践

目前大多数院校在土木工程专业课程教学过程中的实践教学比以往有所缩减,一方面是考虑到学生的安全问题,另一方面结合施工单位现场的管理不便,使得实践教学不易实现,课内实践就更难得到保证。实践教学的削减而导致的结果就是学生较难消化在课堂上学习的理论知识,即使有多媒体辅助,但毕竟不是现场的动态施工和动态管理,课程中所讲知识点基本属于静式教学,而有些学生的思维有限,对于所讲内容中的图片知识及简易的视频教学内容依然不甚理解。而且学生在学习专业知识前对土木工程中的施工内容和要求基本属于无知状态,所以对于现场所需要结构或临时结构的形式和施工方法缺乏直观的认识,无法将所学理论专业知识与现场工程建立相应的联系,这直接会影响学生后续课程的学习;而生产实习是在下一学期结束后进行,时间间隔较远,到那时学生基本对所学课程内容已经忘得差不多了,所以也会直接影响生产实习的效果。这使得学生较浅地理解所学的各种施工方法以及他们所适用的条件,对于更深层次的编制方案便望尘莫及了。况且现在的学生更趋向于电子设备而不是传统的"笔记+课本"的学习方法,所以实践教学在多媒体教学时代同样不可缺少。

(三)考核脱离职业需求

目前"土木工程施工"课程的考核方式还是沿用传统的方法考核,即学生成绩包括平时作业成绩(占20%)、期中成绩(占20%)和期末成绩(占60%)三部分,而平时成绩主要是以作业形式上交,期中考试和期末考试以试卷方式进行。平时作业的质量可见一斑,而学期末学生便死记硬背地为了考试而临时大量记忆,然后经过一个假期,基本是如数还给老师。这种考核模式不仅束缚了学生的手脚,而且桎梏了学生的创新思维。考核不应与书本挂钩,应该建立与施工现场需求相适应的考核内容,使得学生学以致用。

二　应用型本科课程教学改革举措

(一)倡导启发式、讨论式教学

基于工程应用为导向,紧密结合施工一线内容,按照规范、设计和施工内容及要求,对学生采取"目的引导"教学,预先按照工程施工工序要求设定问题,然后提供2—3个选项;让学生在思考的同时,能够辨别真伪,慢慢适应现场存在的不规范施工;在学习理论的同时,有目的地培养其创新和发散性思维能力,而且在有些问题中可能有几种方案可以选择,只要满足规范、设计和施工的要求,答案可以不唯一。

如在讲授土木工程深基坑支护时,存在临时性支护和永久性支护:钢板桩在软土地区深基坑支护中应用比较广泛,属于临时性支护;而地下连续墙在高层的基坑和地铁盾构的始发井和接收井中应用比较广泛,而且可作为结构的一部分,故为永久性支护。针对这两种支护方式,在讲述过程中可以结合周边工程实际,设置相应先导问题对学生进行引导:(1)你见过钢板桩吗? 钢板桩如何进行连接?(2)地下室或地铁车站的侧墙见过吗? 知道如何施工吗? 然后从先导问题入手,在展示钢板桩和地下连续墙的工程图片的同时,让学生从感观上来讨论两者的区别。再利用视频进行施工讲解,并在过程中提问学生这两种施工方法的适用条件,使学生了解施工方案的确定也不是一件多难的事情,在学生感受到自己掌握了简易施工方法应用的成就感基础上,学习兴趣得以提高。

(二)理清教学思路,改进教学方法

该课程的学习过程中存在内容多、交叉知识点少、各章节间联系不紧密、系统性差等问题。如果纯粹是将教材内容搬到课堂,会使学生学习起来比较吃力,同时不能系统地学习专业知识。因此,可以进行内容的整合,不按教材的顺序,而是按照工程结构施工的顺序进行教学。比如模板、钢筋和混凝土工程,这三部分是结构施工过程中均会用到的知识,那可以集中起来进行讲解,在其章节中关于这一部分的内容均可参考本节内容学习。另外还可从结构上进行重组,从下部的土方工程到上部的安装工程等内容理出思路,使学生进行系统性思维的基础上,理清理论与实践间的脉络,能够在后期的毕业设计中应用自如。

(三)大班化教学,小班化讨论教学模式尝试

探索和开展形式多样的教学模式,可以有效地提升学生学习效果。目前土木工程专业结合"大班化教学,小班化讨论"开展得如火如荼,"土木工程施工"课程也借力此次东风,在课内开展了类似形式的小课堂教学模式。课程在安排教学计划时,综合考虑了教学内容,针对学生难理解或者一些计算问题开展小课堂教学。如土方调配和钢筋下料等计算,这些内容作为工程人员必须掌握的知识,有时由于大班教学使得部分学生掌握不到位,影响了教学效果,而采取小班化教学学生人数较少,可以在课内展开讨论,进一步加深学习的印象,同时也使学生和教师的互动加强,起到一举两得之效。

(四)突显过程评价,综合考核成绩

"土木工程施工"课程教学中一改往常考核方式,采取过程中针对各个单元进行阶段考核,一方面可以使学生了解知识重点和难点,另一方面可以避免学生之间互相抄袭作业。同时考核内容与施工现场内容相结合,然后将这些知识进行融合深化进行期中和期末考核,使学生在学习新知识的同时,对已学知识做到温故而知新。在小班讨论时设置相应的问题引导和任务书,在规定时间内完成并采用小组互评和教师综合评价的考核方式,使学生能够系统地掌握单元知识点。

三　合理设置教学环节,教学模拟施工现场

　　根据土木工程专业人才培养模式的要求和工程实际需要,最大化对课程资源进行重组,以土方工程、下部结构施工、上部结构施工、防水和建筑装饰装修、脚手架工程等为主线,以工程项目或临时工程的施工与设计为载体,突出理论与实践间的联系,加强知识的针对性和实用性。

　　教学过程中利用周边环境,有效理论联系实际,采取学生担任技术人员,教师担任施工师傅、教室模拟工地、作业模拟工程的方式,使教学过程与实践建立起一一对应关系。如知识单元一土方工程,在此单元教学中,让不同学生或小组担任不同的项目工程角色,如王某同学担任项目经理,李某同学担任总工程师,赵某同学担任计划与计量等,在土方开挖过程中,作为各个角色按照教师设置的问题——应该承担哪些任务,要如何进行管理或实施,要达到什么目标等——进行角色扮演或讨论,然后教师给出相应的参考答案,让学生对自己所进行的"管理与实施"有所参照。此种方法可以在满足学生学习土方工程知识的同时,还可对学生知识面有所拓展,不经意间了解到项目管理的方法,为学生后续课程及工作产生正面的引导。

四　利用课外网络系统,有效延伸教学内容

　　由于"土木工程施工"课程实践性和经验要求较高,而学生只在前期进行了认识实习,对于课程内容的学习和掌握是远远不够的。而现代发达的网络以及大量工程资源的共享为课程教学提供了开阔的视野及丰富的内容。每年毕业设计指导过程中,到施工现场收集整理的大量施工图片、施工影像、视频和动画等资料,为学生提供与土木工程施工有关的网站如筑龙网、土木工程网及各知名院校的课程网站等。这些都方便了学生随时随地阅读和下载,丰富了教学形式,提高了学生的课外学习能力。

五　结　语

　　应用型本科教学过程中针对"土木工程施工"进行教学改革势在必行。在教学过程中逐渐摸索适用于本专业的教学方法和模式,以适应专业培养方案;对教材、教学方法、教学手段、考核内容及形式做出相应调整,以及充分利用互联网的便利,以使学生能够更深入地学习与现场相适应的专业知识提供以工程应用为目的的课程改革。课程改革在土木工程专业2013级、2014级学生中进行,取得了明显的教学效果。后期将进一步深入提升改革形式和内容,为适用新时代的教学探索最有效的改革措施。

参考文献

[1]胡娟,陆凤池,杨勃.基于工程应用的"钢筋混凝土结构计算"课程改革与实践[J].石家庄铁路职业技术学院学报,2015(1):116-120.

[2]樊春艳."教学做一体"人才培养模式探究与实践[J].辽宁高职学报,2014(6):21-23.

[3]张良.职业素质本位的高职教育课程建构研究[D].长沙:湖南师范大学,2012.

[4]王德山,邵剑平,徐汇音,等.构建高职"校企融合、工学一体"人才培养模式的研究与实践[J].职业技术,2012(8):35-36.

[5]胡娟,罗建华.高职道桥专业毕业生工作现状调查及对策[J].管理工程师,2010(3):32-33.

[6]胡娟,王文贞,罗建华.基于工学结合的桥梁施工课程设计探索[J].科技创新导报,2010(19):184-185.

[7]胡娟,罗建华.基于工学结合开发的"桥梁施工"课程设置探讨[J].晋城职业技术学院学报,2010(5):39-41.

"食品工艺原理"课程应用型改革初探*

金建昌**　王　楠　王石磊　刘彩琴　严小平

摘　要:"食品工艺原理"是食品科学与工程专业的专业必修课,主要内容涉及脱水干燥、热处理、低温处理、化学处理、辐射处理等保藏原理。对"食品工艺原理"理论与实践教学中存在的问题进行了深入分析,从课程教学内容的优化、教学方式方法的改进、师资队伍的完善及考核方式的优化等多方面进行了相应的改革和实践。通过改革,激发了学生的学习积极性,提高了"食品工艺原理"的课堂教学质量。

关键词:食品工艺原理;教学改革;应用型

"食品工艺原理"课程是浙江树人大学食品科学与工程专业的专业必修课,主要内容为食品干制保藏原理、热处理及罐藏原理、低温保藏原理、化学保藏原理等等理论内容和相应的实践教学环节。通过本课程的学习,学生可初步掌握食品保藏的基本原理和技术,了解影响食品生产加工的技术条件,学习新技术在食品加工领域中的应用,为今后学习后续的各类食品加工艺学知识打下坚实的基础。通过理论与实践的教学,对应用型人才的培养具有十分重要的作用。

本科层次的应用型人才的培养,是目前国家教育主管部门依据经济社会发展对人才的实际需求,应用型课程的建设与改革是应用型人才培养的实施途径。浙江树人大学是浙江省第一批应用型示范高校,始终坚持把应用型改革作为推进高级应用型人才培养目标落地开花的一项基础性工作,提出适合学校特色的应用型人才培养标准,并把应用型课程改革作为重要抓手。因此,根据"食

* 本文系浙江树人大学第四批立项建设优秀应用型课程"食品工艺原理"建设项目的研究成果。
** 金建昌,浙江树人大学生物与环境工程学院副教授,主要从事功能性食品开发。

品工艺原理"课程教学过程中遇到的实际问题对课程的教学工作进行探索与改革,通过对课程的教学内容、教学方式方法、师资队伍建设及考核环节等方面进行的应用型教学改革与实践,试图摸索出一套能有效提高学生应用能力、创新能力的教学模式。

一 "食品工艺原理"的现状及存在的问题

"食品工艺原理"现课时为52课时(理论26课时,实验26课时),主要讲述食品保藏技术的基本原理,该课程是后期各类食品工艺学课程的先修课程,是一门应用性很强的专业课程。考核方式为理论考核结合实践操作考核,在多年的课程教学后,我们发现并总结了一些在教学过程中常见的问题,对课程的教学效果产生了不良影响,主要表现在以下几个方面:

(一)教学内容与实际生产应用脱节

作为一门基础食品化学、食品原料学、食品工程原理等课程的专业必修课,"食品工艺原理"的教学内容主要涉及食品加工技术原理,如食品干制与保藏、食品的低温保藏、食品的热杀菌技术、食品辐照保藏技术、食品腌渍与烟熏保藏及食品化学保藏。但随着技术的进步,企业生产的现代化程度越来越高,一些传统的生产技术已经很少在实际生产中有所应用,而一些新技术、新工艺则逐渐应用于食品加工中,如超高压、脉冲电场、电磁波等技术。而现有的教材在内容上虽然覆盖面较广,但部分内容已略显陈旧,与现代食品的现代化、连续化生产的理论需求已经出现不同程度的脱节,学生对该课程的学习已不能满足现代企业的需求。

(二)教学方式方法单调

新形势下用人单位对人才的需求不断变化,学生是否掌握了知识、具备了应用知识的能力,是决定把人力资源转化为应用性人力资源成功与否的关键。现有的理论教学都已采用PPT等多媒体教学,但还是以灌输式教学方式为主,学生的学习普遍比较被动,也一直存在教学效果差等问题;同时教学场地也仅限于学校教室和实验室,缺乏对生产现场的感性认识,课程的应用性特色无法体现。

(三)师资力量薄弱且单一

课程原有的教师队伍基本以校内专职教师为主,而专职教师的教学特点一般都强调理论,由于缺乏实际生产经验,在理论教学中也往往容易造成理论与实践脱节,对课程实验的指导也容易与实际生产脱节。对于今后可能从事食品生产相关岗位的专业学生而言,容易造成一定的知识脱节。

(四)考核方式落后

课程原有的考核方式为理论考核(60%)、平时表现(10%)和实践考核(30%),同时实践考核也注重实践教学大纲中规定实验内容的完成情况的笼统考核,缺乏详细的考核细则,这样的考核方式无法把学生对课程知识、实践操作的掌握情况客观、真实地反映出来。尤其在以小组为单位开展实验,有同学懒于动手参与的情况下,更没法对其开展真实的考核。

二　"食品工艺原理"的应用型改革举措

为了使学生更好地掌握"食品工艺原理"课程的基本理论及实践内容,培养学生分析问题和解决问题的能力,提高教学质量,在教学过程中主要对课程教学内容、教学方式方法、教学队伍、考核方式等进行了相应的改革与探索。

(一)精选教学内容

应用型人才的培养离不开企业的参与,从课程教学大纲的修订就邀请了校企合作基地的业界导师一起开展讨论,从知识和能力的角度提出企业的框架性建议和要求,较好地体现教学内容的较高的应用性;引入新技术、新知识,利用较少的学时向学生介绍超高压杀菌、红外干燥、脉冲电场的作用原理及应用范围,使学生能及时掌握食品加工及保藏领域中的前沿技术,拓宽其知识面;升级实践教学内容,比如干制保藏实验从传统的热风干燥实验升级到真空冷冻干燥实验,实践内容从加工延伸到对加工产品的检测,同时增加实验项目数量,加大实践教学的比例,切实提高应用能力。

(二)优化教学队伍,提升教学能力

目前,专业已在校外建立了杭州美丽健乳业有限公司、杭州博鸿小菜有限

公司、杭州佑康食品有限公司、杭州澳医保灵等校外实践基地,组建校企合作教学队伍等开展全方位的合作。借助于"千人业师"计划,部分内容请业界导师参与,比如结合认识实习,全程由业界导师进行授课;同时利用假期派专职教师进企业挂职,在生产和检测环节对企业进行技术沟通和交流,提升实践指导技能。

(三)丰富教学方式方法

丰富的教学方式方法,对提升学生的学习积极性有着直接影响。在教学方式上,依托校外实习基地,结合认识实习,把课堂搬到工厂车间、参观走廊,开展现场教学,增加学生对生产的感性认识,改变原来的PPT灌输式教学,将食品的干制保藏等内容做成MOOCs等翻转课堂的形式开展教学,以此来提高学生的学习兴趣;在教学方法上,引入自主式、团队讨论等形式,转变学生被动接受为主动学习,在第一次课时就按3—4个人/组的分组,在低温保藏、干燥技术、化学保藏等内容上开展自主学习,要求其通过文献查阅、整理资料,制作PPT进行答辩。通过学习,学生的文献查阅、PPT制作及演讲、解决实际问题的能力等都得到明显提升。

(四)完善考核方式

传统的考核方式存在侧重记忆、形式单一等弊端,完善的考核指标能真实地检验学生对知识的掌握情况。首先,重视过程性考核,对平时的作业、PPT制作及演讲、小组自主式学习情况以平时成绩进行评价;其次,为加强对学生实践操作能力的考核,提高实践环节的考核在整个课程考核中的比例,将实践考核比重从原来的30%提高到40%;同时,进一步优化实践考核的内容和方式,课程实验的最后一次课设置成实践考查,要求学生在抽取某一实践任务后,按要求完成操作环节,根据相应的评分标准对其操作的规范性和有效性进行考核。建立多元化的考核方式,较好地培养了学生们求实意识,激发了其学习的积极性和创造性。

(五)营造良好的实践氛围

应用型人才的应用特色需要有平台来展示。目前学生参与的各项学科竞赛平台有杭州市互联网科技创新大赛、浙江省生命科学竞赛、浙江省传统食品创新大赛、国家大学生创新创业大赛、新苗项目等。通过鼓励学生参加此类学科竞赛,为其营造了良好的实践氛围。近两年来,学生结合所学的食品工艺原理理论知识,以产品开发为研究内容,分别获杭州市互联网科技创新大赛三等奖、二等奖、创新奖各1项,完成新苗项目1项,在研1项,浙江省生命科学竞赛三等奖1项等多项竞赛成果。通过参与科研项目,营造出一个人人动手实验的良好氛围,较好地实现了应用性能力的培养。

三　结　语

　　教育部高等学校食品科学与工程专业教学指导分委员会制定的《食品科学与工程专业学生的培养目标》明确提出,食品科学与工程专业学生毕业后应具备较高的食品科学与工程专业知识及实践能力,能够从事食品领域的研究、设计、生产、管理和新产品开发和经营;普通高等学校本科专业类教学质量国家标准中明确食品科学与工程专业的培养目标时,明确要培养具有创新意识和实践能力,能够在食品科学与工程及相关领域从事生产营销管理、技术开发、科学研究、教育教学等工作的人才。应用型人才的培养是一个不断完善、不断推进的过程,需要去满足社会企业用人单位的需求,通过以应用型课程改革为抓手,进一步完善我校食品科学与工程专业的"食品工艺原理"课程的教学体系,为食品专业应用型人才的培养打好扎实的基础。

参考文献

[1]沈慧芳. 本科应用型人才培养之瓶颈及对策探研[J]. 武夷学院学报,2012(4):83-86.

[2]夏文水. 食品工艺学[M]. 北京:中国轻工业出版社,2017.

[3]张民,赵征,胡爱军,等. 食品工艺学考试改革初探[J].中国轻工教育,2007(1):62.

[4]程建军,王辉,江连洲,等. 食品科学与工程专业培养学生创新能力的途径[J].东北农业大学学报(社会科学版),2009,7(4):77-79.

[5]教育部高等学校教学指导委员会. 普通高等学校本科专业类教学质量国家标准[M]. 北京:高等教育出版社,2018.

第三篇

课堂教学改革

大学课堂场域中的权力冲突及其平衡[*]

刘 斌 金劲彪^{**}

摘 要：从场域的视角审视大学课堂，会发现该场域中存在学生、教师、管理者三种角色，分别代表学习权力、学术权力、行政权力，它们曾经和谐共存于传统的课堂秩序中。随着互联网时代的到来，这三种权力此消彼长，冲突日益加剧，已经造成当前大学课堂中诸多不稳定现象。鉴于此，为保障教学活动的顺利进行，本文认为三种角色、三种权力均应做出相应调整，相互协调，重构大学课堂场域的良好秩序。

关键词：大学课堂；场域；权力冲突；平衡

课堂[①]是大学生学习的核心场所，是教师传道授业的主要阵地，承担着传承文明、培养人才、创新知识的重要使命。在工业社会，精英教育范式下的我国大学有着特色鲜明的传统课堂教学模式，即"教师教，学生听，管理者监控"的传统秩序。然而，互联网时代的到来，对课堂造成了巨大冲击，传统的课堂秩序似乎正在逐渐瓦解；学生、教师、管理者的权力冲突日益加剧，课堂上学生玩手机、睡

---

* 本文系浙江省哲学社会科学规划课题"大学治理背景下学生学习权保障机制的构建研究"（15NDJC235YB）、浙江省教育厅课题"台湾地区高校章程研究及对内地高校的启示（Y201534560）"的研究成果。

** 刘斌，浙江树人大学家扬书院副院长，讲师，研究方向为教育法学、高等教育管理；金劲彪，教授，浙江树人大学科研处处长，研究方向为教育法学、高等教育管理。

① 这里所指的课堂是广义上的课堂，既包括理论课教室，也包括实验室、实习场所等其他非理论课场地。

觉等"失范行为"①似乎正在增加,教师感慨教书不易,管理者则忙于应对。为什么以前良好的课堂秩序不复存在了? 问题出在哪里?

笔者认为,从课堂场域中权力冲突这一法学视角,对当前我国大学课堂予以剖析,或许能够豁然开朗。根据布迪厄的观点,场域是一个由个体按照特定的逻辑共同参与社会活动的空间,个体在场域中依据自身权力利益展开竞争,每一个场域中都充满着不同力量关系的对抗②。这种权力关系所形成的相对独立的社会空间有很多。显然,大学课堂就是这样一个权力场域。

一   大学课堂场域中的三种权力剖析

如果我们承认在参与课堂的各个体之间客观地存在着种种关系,形成了一个关系网络,并且各个个体占据着不同的位置,拥有不同的资本,因而具有相应的权力,那么我们就可以认为在这些个体之间存在场域,并且个体依据惯习采取各种策略,展开竞争。大学课堂这一空间,正是权力交汇的微观场域,学术权力——教师、学习权力③——学生、行政权力——管理者都蕴含其中并相互作用;课堂中的每个角色都享有一定的权利,并承担相应的义务,它们彼此制约、相互竞争,共同建构起课堂中的法学场域。

首先,学生作为大学中最重要的利益群体,其在课堂上占据主体地位,享有学习权力。因为,大学是为培养学生而存在的,没有学生,大学也就失去了存在的理由。因此,大学生在课堂上除了享有基本的公民权利外,理所当然地享有学习权④的各项内容,包括学习条件保障权、学习自由权、学习选择权、学习平等

---

① 学生在课堂上的不良行为包括玩手机、睡觉、聊天、吃零食、喧哗等。

② 布迪厄的场域理论内涵十分丰富,涉及内容非常广泛,上承其一元的实践哲学观,下及其关系主义的社会学方法论和反思性社会学等一系列根本问题。在笔者看来,场域理论对于分析教育场域最具理论价值的部分,乃是场域概念对传统结构理论的超越以及个体位置、力量、竞争、空间和惯习等核心概念所具有的解释力。由于论题所限,无法涉及场域理论的全部,场域的同构性、场域边缘等在此就不再涉及。

③ 学习权力指学生因拥有学习权而派生的权力或权利。在本文中,学习权力与学习权利含义基本相同,只是由于行文方便而使用有所差别。参见金劲彪、刘斌:《大学生专业选择权保障的若干思考》,《高等工程教育研究》2012年第6期。

④ 根据我国《教育法》相关条款,学生的学习权力具体包括参加教育教学活动权、获得奖学金权、获得公正评价权、申诉或诉讼权、其他权利等。

权、申诉救济权等。同时,学生也承担遵守课堂纪律等相关义务。

其次,作为"课堂负责人"的教师,在课堂中是主导的角色,行使着学术权力。在课堂上,教师所承担的"教书、育人、管理、评价"等职权就是学术权力的具体体现。对此,我国《教师法》有着明确的规定①。在大学课堂这一场域中,教师享有教育教学权、秩序管理权、公正评价权、批评惩戒权等相关权利,并承担教书育人等相关义务。

最后,作为学校行政权力的代表——管理者,也在课堂中(包括课堂外围)扮演着重要角色。与教师和学生不同的是,在课堂场域中,管理者的身影是时隐时现的,但绝不是可有可无的。管理者的行政权力是一种"法定"权力,他们由组织任命,权力行使建立在法律法规、行政条例、校纪校规等的基础上,具有程序性和强制性等特点②。在大学课堂里,行政权力无处不在,包括学生的录取、班级的组成、课程的安排、教师的聘任、教学设施及资源的保障等等,无不仰仗行政权力的积极行使。由此,作为学校的管理者,在课堂场域中应当拥有课程安排权、检查权、批评监督权、质量评价权等相关权力。当然,管理者也负有保障教学、不过多干扰师生学习等义务。

显然,在传统的大学课堂场域中,这三个权力、三种角色彼此根据自身力量展开博弈,博弈的结果是教师和管理者获得了统治地位,学生群体处于被统治地位,三种权力在动态博弈中获得了平衡。

二 大学课堂场域中传统秩序瓦解的表现与原因分析

成熟于精英教育背景下的传统大学课堂曾经呈现一片"祥和"的图景,教师传授知识,学生认真听讲,而管理者则"站在窗外",场域中的三种角色和权力和谐地共处。然而,三种权力与角色的力量变化,导致了原有场域已经无法承载新的权力格局,其悄然瓦解也就成为逻辑的必然。

(一)学习权力已经悄然成长,学生群体的权利意识空前勃兴

学习权是随着"受教育权"的不断发展而逐渐成长的。近年来,随着"学习型社会"等社会思潮兴起,学习权理念日益深入人心,学习权力在课堂场域中更

---

① 我国《教师法》第七条和第八条对教师的权利和义务有着明确的规定。
② 顾国兵:《学校管理者与教师的权力文化碰撞》,《教学与管理》2012年第7期。

加彰显。首先,学习权理念已经被广泛认可。人们普遍认识到,学习是一种智力投资,缴费上学是一种教育消费。因此,作为消费者,理应享有相关的权力[①]。可以说,人们已经把"受教育"这一"义务"升华为"学习是一种权力"。这和当代教育法学的理念进步其实是同步的[②]。可以说,当代教育法学所强调的学习权,已经在实践中得到了初步实现。其次,学生更加注重知识的"应用性"。在日常教学中,我们会发现,学生在分配学习精力方面有着明显倾向性,即对那些"有助于就业的课程"会认真学,如专业课;对"于就业无太多帮助的课程",应付着学,如思政、体育等公共课。而且,学生在学习时,会衡量该课程在自己职业生涯规划中的地位,从而决定自己投入多少时间和精力。最后,学生们更加关注选择权。在学习权时代,学生们非常关注学习的选择权,包括选择学习的时间、地点、老师、方式等;而且,学生们更加强调高质量的教学,对于忽视其情感、无视其参与、低质量的教学,学生们已经会用自己的方式来进行反抗了。

(二)教育教学权日益削弱,而很多教师尚未意识到或虽有意识却难以改变

在课堂场域中,学术权力的核心体现是教师的教育教学权。教育教学权内含了教师享有在一定范围内的教学自主权,享有一定的知识权威地位。然而,社会的发展直接导致了教师统治地位的日益式微。首先,教师的知识权威在下降。互联网时代到来,智能手机日益普及,学生获得知识的来源更加多样,而教师在很多领域已经逐渐丧失权威,大学生对老师很难再像以前那样"高高仰视"。这直接造成教师的知识权威受到了很大的削弱。其次,教育民主化浪潮汹涌袭来,师生关系更为平等。教育"民主化"是目前全球教育体系演变的一个基本趋势,该理念提倡以尊重学生人格、关怀学生为基础,建立民主、平等、对话型的师生关系。在这种大背景下,教师行使学术权力时要更多考虑到受众的感受,这自然导致教师学术权威地位的下降。最后,大多数教师仍然没有意识到传统的教学模式已经不适应新生代的学生或者虽有意识却难以改变。成长于

[①] 李昕:《论受教育权在行政诉讼中确认与保障》,《法学杂志》2010年第6期。

[②] 有学者认为,受教育权的出现是"国家教育"时代的产物。那时,国家包办教育,无论是教育标准的制定、教育对象的选择,还是教育过程的实施、教育结果的考核,均体现了国家标准,教育的终极目标就是符合国家的要求,而个人的主观意愿则基本处于无足轻重的状态。参见韩玮、金劲彪:《高校学生学习权的校内保障机制探究》,《教育探索》2011年第11期。

20世纪70—80年代的大学教师①,大多接受的是传统精英模式下的教育,对教师的"满堂灌"式等教学方法耳濡目染。而今天的大学生,成长于21世纪,是"数字原住民",其生活理念、生活方式、学习模式与教师有着很大的不同,从某种意义上讲,我们的教师仍然在"用过去的方法教今天的学生"。其表现就是,当教师在课堂上用传统方法教学时,学生内心存在不满;而传统课堂秩序的威压尚在,学生们往往选择"消极抵抗"。因此,玩手机、睡觉等课堂失范行为也就必然出现。而当教师行使课堂管理权时,师生的权力冲突也就表象化了。这种情况的出现,部分教师深感忧虑却苦无良策。

(三)行政权力日益强化,管理者对课堂的介入更加深入

课堂场域中失范行为的不断出现,必然会通过各种管道传输到行政权力的行使者,而作为课堂场域旧格局的维护者,行政权力也自然会本能地发生作用,并从各个层面加大对课堂场域的外部介入。首先,从制度层面,不断加强对课堂的制度性规范。近年来,由于社会舆论对高等教育不良现象的关注,教育行政部门加大了对高校微观层面包括课堂的监督力度。上至国家教育行政主管部门,下到各高校内部,均明显强化了对课堂的管理,各种强调课堂秩序的规范性文件纷纷出台,这些都是行政权力从制度层面强化介入力量的标志。其次,在实践层面,各高校行政部门也强化了对课堂的管控。随着高等教育进入了大众化阶段,各高校学风下降、质量下滑也引起了教育界的关注。巧合的是,这一阶段恰好对应了互联网时代的来临。为了应对时代挑战,各高校都进入到以"内涵建设"为中心的阶段,更加强调教学质量。所以,我们会看到各高校关于课堂建设的"工程"不断上马,各种检查组织纷纷组建,校院领导、督导组乃至学生会等各级各层,均加大了对课堂的检查力度。可以说,行政力量在不断加深对课堂的干预力度。

(四)传统课堂中的权力格局已被打破,新的格局有待重新建构

在工业化时代的我国传统课堂教学场域中,学习权力——学生、学术权力——教师、行政权力——管理者,三种权力的博弈格局是稳定的,因而,成就了精英教育模式下的课堂秩序。其原因在于:首先,掌握学术权力的教师知识权

---

① 根据大致的测算,目前我国大学教师的平均年龄在35—40岁。参见方卫星:《地方本科大学教师的生存状态——年龄、工龄、学历状况的调查:以某大学为例》,《怀化学院学报》2006年第6期。

威地位稳固。在精英教育时代,互联网并未普及,教师由于学识、能力和经验的优势而形成了天然的知识权威,学生的知识少而且来源途径单一,在此背景下,教师在学生心目中的地位是崇高的。其次,学生的学习权力意识尚未萌芽。当时的学生尚处于"受教育权"理念的熏陶,能接受高等教育乃是命运的"恩赐",怎么还能提出过多的要求?而且那时的大学生人数较少,无论学什么专业、课程,将来就业都不成问题。因此,学生也愿意听从学校的安排。最后,当时的教育管理者对于课堂秩序等微观领域不会过多关注。因为,精英教育背景下的课堂秩序堪称完美,教师已经把课堂秩序管得很好。那时的行政权力,一般不需要过多干涉课堂里的"小事"。

三　新时代背景下课堂场域中权力格局重新平衡的几点建议

在互联网时代,传统的课堂教学秩序瓦解的主要原因是学生群体力量的增强。因此,新的场域格局首先应当认真思考如何面对未来的学生。笔者认为,平衡新时代背景下的课堂权力冲突,可以从以下几个方面着手:

(一)教师要转变传统的课堂角色,树立新型的学术权力理念

传统课堂场域秩序瓦解的核心原因是教师知识权威的下降,曾经的"一言堂"已经难以适应互联网时代的学生。因此,教师首先要转变,放下"统治者"的架子,从"以教师为中心"变为"以学生为中心",从注重"教"转到注重"学"。首先,应当尊重学生的学习权。在教学关系中,教是为了学,因此,教师应当把尊重学生的学习权放在第一位,应当关注学生学得了什么,而不是自己教授了什么;应当关注学生能力的提升,而不是灌输了多少知识。在知识爆炸的年代,教师希望通过在课堂上的短暂时间,将所有的课本知识全部灌输给学生是不切实际的,大学的课堂知识很可能就是瞬间性、碎片化、点状分布的(随着互联网时代的到来,情况越来越如此),知识的条理化、系统化那应当是学生自己在课后总结、提炼的结果。教师一定要更新观念,"学习不是灌输,而是点燃火焰""教为不教"。其次,要真正做到以学生为本。现在我们搞了不少的教学改革,但是这些改革似乎都缺少一个关键的东西,那就是学生的需求是什么?有没有真正满足学生的需求?因此,我们的教师要真正以学生为中心,通过不断改进教学方式,从教学的传授者变成学习的辅助者,从课堂上的主角变成配角,从而使得学生能力获得更大提升。最后,对教学权也要尊重,要树立正确的教学理念。

权力的行使应当合乎其逻辑;教师享有的教学权,其核心目的是为学生学习服务,这是教学权的正当逻辑。显然,那些完全不顾学生需求、不顾学生情感的教学是不符合这一逻辑要求的。因此,正确的教学权理念必然是以学生的需求为中心的,而不是以教师的需求为中心的。

(二)学生应当积极参与课堂场域新秩序的重构,正确行使学习权

在课堂场域秩序的重构中,学生的积极能动性并不是可有可无的;相反,在互联网时代中的学生,有了更多的条件参与到课堂中来。首先,学生可以发挥主动性,推动教师改进教学模式。古人云"教学相长",今天的大学生知识面更宽、获得知识的渠道更广,在很多情况下,学生和老师应当是可以平等对话、相互促进、相互提高的。在课堂上,学生完全可以通过与教师沟通、主动发问、共同探讨等方式提高学习质量。其次,学生要正确行使学习权。学生的第一要务是学习,学习权中也包含着要求教师提供适当教学方式的内容。因此,当教师"照本宣科"式地教学时,学生完全可以向老师本人、学校相关部门反映,要求教师做出改变。最后,学生仍然要遵守课堂纪律。正如法谚云,"没有无权利的义务,也没有无义务的权利",权利与义务是对等的。大学生在课堂中享有学习权,但同样也要承担相应的义务。遵守课堂纪律就是行使学习权的隐含义务,因为每个学生都有学习权,不能因为你滥用学习权而影响其他同学的正常学习,在课堂上迟到、早退、喧哗等,不但侵犯了其他学生的学习权,也侵犯了教师的教学权。

(三)学校行政权力应当准确定位,为新型课堂秩序的建构提供助力

行政权力作为课堂场域中的必要存在,其完全可以行使得更好。首先,行政权力对课堂内部的干涉不能超过必要限度。无论是宏观还是微观,无论是制度还是组织层面,行政权力对课堂场域的介入都应当适可而止。课堂是学生学习权与教师教学权的天地,行政权只能在特定情况下,譬如领导检查、学生违纪、设施损坏等情况下,才可以进入;否则,应当尽可能保持在外围,不能过多进入,否则,就有越权的嫌疑。其次,学校的管理者应当做好课堂的服务工作。互联网时代下的大学课堂,不能再仅仅是依靠教师的"一支粉笔一张嘴",而是需要大量的软件和硬件资源。譬如新型的教学场地、精良的多媒体设备、优良的教学软件、充足的数据库等,都是行政管理权应当努力做到的地方。最后,行政权力应当尽最大可能引领师生朝着未来方向迈进。随着时代的发展,技术的进步,课堂的发展越来越需要行政权力的推动和指导。相比于单个教师,行政权

力掌握着大量的资源、海量的数据，与外界的接触面更广泛、交际面更活跃，完全可以为课堂的改革创新提供指引，譬如推动"翻转课堂""慕课""微课"等，而这些方面，恰恰是目前行政权力做得不够的地方。

(四)三种权力相互协调，逐步构建以学习权为中心的新型课堂秩序

课堂场域秩序的建立，需要教师、学生、管理者的学术权力、学习权力和行政权力相互协作、相互平衡，任何一方都不能过分张扬自己的力量。笔者认为，首先，学术权力、行政权力应当向学习权力做出部分的让渡。毕竟，培养学生、造就人才是高校的第一要务，教师、管理者都是为服务学生而存在的，学生是本，其他都是末，以生为本，才是正本清源。因此，在课堂场域，学术权力和行政权力应当保持相当的克制和谦抑，让渡部分空间给学生，使自己由统治者变为对话者，由主角变为配角。其次，学生的学习权力要得到制度层面的真正尊重。现在很多大学在高喊"以生为本"，但实际执行层面上却屡屡到最后才考虑学生的利益。以学分制为例，相比于西方发达国家，我国很多高校的学分制名不副实，必修课太多而选修课太少，学生难以根据自己的个人兴趣和职业规划来选择课程。因此，这些权利性的制度应当尽快得到落实。最后，在互联网时代，应当构建以学习权为中心的新型课堂秩序。在传统的课堂场域里，是以教师为中心；在互联网时代，以"学"为中心的课堂秩序可能将是未来的趋势。因此，教师、管理者都应当积极转变角色和观念，以协调的姿态、理智的情绪，围绕学生的学习而开展教学和管理，最终创造符合三方利益的新型课堂秩序。

网络课程平台资源建设辅助高等数学课堂教学探索*

周 昊** 王 芬 陈珍培 周 洁

摘 要: 文章介绍网络平台高等数学辅助学习系统设计和开发的过程,并利用超星平台,结合线上线下进行课堂实践,探索如何利用线上辅助学习平台以提高高等数学类课程的课堂教学效果。

关键词: 微课;自主学习;在线课程

引 言

2012年是MOOCs(Massive Open Online Courses)元年,美国一些顶尖大学纷纷开发了网络学习平台,如Udacity、Coursera、edX等。2013年MOOC开始席卷全球,国内985及双一流高校纷纷加入MOOCs浪潮,并陆续开发了自己的MOOCs平台,比较知名的有清华大学"学堂在线"以及"爱课程网"等。近年来一些互联网公司也开始进军网络学习领域,并提供在线教育资源,比如网易的公开课,腾讯QQ在其群视频功能里增加基于远程网络教学的PPT课件播放功能,等等。各大高校也纷纷利用超星、BB和天空在线教室等平台搭建自己的校内网络在线学习资源库,结合线上线下、课内课外,促进广大学生进行自主学习、网络学习和移动学习。

---

* 本文系2016年度浙江省高等教育课堂教学改革项目(KG20160345)、2016年度浙江树人大学第四批优秀应用型课程、浙江树人大学第二批在线开放课程、2017年度绍兴市精品(在线开放)课程建设项目的研究成果。

** 周昊,浙江树人大学基础学院讲师,研究方向为大学数学教学及数学建模。

　　作为数字化校园建设的重要部分,为推动教育信息化和促进教育现代化,适应信息化社会对教育的更高要求,浙江树人大学和超星公司合作,引进了超星泛雅网络教学平台,利用其新开发的数学公式输入技术进行二次开发,建立了符合学校学生实际情况的高等数学网络辅助教学系统,大大提高了高等数学课堂教学的效率,也增强了学生学习高等数学的兴趣。

一　建设高等数学网络辅助教学平台的必要性

　　浙江树人大学高等数学教学方式基本还停留在传统的注重演绎证明、运算技巧上。事实上,抽象的公式、定理的证明与工作实际需求相去甚远,学生在校学得的诸多知识到了社会上并不适用,严重地挫伤了学生学习高等数学的兴趣和积极性,忽视了对学生理解应用及创新能力的培养。同时,教学手段单一,数学的课堂教学普遍采用黑板、粉笔加PPT的模式,数学实验的内容很难在课堂上展开,数学建模实际应用案例不能在课堂上生动呈现,严重制约了学校数理类课程向应用型转型的推进。

　　90后大学生是在网络影响下诞生和成长的一代,对新事物接受能力非常强,追求新鲜感,喜欢寻求刺激。他们学习能力很强,思维活跃,不安于现状,经常求新求变,并且善于从网络上接受新事物,学习新东西。偏重理论性的"教与学"的高等数学内容,并不切合90后大学生的"学与习"。因此,建设以微课为载体,在线测试为评价手段的高等数学辅助学习平台是时代发展的需要。

二　高等数学网络辅助学习系统设计

　　超星是学校引进的校内网络在线辅助教学平台,提供了以知识点为核心整合多种类型富媒体,包含视频、动画、PPT、文字的功能,能帮助教师建立自己的个性线上辅助教学资源,促进课堂教学的趣味性,提高课堂教学的广度和深度。而超星网络平台资源库的建设是能否发挥其效果的先决条件。

　　高等数学线上辅学系统主要由教学信息模块、课堂内容模块、作业练习模块、在线测试模块、课外辅学材料模块和答疑讨论区模块组成,具体如图1。

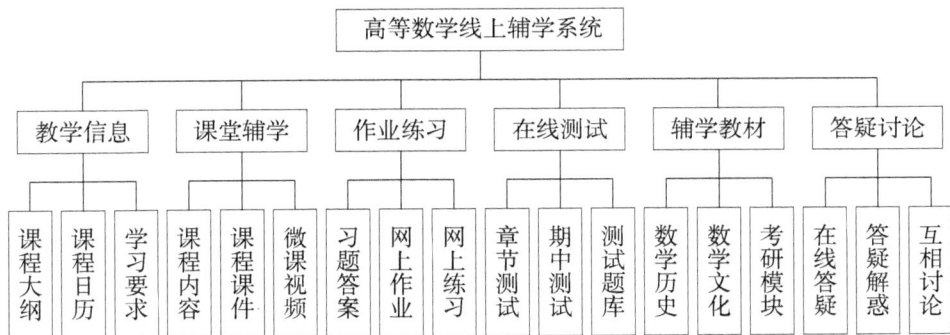

图1　高等数学线上辅学系统模块图

(一)教学信息模块

1. 课程信息。用于发布课程的背景信息,可以分为几个专题:课程形成的历史背景和过程;课程在整个数学理论中所处的地位;课程形成发展中的逸闻趣事;其他高校或互联网上该课程的相关信息。

2. 教员信息。用于发布有关课程教师的信息,为学生提供本门课程任课教师的姓名、电话、电子邮箱、办公地点和课程时间等资料,使学生对教师的基本情况有所了解,能方便地与任课教师取得联系。

3. 课程日历、教学大纲和学习要求。用于发布课程时间安排方面的信息,让学生及时了解教学安排和教学进度,为学生的预习提供参考,同时也能在师生之间实现充分的信息对称,使学生能结合教学安排与自己情况为该课程的学习制订学习计划。教学大纲有助于学生了解本课程的重点、难点和考点,起到提纲挈领的作用。学习要求则充分尊重学生的知情权,事先定好学习本课程的学习规则,包括考勤、纪律、考核标准等,保证有"法"可依。

(二)课堂辅助学习模块

课堂辅助学习模块是整个高等数学辅学系统的核心和基础模块,主要包括老师上课用的课件和专门录制的微课视频两个部分,这些资料可为学生自主学习、移动学习提供保障。

1. 课程课件。教师的课件便于学生课后的复习;典型例题,便于学生巩固知识;知识拓展,有利于学有余力者深化课程学习。整个课程文档的发布与课程教学同步进行,这样可以促使线下课堂教学与线上网络平台互相交替发挥作用。

2. 微课视频。微课是指以视频为主要传达方式,记录教师在课堂教育教学过程中围绕某个知识点或教学环节而开展的精彩教学活动全过程。它是教师根据高等数学课程大纲标准和课堂教学实践,以教学视频为主要呈现方式,反映教师在针对某个知识点或环节的教学活动中所运用和创设的各种教学资源有机结合体。微课既有别于传统单一资源类型的教学课件、教学设计、教学反思等教学资源,又是在其基础上继承和发展起来的一种新型教学模式。高等数学微课一般以介绍某个简单定义或概念为主,主要采用举例子的方法进行讲解,时长一般在5分钟以内,最长一般不超过15分钟,以适应当前碎片化或移动学习的场景。

制作高等数学微课视频,一般选择简单的、学生经常出错或容易忘记的知识点,争取一个微课解决一个小问题。比如邻域的概念问题,虽然邻域的概念很简单,但学生对这个概念很模糊,课堂上经常要多次重复。如果将邻域的概念做成一个微课,通过画图,举例讲清楚什么是邻域、去心邻域、左邻域、右邻域,则3分钟之内就可以完全弄懂,这样会极大地提高高等数学课程的用户体验,给学生扫清前进路上的障碍,培养其学习的兴趣。高等数学中还有很多这样的知识点,如反三角函数的图像及其性质、基本积分表的使用等。当然微课并不能解决学习中的所有问题,特别是对于数理或工科类课程,但微课是课堂教学的有益补充,可以使得学生课下能随时回放课堂上老师讲过的重点内容,不过如果指望用微课来取代课堂教学,那就舍本逐末了。图2给出了平台上高等数学辅学教学系统里面的部分微课内容。

课程章节资源			
课程章节	文件类型	修改时间	大小
1.1.1 集合与函数概念	▶ 视频	2017-10-16	18.39MB
1.1.2 函数的几种特性	▶ 视频	2017-10-16	6.72MB
1.1.3 反函数和复合函数	▶ 视频	2017-10-16	6.81MB
1.1.4 初等函数	▶ 视频	2017-10-16	16.24MB
1.2 数列的极限	▶ 视频	2017-10-16	9.53MB

图2　高等数学辅学教学系统部分微课内容截图

(三)作业与练习模块

课程教学中反馈环节的一个重要部分就是作业。发布课程作业,包括大纲要求的作业和大纲范围外的作业,其中大纲范围内的作业为必须完成的作业。高等数学课程的作业以线下编写的练习册为主,练习册具有题量大、范围广等特点,学生在完成过程中可能会有很多问题,而教师也不可能在课堂上讲解每一个习题,所以每次作业完成后,教师可以把练习册的答案发布于平台上,学生可以在做过一遍的基础上再参考,教师根据多数学生的共同问题在课堂上有针对性地讲解,从而提高效率。考虑到高等数学习题册的题量非常大,教师不可能面面俱到覆盖到每一道题目,因此教师还可鼓励学生将做好的作业拍照上传至平台,然后教师根据上传的作业进行筛选,将做得比较好的、字迹工整的作业照片"置顶"并"加精"(加入精华区),以供全班或全平台同学共同参考,这也为期中期末复习留下了良好的素材(图3)。

置顶　精华　P17-18 第二章 自测题A

吕汉波 . 2017-11-20 19:57:26

置顶　精华　P15 第二章 第五节

吕汉波 . 2017-11-09 20:48:04

置顶　精华　P13 反函数和复合函数的求导法则

陈炳颖 . 2017-11-07 19:19:29

置顶　精华　P15（第五节 隐函数的导数以及由参数方程所确定的函数的导数）

何军涛 . 2017-11-05 09:36:52

图3　作业与练习模块图

(四)在线测试模块

在线测试是高等数学线上辅助学习系统的基础核心模块,是对平时作业的有效补充,也是检验学生课堂学习和线上学习效果的有效手段。阶段性地随堂安排一些在线测试,能有效避免平时作业无法监督造成的抄袭和平时成绩失真现象,多次利用随机抽取的题目来在线测试学生的掌握程度,能客观公正地反映学生的平时成绩。而在线题库的建设则是一项工程量巨大的挑战。首先要筛选适合本校学生的考题,还要与大纲的要求相匹配,然后进行电子化。考虑到数学公式的编辑困难,超星平台专门针对数学公式的输入进行了优化,提供了直接输入、截图粘贴和模板导入等多种输入方式,在一定程度上降低了题库构建者的工作负担。

在线测试的用户体验是非常良好的,学生可以不受时间、空间的限制,随时随地在电脑或手机上完成测试。测试一般以客观题为主,题型主要是选择、填空和判断题,测完后系统自动判分,学生可以立即得到测试成绩,并可以测试多次,还可查看错题进行复习改正,这大大提高了学生学习的效率和积极性。图4和图5给出了电脑端和手机APP端的测试场景。

图4 电脑端在线测试

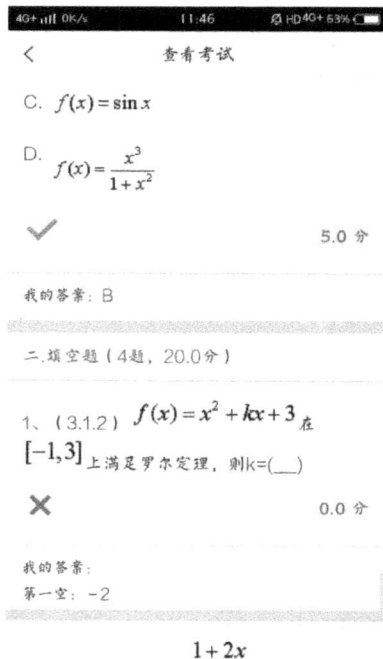

图5 手机APP端在线测试

(五)辅学材料模块

(1)高等数学相关辅学材料。传统的课堂教学由于时间和空间限制,无法有效地将高等数学课程相关的一些背景和辅学知识传授给学生,比如数学家、数学史和数学文化方面的内容。有了线上的高等数学辅助教学系统后,可以将与课程相关的一些内容和资料上传到平台,提供给学生课后学习。这些材料既包括一些文字方面的,也包括一些视频和动画,比如摆线、星形线和玫瑰曲线的生成过程等,这些都是学生非常感兴趣而课堂上无法呈现的内容。

(2)考研数学辅学材料。浙江树人大学从2006年开始就举办全校性的考研数学辅导班,经过十余年的运行取得了一定的成绩,但也有明显的不足。高等数学的课堂教学中融入考研数学元素,比如例题讲解、考点解析等,通过建设线上考研辅学材料库,如考研数学考纲、考研数学考点解析、真题等,通过线上线下互动、课内课外引导,一定能有效提高学生考研的积极性。

(六)答疑讨论模块

高等数学的学习是一个综合的系统工程,课堂提供给学生面对面学习理解数学知识的机会;线上辅助学习模块提供给学生课后复习巩固的便利;在线测试提供给学生检验其学习效果的功能;而答疑讨论则提供给学生相互交流、相互沟通和互相学习的平台。现在所有的线上辅助学习系统都提供了讨论区的功能,学生可以在讨论区发帖讨论学习上的问题,可以和教师在线交流课程学习中遇到的困难,还可以相互评论。特别是受益于移动互联网的普及,学生可以非常便利地通过APP客户端的讨论区,随时随地交流高等数学学习方面的困惑和经验,营造良好的合作互动的学习氛围,大大提高了学习高等数学的兴趣。

三　完善课程考核评价体系,加强学习过程管理

目前浙江树人大学高等数学课程的成绩评价大多采用"平时+期中+期末"的评价方法,如平时(20%)+期中考试(20%)+期末考试(60%)=总评(100%)。平时成绩考核比较片面,主要是"考勤+作业",且存在以下弊端:作业主要以习题册为主,由于习题册题量过大,每个教师对学生作业的评价带有一定的主观性,无法有效统一;而如果学生期中考试成绩不理想,导致其后续学习压力加大,出现期末考试不及格的学生往往也是期中考试不及格的学生;成绩评价完

全以高等数学理论知识为主,没有考核学生的实践能力。

超星平台上高等数学辅助学习系统的建设能有效改进学生成绩考核体系,特别是平时成绩可以结合线上线下全方位多角度进行综合考核,从而减少主观性,更加公平。推荐的平时成绩考核构成比例:线下作业(35%)+课堂考勤(3%)+课堂表现(12%)+在线学习(20%)+考试(18%)+APP在线签到(2%)+访问次数(5%)+在线讨论(5%)=平时成绩(100%)。

综合来看,线上和线下部分各占平时成绩的一半,对学生高等数学学习的各个环节都进行考察,从而更加客观和公正。由于线上成绩记录了学生一个学期的学习情况,学生的学习轨迹都是有迹可循,也符合互联网时代的学习特征,利于学生接受。并且线上部分的成绩都是系统自动计算,不会增加任课教师的负担,便于推广的同时也保证了平时成绩的客观与公正,这对于类似高等数学这样面向全校的公共基础课而言非常重要。图6给出了某班级部分同学线上平时成绩的记录快照。

学号/账号 ↑	学校	课程视频(20%)	访问次数(5%)	讨论(5%)	考试(18%)	签到(2%)
2017701017507	浙江树人大学	20.0	5.0	3.3	14.45	0.67
2017701017606	浙江树人大学	20.0	5.0	0.75	14.18	0.67
2017701017627	浙江树人大学	20.0	5.0	3.3	13.5	0.67
2017701017506	浙江树人大学	20.0	3.19	1.8	15.32	0.67
2017701017523	浙江树人大学	20.0	3.56	0.55	9.59	0.67
2017701017616	浙江树人大学	20.0	5.0	4.15	11.52	0.67
2017701017634	浙江树人大学	20.0	1.5	0.55	8.84	0.67
2017701017611	浙江树人大学	20.0	5.0	2.5	11.12	0.67

图6 某班级部分同学线上平时成绩

四 结 语

目前大学高等数学课堂教学存在较多弊端,教师往往注重的是数学理论的系统性和完整性,从而教学手段单一,教学场景单调乏味,导致学生学习高等数学的积极性偏低,学习困难较大。随着移动互联网和以手机为代表的智能移动终端的普及,学生移动学习、碎片化学习和全天候学习的需求越来越大,传统课堂显然无法应对和适应这种变化。通过开发线上高等数学辅助教学系统,建立完善的学习资源库,包括大量设计精湛、简短易懂的微课视频,生动有趣、富有生活气息且和课程紧密联系的数学家、数学史和数学文化辅学材料,符合学生实际、对学生友好的在线测试试题库等,可以有效应对这种变化。然后基于网络客户端和手机 APP,将这些建设好的资源点对点发送给不同需求的学生,从而提升学生学习高等数学的学习体验和学习兴趣。从今往后相当长的一段时期,为学生学习高等数学提供更好的互联网服务和解决方案是每个高校数学教师刻不容缓和义不容辞的责任与义务。

参考文献

[1]韩道兰. 高等数学网络课程辅助教学的探讨[J]. 广西民族大学学报(自然科学版),2009 (5):132–134.

[2]高岩,姜春艳. 浅谈如何将"微课"融入高等数学教学[J]. 职业时空,2014(5):64–65.

基于学生需求视角的"大班授课+小班讨论" 组织模式与教学效果研究

尉玉芬*

摘　要:"大班授课+小班讨论"的教学模式受到国内外高校一线教学工作者的追捧,但其是否响应学生需求尚待分析。本文通过对浙江树人大学内部控制课程教学运行数据的分析,发现学生对专业相关、联系实践、生动趣味的需求明显高于其他需求。通过回归分析,发现案例分析模式响应了生动趣味需求;PPT专题介绍模式响应了专业相关需求;专家访谈模式响应了提升成绩、自主创新需求;模拟实训模式响应了联系实践、自主创新需求;小讲座模式响应了自主创新需求;小组讨论模式响应了互动参与、自主创新需求。最后,本文认为可以通过合理控制小班规模、加强基于生态学的学生需求分析、教学效果检验、教学运行数据的统计分析等措施,提升"大班授课+小班讨论"组织模式的教学效果。

关键词:学生需求;"大班授课+小班讨论";组织模式;教学效果

一　"大班授课+小班讨论"教学模式改革的必然性

《国家中长期教育改革和发展规划纲要(2010—2020)》在总体战略中指出:"要以学生为主体""促进每个学生主动地、生动活泼地发展"。"以学生为主体"意味着在教学中要重视和响应学生的合理需求。在一线教学工作中,我们发现:教师精心设计、组织的"小班讨论"在实践中遭遇"讨论不起来""搭便车"等尴尬局面,学生对"小班讨论"的积极性和主动性与预期存在差异,"小班讨论"的教学效果受到质疑。"小班讨论"遭遇尴尬局面的问题症结在于组织模式是否

---

* 尉玉芬,浙江树人大学管理学院讲师,研究方向为财务管理。

响应学生需求,其服务于学生的价值需要在实践中不断摸索。

二 学生需求和"大班授课+小班讨论"的组织模式分析
——基于浙江树人大学内部控制课程学生的调查

为探索学生需求与"大班授课+小班讨论"的组织模式及教学效果,本文设计问卷,针对浙江树人大学内部控制课程的2014级学生进行问卷调查。本次调查共发放问卷100份,回收100份,有效问卷95份。

(一)学生需求分析

要调动学生的积极性和主动性,必须充分考虑学生需求。学生需求受多要素的特征变量影响,包括个性、认知和社会化等方面(冯锐,2007)。学生自身的个性、认知决定了其求知欲望,如有些学生有强烈的好奇心和探求精神,其终身保有强烈的求知欲望;而有些学生的求知欲会随着环境的变化而变化。同时,学生在个体社会化过程中会有希望通过学习完善自身情感、价值的期待。如学生面临就业压力,希望通过课程的学习掌握必备的技能。参考已有文献并结合实践,本文拟采用黄建欢(2015)提出的以下6类需求,详见表1。

表1 学生需求分析

学生需求	释义
专业相关	所讨论主题与专业结合紧密程度,尤其是专业知识丰富程度
提升成绩	讨论过程有助于提高课程成绩
互动参与	讨论中师生之间对话理解、学生之间交流联系和相互配合的程度
生动趣味	讨论过程生动有趣,能激发学生学习兴趣
联系实践	所分析对象和讨论主题与实践结合的紧密程度
自主创新	所讨论内容不是简单的知识性介绍,而是具有自主思考和创新之处

本次问卷采用5级李克特量表,让学生根据自身的感受,对上述6类需求进行评价,之后根据评价结果进行量化分析。评价类型依次为"喜欢""较喜欢""一般""较不喜欢""不喜欢"。量化评分分别为5-1分。

问卷调查结果显示,学生对专业相关、联系实践、生动趣味的需求明显高于其他需求。其中,专业相关和联系实践的需求均值大于4,说明大部分学生对这两项需求的评价为喜欢或较喜欢。

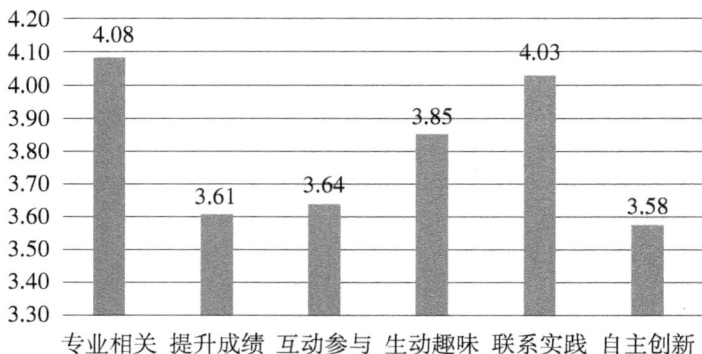

图1 学生需求分析

(二)"大班授课+小班讨论"的组织模式分析

"内部控制"课程在前期教学研究中,"小班讨论"取得了良好效果。"小班讨论"的主要模式有案例分析、PPT专题介绍、专家访谈、模拟实训、小讲座、小组讨论6类,详见表2。

表2 "小班讨论"组织模式

学生需求	释义
案例分析	选取一些典型案例,围绕案例进行分组讨论和分析
PPT专题介绍	围绕某个主题利用PPT进行介绍和分析
专家访谈	采用角色扮演。围绕主题进行讨论和解答问题
模拟实训	模拟原型企业岗位,对该岗位的相关问题进行实操,并讨论遇到的问题
小讲座	以简短的讲座形式介绍某一新知识或新问题
小组讨论	围绕主题,小组成员进行讨论并形成讨论结果

本次问卷采用5级李克特量表,让学生根据需求,评价上述6类组织模式能否响应自身的学习需求,之后根据评价结果进行量化分析。评价类型依次为

"符合""较符合""一般""较不符合""不符合",量化评分分别为5-1分。

从调查结果看,案例分析、模拟实训等组织模式响应学生需求的程度明显高于其他模式。案例分析生动有趣,可以有效契合理论知识,有针对性地展开的需求。模拟实训是对现实企业实务的仿真。因此,案例分析和模拟实训由于分别响应了学生生动趣味、联系实践的需求,因而评价较高。而貌似新颖的专家访谈、小讲座等组织模式,由于对学生的综合能力要求较高,而且需要学生课后花大量的时间准备,因此,学生的积极性不高。

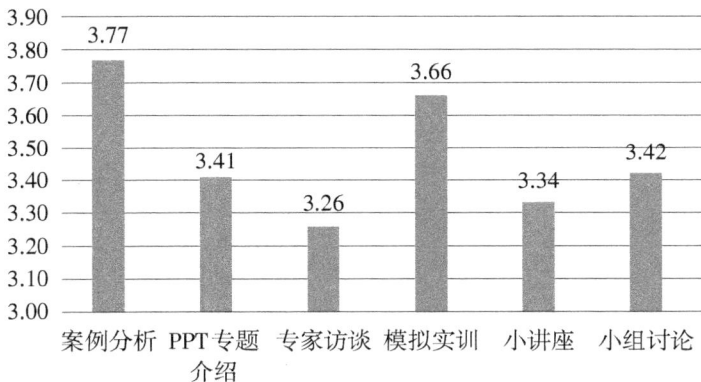

图2　"小班讨论"组织模式

三　学生需求和各组织模式的教学效果分析

根据上文的描述性统计,我们构建模型,综合分析各组织模式能否有效响应学生的不同需求,从而分析其教学效果。本文将学生需求的重要性评价得分作为自变量,各组织模式的评价得分作为因变量,建立多元回归模型如下:

$$Y_i = a + \sum_{k=1}^{6} \beta_k D_k + \varepsilon_i$$

其中,Y_i为模式I的教学效果得分,i=1,2,……6。D_k为第K种需求的评价得分,k=1,2,……6。β_k为回归系数。a为截距项。ε_i为随机误差项。运用统计软件SPSS 19,多元线性回归分析结果如表3所示。

表3　样本结果T值分析

	案例分析	PPT专题介绍	专家访谈	模拟实训	小讲座	小组讨论
专业相关	0.951	2.475	0.091	1.778	−0.569	−0.063
提升成绩	1.475	1.589	2.447	1.415	1.714	1.052
互动参与	0.374	0.124	−1.114	−0.090	−0.653	2.083
生动趣味	2.253	0.995	1.868	−0.663	−0.089	0.906
联系实践	0.259	0.719	−0.869	2.403	1.483	1.362
自主创新	1.060	0.610	2.539	3.698	2.932	2.519

注:各模型的拟合度较好,限于篇幅,文字未标明R值。

　　本文的样本量为95,选取T值大于2的表示回归结果显著。从上表结果可见,案例分析模式响应了生动趣味需求;PPT专题介绍模式响应了专业相关需求;专家访谈模式响应了提升成绩、自主创新需求;模拟实训模式响应了联系实践、自主创新需求;小讲座模式响应了自主创新需求;小组讨论模式响应了互动参与、自主创新需求。

　　从统计结果的显著性看,上述结果与我们教学实践观察结论大部分一致。案例分析由于案例的多样性,陈述的故事性,因而能较好地响应学生的生动趣味需求。PPT专题介绍可以针对专业知识有条理地铺排陈述,因而能较好地响应学生的专业相关需求。专家访谈由于访谈前要求准备访谈提纲,对访谈内容及访谈过程进行合理安排,学生的自主性较强。因此,该模式能响应学生的自主创新需求。但是,比较意外的是,专家访谈响应了学生的提升成绩需求。我们据此对学生进行了访谈。学生认为,专家访谈可以让他们有机会接触实务工作,通过这种实践,加深了他们对理论的感性认识,因而对自己的学业成绩有提升作用。模拟实训模式是对现实企业行为的仿真,学生可以在模拟实训中,接触到企业的真实业务,甚至可以为企业出谋划策。因此,模拟实训模式较好地响应了学生的联系实践和自主创新需求。小讲座模式要求学生以简短的讲座形式介绍某一新知识或新问题。对讲座无论是内容还是形式,都没有过多的限制,学生有较大的发挥空间。因此,小讲座模式较好地响应了学生的自主创新需求。小组讨论模式要求学生围绕主题,小组成员进行讨论并形成讨论结果。讨论过程必然要求学生积极参与,如逐个发表见解或者投票表决,并且讨论结果的呈现形式丰富多样,如PPT汇报、简报等。因而,小组讨论较好地响应了互动参与、自主创新需求。

四　提升"大班授课+小班讨论"模式教学效果的建议

(一)合理控制小班规模

国内高校的大班授课的班级规模较大。据某课题组的调查,国内高校授课班级平均规模为65—91人;而与美国的高校相比,70%授课班级规模在20人以下。1987年史密斯和格拉斯对班级规模与学生成绩的研究结论:随着班级规模的缩小,学生成绩随之提升。而国内高校受限于生师比,小班讨论的班级规模仍然比较庞大,无法真正体现小班研讨的过程,其实质是大班授课的小规模化。因此,高校在努力优化生师比的前提下,可以引进辅导教师或采用学长助学制,以满足小班讨论对师资的需求。

(二)加强基于生态学的学生需求多样性分析

要调动学生的积极性和主动性,必须充分考虑学生需求。学生的需求与学生学习的生态环境密切相关。学生学习的生态环境包括宏观社会环境、教学环境和家庭环境。宏观社会环境影响学生整体的学习需求和动机,教学环境影响学生的学习需求实现途径。上述两类生态环境因素通过外在环境因素对学生需求产生影响。家庭环境是学生个体社会化的过程因素,是影响学生学习内在的学习动力。具体而言,家庭环境包括学生的性格、兴趣、认知能力、知识结构、家庭背景、社会阅历及职业发展方向等。加强基于生态学的学生需求多样性分析,明确需求的多样性和差异性,才能提高"大班授课+小班讨论"模式的教学效果。

(三)加强教学效果检验

教学模式不是赶时尚。教学模式优劣的评价标准是能否实现教学目标、能否满足学生的需求。教师设计了理论上有新意的教学模式,并付诸实施,至于效果如何,鲜有检验。没有教学效果检验的教学改革实为空中楼阁,尚未落地生根。因此,在一线教学实践中,应该通过对教学运行数据的实时统计,采取合理的检验方法对教学效果进行检验和分析,以在下一轮教学中进行调整。比如,可以在课程前后分别对学生进行问卷调查和访谈,对两次调查和访谈结果进行对比分析,论证教学模式是否符合学生的预期。

(四)加强教学运行数据的统计分析

如上文所述,对教学效果进行分析的基础是要有完善的教学运行数据。但是,教学运行数据的统计分析却是当下一线教学的重大缺陷。教师们注重教学模式如何付诸实施,但忽视记录教学模式运行的轨迹。比如,学生出勤、课堂讨论、形成性作业的过程记录等。教师缺乏对教学运行数据的完善统计分析,也就无从了解教学效果。加强对教学运行数据的统计分析,可以让教师实时掌握教学动态,及时调整教学计划,并为后期进行教学效果分析奠定基础。

"大班授课+小班讨论"的教学模式受到国内外高校一线教学工作者的追捧,但其服务于学生的价值是尚待分析的。只有明确了学生需求的多样性和差异性,合理设计教学模式以响应学生的不同需求,在合理的小班规模中开展教学活动,并实时记录教学运行数据,分析教学效果,及时调整教学计划,才能使"大班授课+小班讨论"的教学模式成为一个系统、动态的进程。

参考文献

[1]黄建欢,张亚斌,等.小班讨论的组织模式和教学效果——响应学生需求的视角[J].大学教育科学,2015(4):44-48.

[2]冯锐.关于网络教学中学生特征知识分析的探讨[J].甘肃广播电视大学学报,2007(2):83-85.

[3]贾亚君.论高校思政课教师"大班授课,小班讨论"教学的理论与现实依据[J].经济研究导刊,2014(15):270-271.

[4]贺建军,张维维.基于多元互动的"大班授课,小班讨论"教学改革研究——以"政治学原理"课程为例[J].教育与教学研究,2015(4):88-91.

[5]陈春,叶子弘,等.大班授课、小班讨论教学模式在生物统计学课程中的实施[J].高教论坛,2017(1):35-37.

计算思维培养视域下"Python程序设计"课程的教学改革实践

王亚萍*

摘　要:本文针对目前高校计算机程序设计教学的现状,在计算思维的视域下,以Python语言为载体,总结出以高校计算机程序教学为主阵地培养学生计算思维的改革要点,为高校计算机程序设计教学提供一种可供参考的实践模式。

关键词:计算思维;Python语言;高校计算机程序教学

引　言

2006年3月,美国卡内基·梅隆大学计算机科学系主任周以真(Jeannette M. Wing)教授在美国计算机全文期刊 *Communications of the ACM* 杂志上给出并定义了计算思维(Computational Thinking)的概念。随着信息技术的迅猛发展,社会各行各业都离不开计算机,面对时代的发展和变迁,计算思维是人们适应社会所必需的一项基本技能。高校作为人才培养的主阵地,需将培养学生的计算思维作为高校计算机基础教学的教学目标。计算思维帮助学生模拟计算机的思维来思考解决现实问题的思想和方法,提升学生分析和解决问题的能力。2016年,教育部高等学校大学计算机课程教学指导委员会发布了《大学计算机基础课程教学基本要求》(以下简称《基本要求》)。《基本要求》综合信息技术发展及国内高校开展教学情况,建议将C、VB和Python作为首门程序设计课程的教学语言。实践表明,随着高中信息技术课程的不断推进和完善,以C语言和VB语言为主的高校程序设计类课程多年来未曾改变,不能适应社会需求。现

---

* 王亚萍,浙江树人大学基础学院讲师,主讲课程"计算机基础""Python程序设计"。

在很多高校已认识这一现状,并开设Python程序设计、Java程序设计语言等课程,师生反映良好。本文以Python程序设计语言作为载体,探讨如何对高校计算机基础教学进行改革,在课程中引入对计算思维的培养。

一　目前高校程序设计类课程教学中存在的问题

高校程序设计类课程是培养学生计算思维的核心课程。程序设计类课程是高校计算机基础教学中的一门必修课程,其教学目标是培养学生的编程思维和编程能力,为后续专业学习奠定基础。

C语言是一种计算机程序设计语言。它既具有高级语言的特点,又具有汇编语言的特点。它应用范围广泛,具有很强的数据处理能力。C语言语法简洁,数据结构类型和运算符丰富。但C语言从本质上讲是面向过程的语言,语法晦涩难懂,学生的主要精力都花费在了对前期语法的理解和运用上,而忽视了面向过程的问题处理,教师无法顾及学生计算思维的培养。利用C语言进行程序开发时工作量较大,具有一定的难度,很多基本的功能都需要用户自己设计。因此对于非计算机专业的学生而言,选择C语言进行学习并非明智之举。

VB是Visual Basic的简写,是一种可视化的、面向对象和采用事件驱动范式的结构化高级程序设计语言,难度较低。目前国内很多高校依旧选择VB6.0的程序开发环境,但VB6.0仅适用于Windows系统,不具备跨平台的功能。另外VB6.0版本已很长时间没更新,当下产生和盛行的一些新的编程思想也无法体现。同时目前的主流移动计算平台大多不支持VB语言作为开发语言。因此,在移动技术快速发展的大背景下,VB语言已无法适应社会发展的现实需求,同时也不利于学生的发展。毫无疑问,选择适应性更强的程序设计语言对于高校计算机基础教学而言是必要的。

二　Python语言的教学优势

Python语言是一种被广泛使用、面向对象的高级通用脚本编程语言,其程序语法简洁,明晰易懂。它体现的哲学思想是"优雅""明确""简单"。

（一）简单易学，程序框架简单

Python程序设计语言与英语非常相似，语法非常简单。学生易于理解和书写，这在一定程度上降低了学生书写程序代码时的错误率。Python自带的IDLE可以在多种操作系统平台上运行，学生可以在自己熟悉的操作系统平台中书写程序代码。Python程序设计语言拥有的列表、字典和元组等高级数据类型可以帮助学生解决更加复杂的问题。

（二）功能强大

众所周知，Python程序设计语言是免费开源的程序设计语言。为了方便学习者学习，许多Python语言的热衷者根据学习者的需求开发了很多功能齐全的Python学习拓展包和插件，这样学习者就无需花更多的时间去解决较普遍的问题，大大节省了学习者的学习时间，提高了学习者的学习效率。

（三）可拓展性和持续更新

Python程序设计语言的底层是用C和C++语言编写的。针对程序编写过程中那些核心的而且计算庞杂的关键模块，程序开发者可以用C和C++编写。Python学习者如果要运用到该功能时，直接调用程序开发者编写的模块就可以了，这样就可以降低程序编写的难度，同时提高了程序的运行速度。Python程序设计语言自出现之日起已进行了多次的版本更新，更新后的版本更加易于学习者学习。因此，Python程序语言具有较强的可拓展性。

虽然Python程序设计语言也有其不足之处，例如：程序运行速度不够快、程序代码缩进语法比较繁琐等，但其简单易学的平民化、草根化的特点是其他程序设计语言所无法替代的。因此将Python程序设计语言作为高校非计算机专业学生的程序学习语言是非常明智的选择。

三　计算思维视域下"Python程序设计"课程教学改革实践

随着信息技术的飞速发展，各行各业对高校毕业生的计算思维提出了更高的要求。为了适应社会的现实需求，高校都在积极进行程序类教学改革，"Python程序设计"课程作为很多高校的理想选择，并根据本校实际进行了尝试性的改革。笔者所在学校也进行了这方面的教学改革实践，包括教学内容的改革、教学模式的改革和教学评价手段的改革。具体内容如下。

(一)整合教学内容:兼顾编程技术和数据分析技术

为了分层次、分步骤地培养非计算机专业学生的计算思维和数据分析处理能力,Python程序设计课程的内容可以划分为基础和高级两个循序渐进的教学模块。基础模块的内容主要包括Python的基本介绍和基本编程环境的搭建、基本数据类型、高级数据类型(列表、元组、字典)、表达式、常用系统函数、程序基本流程(顺序、选择、循环)、函数的定义和调用、面向对象的编程。高级模块主要包括多维结构化数据集分析包pandas、绘制数据图表的数据可视化库Matplotlib等。基础模块和高级模块的教学课时根据学生的实际情况确定。任课教师要注重基础模块和高级模块内容之间的有效衔接和融会贯通。例如,在应用数据挖掘算法进行分析时会讲授程序异常处理。任课教师要将教学内容问题化、案例化和项目化,以具体的问题导入新课,以生动鲜活的案例进行讲解,以完成现实项目的情境引导学生进行知识同化、建构和应用。任课教师还需将教学内容电子化、网络化、立体化,将所有的纸质教学内容电子化,并上传到相应的课程学习网站上,学生可以随时随地在硬件条件循序的条件下进行课前预习、课后复习。任课教师需为学生准备包括教材、教学PPT、应用案例、课程学习视频及其他参考资料立体化、多维度的教学内容学习包,这样学生可以根据自己的实际情况选择适合自己的教学材料进行学习,这在一定程度上促进了学生的分层学习和混合式学习。

(二)更新教学模式:基于 SPOC的翻转课堂教学模式

原先该课程的教学是采取教师先讲、学生后练习的教学形式,因缺乏有效的监督和监管机制,学生的课前预习和课后复习两个环节大都是形同虚设,因此该课程的整体教学效果不是很好。本研究试图将翻转课堂和SPOC有机地整合在一起,以具体的工作任务为主线,以SPOC在线课程资源为依托,在MOOC学习平台以及真实教室环境中展开,混合了分层教学、问题式教学、启发式教学、情景式教学等多种教学方法。

| 教学资源的设计与开发 | 课前 | 课中 | | 课后 |

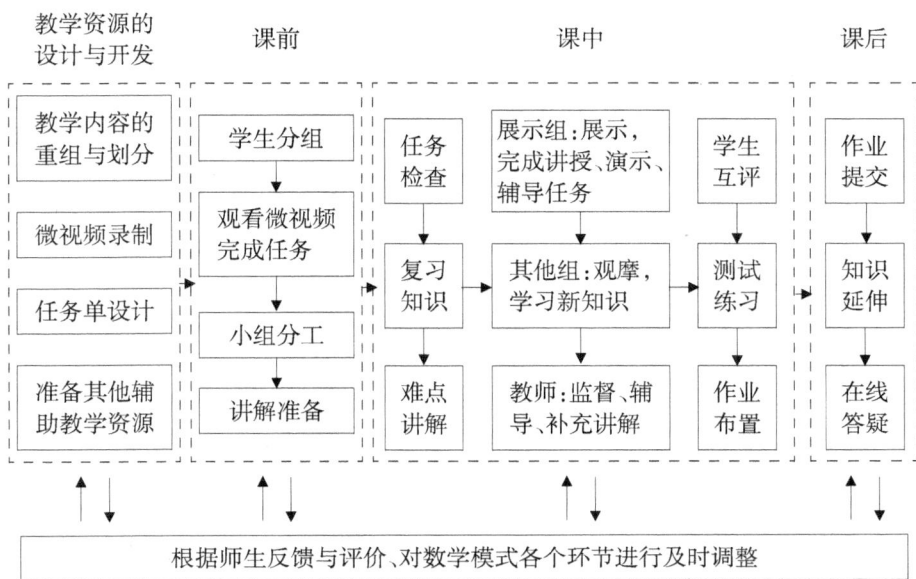

图1　基于SPOC的翻转课堂教学模式图

课前导学环节：学生进行分组，并以小组为单位，完成以下任务：①通过自主学习、小组讨论、协作探究等方式，在学校教务处MOOCs教学平台观看教学微视频，完成教师布置的课前预习任务。②小组内部根据成员自身实际进行分工，准备课堂展示材料。教师则通过MOOCs平台的数据统计和分析功能，对学生在线学习的进度进行关注和监控，并根据学生的反馈信息对教学步骤进行必要的调整。教师可以根据学生课前预习作业完成情况掌握每个学生的实际情况，使得后续课堂教学过程中的讲解和辅导做得更有效，有的放矢。

课堂教学环节：教师首先对学生的预习作业完成情况进行总结，并以学生课前普遍反映的重、难点内容或教师预先设定的重、难点问题作为课堂面授教学导入话题，并以问题为导向，对内容进行深度剖析。学生在教师的引导下按照课前的学生分组进行小组讨论交流，对问题进行认真思考，并提出问题解决方案，在交流探讨中完成知识的内化。每个小组均需到教师机上向其他同学和教师展示小组成果，其他小组成员和完成知识的对其进行评价。教师会适时监督和辅助学生进行讨论、交流和成果展示。教师评价和学生互评两个环节可以更加有效地促进学生的学习。

课后巩固环节：学生需要完成以下三个方面的工作：一是在教师规定的时间内完成教师布置的课后作业；二是以小组为单位，对MOOCs平台上教师上传的拓展性内容进行学习，以小组为单位在线提交学习结果，教师及时批阅，并将批阅意见及时反馈给学生；三是开展在线答疑，项目组负责人安排项目组成员进行定期的在线答疑，及时回答学生的问题，并将学生的在线互动情况纳入评价指标体系。

（三）构建新的评价方式：基于过程的动态综合评价

目前"Python程序设计"课程的评价方式主要采用期末的总结性评价，即采用期末考试等一次性检验方式，以单一的期末考试成绩来衡量学生的学习结果和教师的教学质量。这种量化的总结性评价考核内容的数量和难度有限，只停留在基本陈述性知识和简单操作步骤的再现，思维成分考核较少。本项目借鉴互动分享的思想，以动态综合评价，对学生的学习效果、学习能力、合作能力多个指标进行综合评估，实现形成性评估和总结性评估相结合。其中形成性评估涵盖课前导学、课堂教学、课后应用的每一个环节。SPOC平台内设的大数据学习分析技术，可将过程性评价转化为量化的分数，有助于教师和学生获得准确客观的学习评价。该课程的评价体系可概括如下表1。

表1 "Python程序设计"课程评价体系

一级评价指标	二级评价指标	三级评价指标	占比例
平时成绩（70%）	课前网络自主学习（15%）	SPOC视频观看情况	4%
		微信群、QQ群讨论情况	4%
		评论回复数量和质量	3%
		课前预习作业完成情况	4%
	课堂知识互动内化（40%）	出勤表现	5%
		课堂综合表现	10%
		小组讨论情况	8%
		作业完成情况	10%
		学生互评成绩	7%
	课后知识拓展深化（15%）	课后作业完成情况	5%
		知识拓展项目完成情况	5%
		在线互动、学习反思	5%

续表

一级评价指标	二级评价指标	三级评价指标	占比例
期末综合作品成绩(30%)	选题的明确性、创新性	/	5%
	作品完成质量	/	15%
	团队合作表现	/	5%
	作品展示和答辩表现	/	5%

五　结　语

本文分析了目前高校程序设计课程的教学现状、存在问题,并比较了常用的几种教学语言,阐述了在高校程序设计基础课程的改革中使用 Python语言的必要性和重要性。基于计算思维培养的教学改革需要充分领悟计算思维的时代性,教学改革需与计算机技术的发展保持同步。本文从培养学生计算思维的必要性出发,阐述了传统程序类课程教学中存在的问题以及Python程序设计语言独特的教学优势;并在此基础上阐述了计算思维视域下"Python程序设计"课程的教学改革措施。

参考文献

[1]教育部高等学校大学计算机课程教学指导委员会.大学计算机基础课程教学基本要求[M].北京:高等教育出版社,2017.
[2]郑戟明.Python程序设计课程中计算思维的应用[J].大学教育,2016(8):127-129.
[3]刘研.Python语言在非计算机专业计算机教学改革中的探讨[J].科学教育,2016(10):301-303.
[4]嵩天,黄天羽,礼欣.Python 语言:程序设计课程教学改革的理想选择[J].中国大学教学,2016(2):42-46.
[5]刘琼,史诺.基于计算思维视角的程序设计教学改革研究[J].自动化与仪器仪表,2015(12):93-94.

BOPPPS模式结合案例教学法的应用探析

——以会计类专业"证券投资学"课程为例

李正昕*

摘　要：随着我国多层次资本市场的快速发展，各地优良企业纷纷聚集于我国场内及场外市场。在此背景下，"会计+金融"复合型人才越来越受到企业的青睐，而对于会计类专业而言，传统的"证券投资学"课程教学暴露出新的问题，新背景下，该课程即将面临新的发展机遇及挑战。本文引入北美的BOPPPS模式，结合新型案例教学法对"证券投资学"课程进行内容重组，提出针对目前教学问题的课程教学框架，并辅之以教学设计案例进行说明，旨在为会计类专业的"证券投资学"课程提供新的教学思路与对策建议。

关键词：BOPPPS；案例教学法；证券投资学；会计类专业

一　"证券投资学"课程教学现状及问题

从浙江树人大学会计类专业的课程设置来看，"证券投资学"理论课共32课时，安排于大四第一学期，对学生而言，在此之前已修完西方经济学、货币银行学、财务管理等基础课程，具备一定的基础知识。所以结合学生之前的理论基础，"证券投资学"课程主要教学内容包含五大模块：证券投资工具、证券市场、证券价格、证券投资收益与风险、证券投资的基本面分析与技术分析。目前主要采用多媒体教学及课堂讲授法进行教学活动，虽然近年来引入模拟炒股的活动让学生对该课程的兴趣提升不少，但总体来说呈现以下几方面的问题：

---

* 李正昕，博士研究生，浙江树人大学管理学院助教，研究方向为多层次资本市场。

（一）理论知识点连贯性较弱

对于会计类专业的学生而言，会计类课程的知识点连贯性极强，前一节课的内容大多为后一节课做铺垫，课程难度有层层递进的特点。而证券投资学课程五大模块的各知识点呈现平行关系，紧密程度相对较弱，缺乏一根牵引所有内容的核心线索，使得学生在新理论的学习过程中会产生突兀感。

（二）学习积极性难以持续

目前"证券投资学"课程主要采用课堂讲授、辅之以模拟炒股的形式进行。但由于授课内容专业性强，灌输式讲授法主导的课堂通常难以提起学生的兴趣，课堂气氛沉闷。学生对模拟炒股的兴趣则在开课之初达到顶峰，随后对行情的关注及模拟盘操作次数随着时间的流逝而逐渐减少。究其原因，一方面是学生单打独斗缺乏操作经验，另一方面是亏损偏多后容易丧失对课程的信心。

（三）理论与实践结合效果一般

我国证券市场成立20多年，还处于初步发展阶段，市场规则等正在不断完善中。目前理论教材的更新速度已远远跟不上我国证券市场的发展速度，比如新三板于2016年5月正式实施的挂牌企业分层制度等很少有教材提及。学生若只一味学习课堂理论知识，很容易造成与社会脱节的现象，也违背了学校培养具有实践能力、创新能力等综合素质人才的初衷。

二　BOPPPS 教学模式在证券投资学中的设计

BOPPPS教学模式于1979年出现于加拿大不列颠哥伦比亚大学，目前作为加拿大教师培训体系（ISW）的理论基础被广泛推行（曹丹平，印兴耀，2016）。该模式强调参与式学习和反馈机制，以良性循环的有效教学设计著称。具体而言，BOPPPS模式将教学过程分为6个阶段：

1. B——Bridge-in：引入环节。该阶段的目的在于吸引学生的注意力，引发其思考，使学生关注即将开始的课堂知识点。而该环节的重点及难点集中于教师所讲述的开场事例要足以贴合上课内容并引起学生共鸣。在"证券投资学"课堂中，教师可分析前一交易日涨跌停代表性个股，以此引出国内外证券市场热点新闻，或提出与学生日常生活相关的证券投资问题来承接上节课内容并开启本堂课的知识点。该部分大约占用7%的课堂时间。

2. O——Objective：本节课的学习方向和目标。根据布鲁姆的分类，教育目标主要分为认知、情感、动作技能三个具有阶梯关系的层次。"证券投资学"课程中该阶段教师的重点应放在如何言简意赅地将三方面的目的传达给学生，让其明白学习的核心内容是什么、核心内容的价值在哪里，以及在实践中如何运用该部分核心内容。大约占用6%的课堂时间。

3. P_1——Pre-assessment：确定学习目标后的摸底测试。摸底可通过小测试、非正式提问、讨论等方法进行。前测环节的目的在于了解学生的能力，从而快速微调课程内容的进度与深度。该阶段的重点在于选择与之前所学知识点相匹配、难度适中的摸底形式。如证券投资学课程中对于证券市场模块，较合适的方法是现场快速抢答选择题的形式，并且给予抢答正确的同学适当平时分奖励。大约占用10%的课堂时间。

4. P_2——Participatory learning：师生互动的参与式学习。该阶段是BOPPPS模式的核心环节，大约应占据50%的课堂时间，参与式学习强调学生的自主参与性而非只是听课。教师需营造一种轻松的学习氛围，使得学生思维达到最大的活跃度，在此基础之上运用多种教学策略组织参与式学习。适用于"证券投资学"课堂的参与式学习教学方法包含理解层面的案例研究、体验层面的情景模拟、应用层面的双方辩论等。

5. P_3——Post assessment：在课堂快结束的时候进行一个后测。主要用于了解学生学习成效，是否达成教学目标，该阶段针对不同的课堂教学内容选择不同的后测方法。课程类型可分为知识理解型、应用分析型、技能传授型、态度价值型，如证券投资学课程更加偏向于知识理解型和应用分析型，则教师应使用选择题、简答题、情境分析等方法进行后测。这个阶段约占用17%的上课时间。

6. S——Summary：总结课堂内容。教师需在课堂最后的时间帮助学生一起整合所学内容，引导学生进行反思并安排延伸学习。在"证券投资学"课程中，该环节主要采用学生分享学习心得的方式进行总结，并布置学生完成与下次课内容相关的现实案例寻找的工作。最后一个阶段总体约占10%的上课时间。

三 案例教学在证券投资学中的应用

(一)开展案例教学的意义

首先，案例教学能充分调动学生的学习积极性。BOPPPS强调参与式学习，对于"证券投资学"来说,案例教学则是参与式学习的最佳选择。国内外证券市场日益变化,身边案例层出不穷,让学生利用课堂所学理论知识以参与者身份讨论推测时事案例的后续发展,并在事后的课堂中将学生的讨论结果与案例实际发展方向作比较,能快速吸引学生眼球。

其次,案例教学能更完善教师的知识体系。证券投资学的理论知识和实践知识都具有实时变化性,如近些年来我国逐渐开始发展的资产证券化(ABS),其发行模式、发行类型、监管政策等每年都有不同程度的变化。所以,教师在教学之前必须进行充分的案例自我学习及更新,以确保上课的知识充沛性。

(二)证券投资学中的案例选择方法

案例教学的重点在于案例的准备,总结之前学者对案例教学的研究,案例的选择总体应满足客观真实性、实时性、理论对应性、代表性、趣味性、动态结合静态等要求。结合证券投资学的课程特点,笔者将案例主要分为主线大案例及零散小案例,具体选择方法解释如下:

1. 主线大案例:涉及知识面广、时间跨度较长、相对较难的案例。主线大案例的作用在于将所要学习的每个理论知识点都串联在一起,使得学生在接受新理论的时候具备熟悉感和代入感。因此,如何选择主线大案例成为案例教学中的重点。笔者认为,选择主要有三方面技巧:第一,大案例在选择上必须"接地气"。也就是该案例必须为学生所熟知。第二,大案例在选择上需有足够多的关联方。从实际来看,当大案例与所需学习的新理论无直接联系时,可挖掘案例的关联方进行间接引导。第三,大案例在选择上必须注重时效性。案例的未来发展方向和路径未知,所以可在课堂时间利用所学新理论对案例进行讨论。

2. 零散小案例:对应单个理论知识点、发生时间短暂、相对较简单的案例。零散小案例是对主线大案例的有效补充,是对零星知识点的灵活解释。小案例在选择上主要遵从三方面主旨:第一,历史经典性。如1995年2月23日发生的"327国债期货事件"是讲解期货理论知识时不可或缺的经典小案例。第二,简洁性。教师讲解或学生讨论一个小案例的过程一般不超过3分钟,因为小案例通常只能说明一个知识点,过于复杂的案例容易使学生混淆知识点。第三,国内外相结合。证券市场起源于西方国家,我国证券市场成立时间相对较短,所以适当引进国外小案例能更好地解释理论知识的起源。

四　BOPPPS模式结合案例教学法的设计案例——以"证券发行市场"为例

证券投资学作为我校会计类学生的大四必修课,知识面涵盖广泛。下面以"证券发行市场"这一次课的内容为例,阐述BOPPPS模式结合"主线大案例+零散小案例"(表1中简称为"大"和"小")案例教学模式在证券投资学课程中的应用,课程设置为每节课40分钟。

(一)课前案例准备

根据上文对案例的选择要求,本学期确定的主线大案例是"阿里巴巴入股联华超市"事件。该案例发生于2017年5月,符合时效性;同时阿里巴巴和联华超市两家企业为浙江学生所熟知,符合案例"接地气"的要求;关键的一点在于该案例很好地契合了将要学习的证券投资学五大模块的内容。其余小案例包括横店影视、话机世界等浙江省的知名企业。

(二)BOPPPS模式与案例教学的结合

1. B——引言。开篇回顾上节课中提及的主线大案例中阿里巴巴和联华超市两大上市公司所设计的证券工具,接着提问阿里巴巴(美国NASDAQ)、联华超市(香港联交所)、网易公司(美国NASDAQ)等知名企业的上市地引入本次课堂的内容。

2. O——目标。本次课堂的学习目标确认为股票发行的参与方、条件、类型、流程及债券发行的条件、方式。并挑选引言中的阿里巴巴海外IPO案例和横店影视国内IPO案例进行简要说明。

3. P₁——前测。"证券发行市场"课程内容相对简单,所以采用快速抢答的方式激发学生兴趣,活跃课堂气氛。主要问题为省内知名的上市企业和发行过债券的企业有哪些? 学生若能回答证券即加上平时分。

4. P₂——参与式学习。本环节在该次课程教学中起到关键性的作用。操作方式主要是让学生按照证券发行的参与方分成若干小组,如发行人、证券公司、会计师事务所、律师事务所等。根据教师提供的"话机世界"对该新三板创新层案例进行讨论,商议其可能的上市条件、适宜上市板块及流程。第一个案例结束后,进行第二个债券案例("陆特能源")的讨论,商议其可能发行债券的条件及方式。

5. P₃——后测。在后测环节老师主要结合刚才讨论的结果对学生进行选择题的练习,练习中涉及的案例包括横店影视2017年上市和万科2017年发行债券的相关内容。

6. S——总结。在课堂的最后4分钟,主要进行本次"证券发行市场"内容的总结,并用主线大案例"阿里巴巴入股联华超市"交易过程引出下次上课的主题"证券交易市场"。

表1 证券投资学课程案例设计

时间	阶段	具体教学策略	具体案例
3分钟	B——引言	·开篇回顾:案例涉及的证券工具 ·提问引入:案例中所涉及的公司上市所在地分别在哪?	·阿里入股联华(大) ·网易公司上市、美图公司上市、横店影视上市(小)
3分钟	O——目标	·股票发行的参与方、条件、类型、流程 ·债券发行的条件、方式	·阿里巴巴海外IPO(大) ·横店影视国内IPO(小)
4分钟	P₁——前测	·快速抢答(省内知名的上市企业和发行过债券的企业有哪些?)	·浙大网新、财通证券、杭钢股份等(小)
20分钟	P₂——参与式学习	·每组学生成为证券发行的参与方之一 ·结合PPT内容重点商议案例企业可能的上市条件、适宜上市板块及流程 ·商议案例企业可能发行债券的条件及方式	·新三板创新层企业:话机世界(小) ·新三板创新层企业:陆特能源(小)
6分钟	P₃——后测	·结合参与式学习的讨论结果进行相应的练习(涉及新案例的选择题)	·横店影视2017年IPO(小) ·万科2017年发行债券(小)
4分钟	S——总结	·总结本次课内容,用案例引入下次课内容"证券交易市场"	·阿里巴巴入股联华超市(大)

五 结 语

综上所述,BOPPPS模式结合案例教学法的关键在于主线大案例和课间小案例的寻找,以及如何将案例有效契合入BOPPPS模式当中的每一个环节。教师需引入新颖独特的案例灵活开启课堂(B环节);并就课堂的学习目标细化案例与学生达成共识(O环节);接着,教师需牢牢把握和把控与学生的案例互动部分,充分打开并发散学生的思维,同时也要把控好课堂的秩序(P1、P2、P3环节);最后一部分结尾短而有力,总结课堂内容之外用案例引出下一次课的内容,启发学生课后思考。

参考文献

[1]曹丹平,印兴耀.加拿大BOPPPS教学模式及其对高等教育改革的启示[J].实验室研究与探索,2016,35(02):196-200,249.

[2]孙艳春.基于BOPPPS教学模式的"会计学基础"教学设计及思考[J].吉林建筑大学学报,2016,33(02):112-114.

[3]庞明.多媒体技术深化高校证券投资课程的"教"与"学"[J].中国大学教学,2011(7):64-66.

[4]焦方义,杨其滨.实践教学环节之案例教学在证券投资学课程中的应用探析[J].黑龙江教育(高教研究与评估),2011(4):74-75.

移动环境下微信技术在微学习中的应用研究
——以"大学生数字艺术基础"课程为例*

孙 萍**

摘 要:微学习是一种基于微内容和微媒体的新型学习模式。作为适合微学习的新媒介生态系统,微信能对微学习形式形成基本支撑并进行实际运用。文章从移动学习的特点,以"微学习理论"为指导,提出了以微信为微学习平台的设计方案,并在"大学生数字艺术基础"课程中展开实践。

关键词:微信;移动学习;微学习;手持移动设备

引 言

在信息化社会背景下,随着手持移动终端设备的不断更新换代和智能化,移动信息生活已成为生活中不可或缺的一部分,特别是在推动学习方式改变上,移动学习逐渐成为一种主流的学习模式。移动技术的发展催生了诸多如微博、微信、微视频等微媒体技术,这些平台上的资源内容丰富,形式多样,人们可以借助便携式移动终端,随时随地开展在线学习,满足处于动态中的学习者的学习需求。同时,在这个快节奏的时代下,可以让学习者充分运用碎片时间学习,让学习无处不在、无时不在。移动学习的泛在性、交互性特性,回应了时代背景下全民学习的需求。本文以移动学习为基础,借助微信平台,探讨微学习的内容设计与教学方式。

* 本文系浙江省教育技术规划课题(2014SCG106)、浙江省高等教育教学改革项目(KG2015345)、教育厅科研项目(Y201121935)的研究成果。

** 孙萍,浙江树人大学信息科技学院副教授,研究方向为图形图像处理、移动学习及微型学习。

一 理论基础

相对于传统的"学习"概念来说,微学习(Micro-Learning)中的"微",一方面包含了学习内容少和学习时间短之意,另一方面也指学习者使用了微型的、移动的学习媒体以及基于网络的学习过程。奥地利学习研究专家林德纳(Lindner)将微型学习表述为一种指向存在于新媒介生态系统中,基于微型内容和微型媒体的新型学习。其中,微内容是指"小片段、松散连接、一直处于动态重组中"的信息单元,用户上传到网上的各种信息,如一段文字、一张图片、一个视频、一首曲子或者一个链接,我们都可以视其为具备某些特性的微内容。而微媒体则为在网络虚拟环境下,呈现方式更为简单直接、操作更为便利的一种移动新媒体,比如微信(WeChat)、博客(Blog)、播客、维基(Wiki)、社会交互网络(SNS)、点对点传输(P2P)、RSS、Tag、Bookmark等。这些新型的媒介形态支持草根创造,是滋养生成微内容的沃土。

在众多适合微学习的新媒介生态系统中,微信(Wechat)无疑是近年来异军突起的新秀。如今,微信月活跃用户8.89亿,已经成为国内最大的社交应用媒体。相关数据表明,微信已经促成了良好的社交网络服务,它拉近了人与人彼此之间的距离:在路上,在公交车上,在任何闲暇,我们随时随地能看到"低头族"利用手机观看视频、欣赏音乐、浏览新闻或聊天,显然,越来越多的年轻人把"微信,作为一种工作、生活、学习的方式"。作为新生代的社交网络服务体系,微信能从微内容和微媒体两方面对微学习形成基本支撑。现有成果也表明,微信完全可以为高校师生提供一个崭新的"微学习"平台。

与此同时,目前国内对微信的研究多集中在传播机制上,仅有袁磊、姜红梅等通过微信开展了文字信息交流为主的教育案例研究,并没有深入挖掘微信的其他特性功能。生活在这样一个"指尖跳跃在屏幕上"的时代,笔者认为借助微信这样一个具备广大应用基础、具有广泛受众基础的社交媒体,为学生提供一个知识挖掘的平台,设计一种知识挖掘的框架,让学生根据学习所需通过移动网络、手持移动设备搜索相应的资源,允许学生在学习上有更多主动权,能针对自己的学习情况开展有针对性的学习,在学习的深度和广度上得到进一步的拓展,让"微信,一种微学习方式"变为可能。

二　微信及其对微学习的支撑

　　微信是腾讯公司推出的一款移动端具备即时通讯功能的社交软件,用户可以通过多种形式添加好友和关注公众号,可以实现即时通讯,也可以将信息,如文字、图片、音乐、视频、链接等内容发布到朋友圈,微信公众号更是让商家实现和特定群体之间的信息交互。由此可以看出,微信不管是从媒体特性,还是从微内容特性上,都能为微学习的开展形成支撑(如图1所示)。

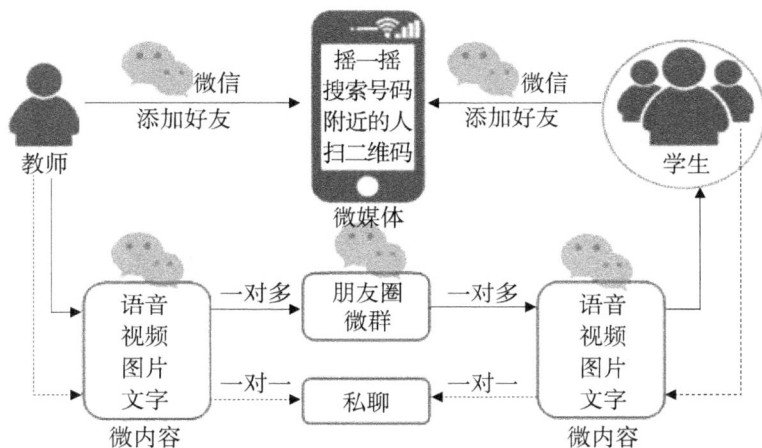

图1　Wechat微信功能图

　　此外,微信还能对微学习的非智力因素产生如下两点积极影响。首先,作为年轻人选择并喜爱的平台,微信加强了师生之间的沟通与交流。微信给师生之间提供了一个良好的沟通平台,学生可以借助平台实现和教师的在线沟通,随时随地将学习中的问题提交给教师;教师也可以通过学生在朋友圈、微群和私聊中发布的信息,了解学生最新的动态,生活上给予必要的关心和鼓励,学习上了解课程内容的掌握情况,进而可以使得教师调整教学进度,从而弥补传统教学模式的不足。其次,微信的跟随机制能在一定程度上激励和督促学生参与学习,发挥移动学习的正能量。引导学生在课堂内外正确地使用手持移动通信设备,而不是沉迷在手机游戏、聊天等形式上,教师只是采用"堵""禁"等手段往往适得其反。在微信中展开微学习过程,利用其跟随机制可以促进学生之间的交互与反馈,通过与优秀学生的交流可以产生影响学习的正能量,激励学习进行;关注跟随者的反馈可以了解与他人的差距,从而对学习形成督促。

三　基于微信技术的微学习模式构建及其特点

通过前期实践、大量国内外的文献查证、三大教学类型的对比梳理,以及面向学生的问卷调查和个别谈话等方式进行调研后,笔者构建出了微信支持下的微学习模式(如图2所示)。

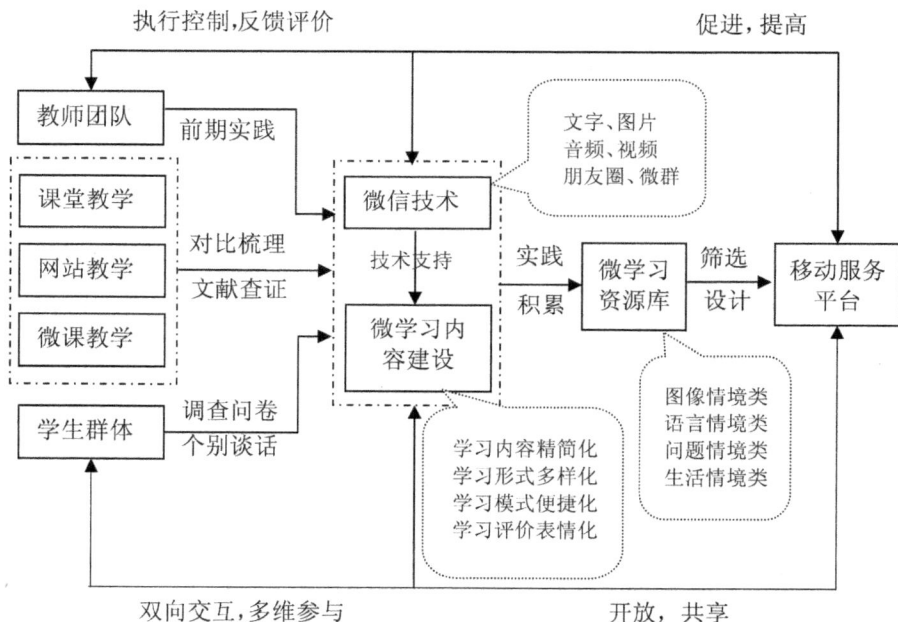

图2　微信支持下的微学习模式构建图

智能手机的硬件设备支持师生便捷地展开录音、拍照、摄像等工作,而微信这一平台能低耗流量地发布和浏览多样化的媒体信息。所以,无论是在情境创设方面,还是在自主学习方面,或者是在资源查询方面,智能手机都能为学习者提供优质的服务。本文设计的微学习将在使用微信平台的基础上,立足"学习内容精简化、学习形式多样化、学习模式便捷化、学习评价表情化"这四大特征。

1. 学习内容精简化。在设计微学习内容时,应以模块知识点作为切入点,将教学内容进行精细加工,再分成若干相对独立完整的微知识点,组织若干相关的微知识点串成知识线,最后发展成知识面。

2. 学习形式多样化。利用微信点对点、点对面有机结合的传播方式,与学生建立起有效的沟通桥梁,教师不但能对学生展开个别化辅导,还可以发布学习内容供学生自主学习,也可以发布相关主题供教师与学生、学生与学生之间在群里展开讨论。

3. 学习模式便捷化。教师利用手持移动设备发布微信内容,学生根据个人意愿选择学习时间、地点、方法和内容,"可以在轻松的心态中获得一种轻快、愉悦的学习体验"。

4. 学习评价表情化。根据学生的反馈表现,及时了解自己的教学情况,掌握学生学习的最新动向,并给予其微信特有的表情化评价方式,拉近师生之间的距离。

在微学习内容具体建设时,应注重形式多样化,如采用微故事、微研究、微视频等,主题突出,一例一课,采用可视化的方式呈现,知识融于情境、问题呈现过程。同时,为学生的学习建设情景化的学习资源库,经过前期实践积累后,可以建设出"图像情境类、语言情境类、问题情境类、生活情境类"等立体化的微学习资源库,并加以整理、筛选,以开放、共享为理念,设计一个相关的微学习移动服务平台,推送到更多的学生群体中,最终实现泛在、普适、个性化、永远在线连接的学习承诺。

四　基于微信技术的微学习案例应用

"大学生数字艺术基础"课程是针对艺术设计专业大一新生所开设的必修课程,它是学生利用数字媒体展开艺术学习和作品创作的基础,对提高学生的视觉文化素养和专业素质有着重要的意义。结合该课程,笔者面向2016届艺术类视觉传达专业66名大一新生,发布了相关调查问卷(如表1),结果显示:学生对课程中的图像处理有着浓厚的兴趣,也爱在QQ空间里秀出自己的作业成果,而且几乎所有的学生都配备了智能手机,教师完全可以结合微信技术对相关知识点进行微内容编辑,发布在朋友圈中,把课堂从固定的室内延伸到无限自由的课外。

表1 调查问卷

问题	选项	选择人数
手机配置	A. 智能手机	66
	B. 老式手机(仅有通讯功能)	0
使用手机熟练上网	A. 能	66
	B. 不能	0
	C. 不能,但愿尝试	0
手机包月流量	A. ≥100M	58
	B. ≤50M	6
	C. 无	0
使用微信	A. 会	60
	B. 不会	0
	C. 不会,但愿意尝试	6
微课程学习	A. 听说过	18
	B. 没有听说过	50
使用微信参与微课程研究	A. 有兴趣参与	59
	B. 没有兴趣参与	7

前期准备阶段,在学生通过微信的"扫一扫、摇一摇"等功能添加教师为好友的基础上,笔者建立起了微群,方便微学习能以"一对一、一对多"的形式展开。在微学习的初期阶段,笔者选取了"寻找生活中的点、线、面"为切入点,发布了微学习内容于微群(图3)和朋友圈(图4)中。学生纷纷响应,通过智能手机的拍摄功能,细心地选取生活中每一个细节,加以整理后,在自己的朋友圈中晒出了第一份微信作业。笔者则通过学生上交的任务,经过筛选与整理,在朋友圈里"晒出了"有特色的作业,供师生、生生展开互评(图5)。整一个微学习流程中,充分利用了微信图文、语音等功能将主题内容精简化、形式多样化、模式便捷化、评价表情化,结果显示学生对这样的学习模式非常喜欢,并纷纷要求多开展一些类似的主题任务设计。

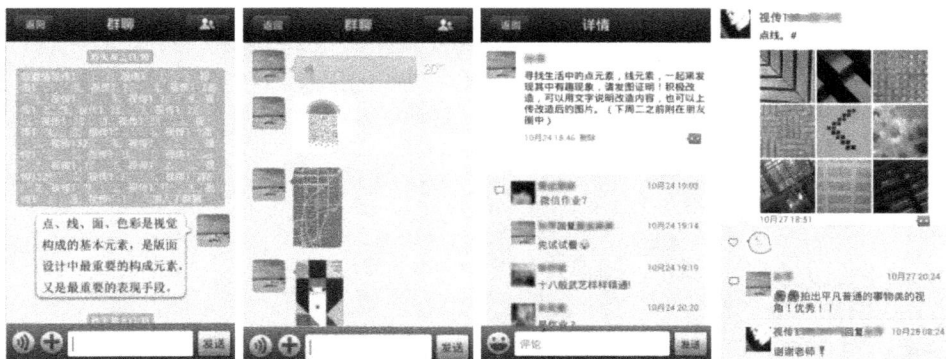

图3 教师群发微学习任务　　图4 朋友圈中任务布置　图5 学生发布作业

　　微学习中期阶段,笔者根据每一阶段的课程知识点分别开设了"生活可以如此温柔——创意摄影赏析""微学堂——图解色彩心理学""微学堂——字体也需要设计""45款APP修图利器大放送""校级多媒体竞赛——城市主题海报评选"等多项微学习任务,均获得了学生的热烈互动与转发。

　　通过近一个学期的实践摸索与素材积累,笔者形成了一套"图像情境类"微学习资源库,并注册和开通了"视觉微聚焦"微信公众平台。这期间,笔者利用该移动服务平台的实时消息管理、群发消息、素材管理、统计设置等功能,更便捷化地实现了微学习内容的推送、师生之间的互动,把课程知识从常规的学期授课时间点延伸到了学生的业余生活中,让知识有了空间与时间上的延续性。例如,在"视觉微聚焦Logo设计"这一主题中,要求学生设计出相应的Logo标识

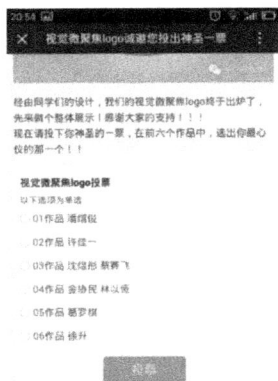

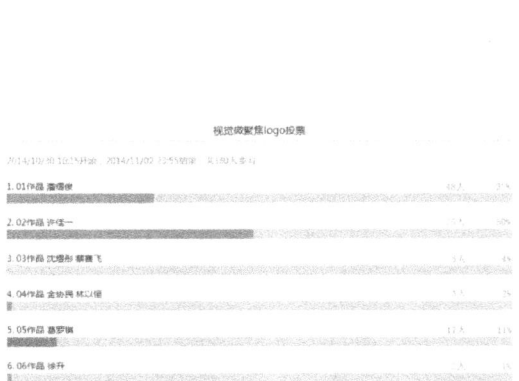

图6 投票界面　　　　　　　　图7 公众平台"投票结果"查看

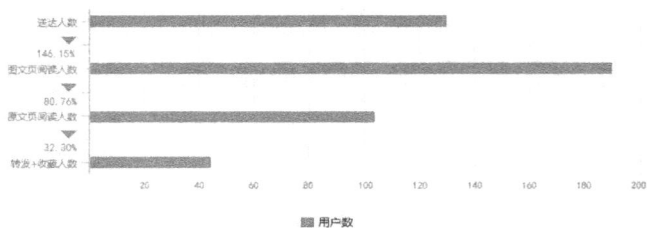

图8　公众平台用户"图文信息"浏览量分析

后通过微信点对点的形式上传给教师,教师选择出前六个作品,通过公众平台的素材管理功能,编辑图文消息,并设置了投票功能(图6、图7),在限定时间内让学生自己选择喜爱的Logo标识。图文信息管理功能显示,通过学生对该移动服务平台的转发,当天的信息浏览人数达到该公众平台开设以来的最高访问量(如图8)。"视觉微聚焦"公众平台获得了更多人群关注的同时,也逐步实现了开放、共享、泛在、普适、个性化、永远在线连接的学习承诺!

五　结　语

微信平台的出现,拓宽了移动环境下微学习的实施路径,是非正式数字化学习的一种重要补充。它为学习者提供了一个知识碎片化、自主性强、亲和力高的学习环境。在此环境下,主动发现、挖掘、构建并管理所需知识将得以实现,基于微信平台的微学习应用展现出了广阔的应用前景。然而,任何新媒体技术在趋于成熟前或多或少会存在一些不足,微信也不例外。从现状看,微信的娱乐游戏功能要强于学习功能,这对既想借助娱乐游戏来释放压力,又想通过学习来获取知识的用户而言,如何平衡并转化娱乐游戏与学习这一矛盾体,需要教育工作者展开更深入的探讨与研究,最终让"微信,一种学习方式"成为非正式数字化学习的中坚力量。

参考文献

[1][2]LINDNER M, et al. Micromedia and corporate learning: proceedings of the 3rd international microlearning 2007 conference [M]. Innsbruck: Innsbruck University

Press,2007.

[3]袁磊,陈晓慧,张艳丽.微信支持下的混合式学习研究[J].中国电化教育,2012(7):
128-132.

[4]姜红梅.微信在大学英语教学中的应用[J].顺德职业技术学院学报,2013(4):52-54.

[5]李玉峰.基于微信的大学道德教化信息的传播与优化[J].中国电化教育,2013(9):
133-136.

[6]张丽莉.浅谈微信公众平台在大学生安全教育工作中的运用[J].新西部,2013(5):54,46.

[7]陈维维,李艺.移动微型学习的内涵和结构[J].中国电化教育,2008(9):23-25.

全媒体时代新闻写作教学的困境及对策*

徐　萍**

摘　要:随着新的传媒科技不断应用于新闻传播事业,新闻业界发生了翻天覆地的变化,高校新闻写作固有的教学模式也不可避免地陷入困境。文章从全媒体时代变革的新传播环境出发,指出当前新闻写作教学存在的问题,包括阅读方式的变化影响新闻写作教学方式,音、视频形式的新闻信息冲击着新闻写作的教学内容,重形式轻内容的新媒体报道理念弱化了新闻写作训练,碎片化思维影响新闻写作能力的提升等,进而提出坚守新闻专业主义、更新人才培养理念、完善课程理论体系、创新教学方式、构建全媒体实践教学平台,以及加大新媒体师资的培养和引进等对策。

关键词:全媒体;全媒体时代;新闻写作;教学改革

随着信息、通讯和网络技术的不断发展,人类开始进入"数字媒介社会",全媒体这一媒介实践的形态也应运而生。丰富的媒体表现手段、多样化的媒介形态、无限蔓延的信息终端以及对信息元素的惊人获取,带来了传播内容和方式、传播载体和新闻生产流程的重大变革,也给人类的传播活动带来了无限可能。

新闻写作是新闻学专业的基础核心课程,在新闻教学工作中始终扮演着重要角色。伴随新的传媒科技不断应用于新闻传播事业,新闻业界已然发生巨变,高校新闻写作教学工作若固步自封,势必使新闻人才的培养落后于新闻实践的发展,所以全媒体时代背景下新闻写作教学的变革势在必行。

---

* 本文为浙江树人大学"优秀应用型课程建设项目"研究成果。
** 徐萍,浙江树人大学人文与外国语学院副教授,研究方向为媒介融合、网络与新媒体。

一　媒介环境的变革与高校新闻写作教学现状

（一）全媒体与全媒体时代

"全媒体"一词是从业界的实践探索转而逐渐成为一个学术研究的话题领域。国内对于全媒体的诠释，目前被较为普遍认可的概念是："全媒体即指立足于现代技术的发展和媒介融合的传播观念，综合传统媒体和新兴媒体，在媒介内容生产、媒介形态、传播渠道和传播方式、媒介运营模式和媒介营销观念方面的整合性运用。"①

全媒体时代，新闻传播模式已经完全颠覆传统新闻传播的基本规则，新闻的更新突破时空的限制，实现即时和同步传播，新闻报道也不再像传统媒体那样注重规矩和正统，内容更具灵活性、可读性或观赏性，传播方式更为多样化、广泛化，传播手段也更加丰富多彩。动画、音视频、图表、特效等诸多新元素及多媒体手段的运用，使新闻传播的内容更加生动立体。与此同时，网络技术的发展催生了一批先进实用的新媒体工具，在网络、公交媒体、手机客户端等新媒体上，人们都能够随时随地获取信息。

在全媒体时代，媒介融合已经上升为国家战略。传统媒体为满足生存发展需求不断寻求资源整合，新媒体在融合传统媒体的基础上实现传播方式、传播内容和媒介载体等多方面的创新运用，传统媒体在新媒体的融合发展中也得到了继承和完善。媒体从过去单一的传播终端，变为"一云多屏"的综合服务平台。"云"指的是文字、图片、音频、视频等内容的媒体资源库，"多屏"是指建立数字电视网络、网站、户外大屏、车载电视、手机客户端等多终端、全覆盖的内容分发体系在这样的传播体系中②。

传统的媒体报道主要依靠记者提供采写数据和新闻稿件，而新媒体的扩展自然也将这些记者转化成为"云"媒体平台服务的"云记者"。全媒体时代要求这些"云记者"具备开放性视野和多维度思考体系，既能针对不同媒介撰写不同形式的稿件，又能对新闻进行分层分析，对同一新闻题材进行差异化比较。因此，全媒体时代对"云"记者提出了更高的要求。记者们不仅需要具备传统媒体

---

① 姚君喜、刘春娟：《"全媒体"概念辨析》，《当代传播》2010年第6期，第15页。
② 赵亚光：《全媒体记者的能力要求》，《视听界》2015年第1期，第66页。

时代的数据采集能力和采写编辑能力,同时还需具备全媒体视野和开放性意识。为了能够在全媒体时代大潮中站稳脚跟,"云记者"必须不断提高职业技能和职业素养,以应对更高标准的职业要求。

(二)高校新闻写作教学的现状

随着全媒体时代的到来,高校的新闻教学虽然也已闻风而动,并也在努力寻找适应新时代新要求的教学内容和教学方法,但由于各种原因,现状与要求之间还有相当长的路要走。

1. 教学仍停留于传统模式。当前环境下,各高校讲授新闻写作课程仍然以传统教学模式为主,教学过程多数是教师讲、学生听,师生互动较少,对全媒体中新技术的引进也较为薄弱。这种主要以教师传授为主的传统教学模式,通常是教师完成教学目标,学生在课堂中也似乎有所发现和领悟,但并没有形成学生自身的理解体系和课程想法,所以学生在课堂中所学到的知识大都只能停留在笔记本上或试卷上,并不能具体运用到实践中去,进入新闻现场时,大多数学生对如何写新闻仍然是一头雾水,无从下笔。

2. 实践教学难以落到实处。新闻写作教学课程开设的目的在于培养学生的新闻写作能力,这项能力的培养不应仅仅停留在课堂上,更重要的是需要落实到大量的实践教学中,但是,当前各高校的新闻写作课仍只有课堂教学或以课堂教学为主、实践运用为辅。实践教学难以充分展开的主要原因有三个方面:一是理论教学任务重。笔者调查了几个高校新闻专业的教学计划,看到一般新闻写作课程为3个学分,在这每周3个课时的授课时间里,教师既要完成必要的基础知识讲授,又要完成消息、通讯等多种文体的理论教学,很难开展系统的实践教学工作,虽有一些课堂练习,但效果非常有限。二是教师自身缺乏媒体实战经历。除了从课本到课本、从课堂到课堂,无法通过"现身说法"给学生传授更多更好的实践知识和经验。三是实践基地匮乏。一方面,媒体自身肩负的任务和责任都很重,学生到媒体除了打杂,基本无法派上用场,所以媒体通常无意接收实习生;另一方面,现在设有新闻专业的高校越来越多,且每年源源不断,媒体也根本无力"接招"。

3. 学界与业界严重脱节。为了适应日新月异的新闻业态,业界对于新闻报道内容和形式的探索必须与时俱进甚或先行一步,而高校设置的新闻写作课程一直是"老"教师、"老"教材、"老"教案、"老"教学计划和"老"教学方式,几乎是按部就班、一成不变地进行着,对于全媒体背景下的新媒体行文思路、写作技巧等缺少了解和研究。而一些有着丰富实践经验和媒介技术背景的相关人才又难以引进,高校新闻专业急需的既有丰富媒体实践经验、又有深厚理论功底的"双师型"师资极度短缺。因此,目前学界与业界处于脱节状态:一方面,学界急需"双师型"教师和"实战型"教学;另一方面,业界急需经过"实战"训练、具有"实战"能力并适应全媒体时代所需的毕业生。但是,学界与业界均无法获取自身所需,两者之间严重脱节,无法实现对接。

二　新媒体时代高校新闻写作教学的困境

媒介环境的快速变化,使得业界急需具备媒介融合观念的全能型新闻人才,但高校新闻教学特别是对全媒体时代新闻写作教学的思考与探索明显滞后。高校的新闻人才培养模式能否培养出合格的全媒体从业者? 作为新闻专业人才培养基础及核心课程的新闻写作课程教学,如何才能适应当前的全媒体新闻报道之所需? 显然,在全媒体时代,高校的新闻写作教学已面临种种问题,如果不及时思考并寻求解决之道,必然在现实的困境中越陷越深。

(一)阅读方式的变化影响新闻写作教学方式

伴随着快节奏的生活,人们的阅读习惯也随之不断变化,一目十行、不求甚解的碎片化阅读和追求短暂视觉快感心理怡悦的浅阅读方式,越来越成为多数人的选择。同时,手机报、微博、微信和新闻 APP 等的使用,又带来一个新的阅读方式——微阅读,这种通过手机、电脑等屏幕接受的信息特点是短且零散。与浅阅读相比,这种阅读方式的后果更令人担忧,因为长期处于微阅读状态,容易使人产生思维惰性,难以形成独立的思考和判断能力。阅读习惯的变化,已深刻影响深度报道等体裁的教学工作,学生误以为"写新闻只要会倒金字塔式结构就够了"或新闻写作是不需要章法的。

(二)音、视频形式的新闻信息冲击着新闻写作的教学内容

新媒体技术的应用为新闻传播业注入了发展的动力。随着网络、手机等新媒体的发展,越来越多的受众倾向于在网络上接收新闻,也因此学生开始质疑,现在都流行以视频和音频传递新闻信息,为何还要新闻写作? 他们对文字消息构成的消息、通讯和评论等报道体裁的关注度普遍下降,进而对新闻写作失去兴趣,这不仅不利于写作能力的培养,也极大地冲击着新闻写作的教学工作。

(三)重形式轻内容的新媒体报道理念弱化了新闻写作训练

随着新媒体的发展,诸多高校的新闻学教育也开始做出一些调整和更新,一些新课程逐渐进入新闻专业的课程体系中。学校希望通过课程改革让学生在掌握传统媒体新闻理论与实践的基础上,能运用新媒体或者媒介融合的方式将新闻内容呈现出来,全面培养学生的新闻实践能力。这种改革本是希望为学生增加新本领,让他们更适应全媒体时代的要求,但当新媒体"乱花渐欲迷人眼",学生更多的是对非线性编辑、多媒体制作和微电影等感兴趣,只单纯地追求课程新奇,重形式轻内容,而对需付出大量辛苦的采访和写作劳动的个体训练不感兴趣甚至找各种借口逃避,使本就已经少得可怜的新闻实践教学更加步履维艰。

(四)碎片化思维影响新闻写作能力的提升

全媒体时代使得信息的收集更为零散化,信息的呈现方式也以"碎片化"为主,进而逐渐养成了人们的"碎片化思维"。这种碎片化的思维方式使人们的思考能力和判断能力逐步下降,体现在新闻写作教学中,表现为学生的思维钝化,对新闻事件缺少发现力和必要的思考;对信息缺乏系统、整体的认识,无法提出自己的看法和见解;写作缺乏整体思路,提炼概括能力差,难以形成一篇完整的新闻作品等。

三 推进高校新闻写作教学改革的对策

对于高校新闻写作教学面临的挑战,结合自身10多年教学工作的实际,笔者认为,可以从以下几个方面进行改革和推进。

(一)坚守新闻专业主义

在全媒体时代,新闻专业主义依然需要坚守。诚然,在新的媒介环境下,受众的新闻消费向碎片化、差异化、多元化发展,不同媒介的新闻写作呈现差异化特点和趋向性的发展趋势①。新闻写作教学应当紧跟媒介发展的形势,及时进行行业研究与教学计划的调整,从理论和实践上与业界动态接轨,但坚守新闻

---

① 鞠刚:《全媒体环境下不同媒介新闻的写作要点》,《采写编》2017年第4期,第20页。

专业主义是原则,只有在此基础上,才能提出全媒体时代的专业能力和职业素养建设的教学流程再造,以此适应业界对全能复合型新闻人才的新要求。

(二)更新人才培养理念

全媒体时代对新媒体从业人员提出了更高的要求,高校应将视野放在一个更为宏大的学科背景下,从理论与实践两个方面实现局部转向整体、单一走向多维的转化。高校在人才培养方案中需要不断更新培养理念,改变传统的人才培养模式,更多体现学科交融和技能提高,以适应全媒体时代的新闻传播人才的需求。

(三)完善课程理论体系

新闻形态的变化更新了新闻生产者的能力需求,我们的课堂教学不应只停留在原地,仍然按部就班①。为了适应全媒体的媒介环境,新闻写作不仅要在写作技法、表现方式、叙事形态等方面做出相应的变革,还应在理论体系上进行新的架构。要围绕媒体发展的需求,对传统新闻写作的理论进行吐故纳新,运用扩展、包容、融合等方法,从格式、表现形式、写作手法等方面逐步规范新的新闻写作文种,使新文种、新文体相继走向成熟,由此也进一步地丰满新闻写作理论体系。

(四)创新教学方式

全媒体环境下高校新闻写作教学最本质的改革,应该是教学方式的改革,可从以下几个方面开展。

1. 引入探究式教学模式。在新媒体时代,新闻写作教学应在原有的案例教学、情景教学等基础上,引入探究式教学模式。教学不仅是老师的信息传递和写作知识技巧的简单灌输,还是老师与学生共同建构知识。面对新事物、新形式,教师首先要有开放的心态和积极的探究欲,同时要引导和激发学生的主动性和创造性。

2. 拓展学生写作训练方式。全媒体环境下写作教学中应强调通过电脑和手机终端的文本生成形式进行写作训练。这种写作训练包括课堂集体写作训练和课后个人写作训练,可直接安排学生在电脑或手机等新媒体介质上完成。同时鼓励学生通过开设个人博客、微信公众号和今日头条号等进行写作练习,

---

① 沈艺虹:《大学新闻写作教学的现状与对策》,《写作》2016年第11期,第19页。

如要求学生在"今日头条"创立头条号进行原创新媒体写作,开设网上博客进行"个人多文体式"综合写作训练等。

3. 创新新闻写作方法。当前的新闻写作教学要更多地融入新媒体技术,在原有教学模式的基础上,加入对新媒体技术的思考与应用,让学生的思维活起来,让教师的教学动起来,将理论知识以图片、音响和动画等形式展现给学生,让学生切实有所感、有所悟并有所获。

全媒体时代对新闻从业者的写作能力提出了更高的要求,当前的新闻写作能力主要表现为与各种传播方式相适应的融合写作能力的拥有,新闻写作将在融合的过程中完成对新闻体裁、表现形式及写作意图等问题的理解和判断,确定新闻选材、文体使用、写作角度、取舍材料、技法运用和语言风格等诸多写作上的实践决策。

(五)构建全媒体实践教学平台

新闻写作的教学,不能仅仅停留在课堂上和理论上,更重要的是学生的实践,所以当前环境下构建全媒体实践教学平台显得极为重要。

1. 建立全媒体实验室。笔者就职的学校在2015年即建立了全媒体新闻实验室,该实验室由硬件(包括服务器、客户终端、网络交换机等设备)和软件(主要指媒介融合系统)两部分构成,采用平台加模块的建设方式,由一个平台配合不同模块实现多重功能,成为集合新闻数字采写、数字报刊排版、视频直播、非线性编辑和新闻网络传播等多个功能于一身的多功能实验室。实验室采用开放的教学实践操作平台,教师和学生可模拟全真环境下的多媒体运营流程。目前新闻写作实训等相关实践课程内容在此运行,效果显著。

2. 探索整合媒体资源。各高校不仅要利用校内各项媒体资源,发挥校报、校刊、广播台、网站和新闻APP官微等媒体的实践引导作用,同时还要积极发掘校外媒体共建实习基地。在选择实习基地时,既要考虑选择不同形态的媒体,更要考虑学生的可参与度,必须以锻炼学生能力为标准进行选择。

3. 利用现有可获得的新媒体资源建立实践平台。全媒体时代,微博微信、新闻APP和今日头条号等网民众多、浏览量居高不下、信息充斥交汇的新闻传播媒介,无疑是学生实践的优良平台,可以鼓励学生把自己制作的全媒体形态作品放到上述平台上进行公开展示,在众多网民的评价中发现自身的优点和不足。

(六)加大新媒体师资的培养和引进

全媒体时代不仅对新闻从业人员提出了新的要求,更对新闻传播专业的教职人员提出了更高要求。从事新闻写作课程教学的教师应在学科知识融合、社会视角切入和文化层面的思索等方面进行跨学科、跨文化的积累,进一步拓宽研究的视角和领域,积极参与新闻实践,这将对培养全媒体时代学生的新闻写作起到积极的引领和示范作用。当然,学校也要想方设法,通过引进方式,快速解决"双师型"教师紧缺的问题。

游戏化思维在高校计算机课程教学中的应用研究*

顾汉杰**

摘　要:游戏是世界上最受欢迎的活动形式之一,有着深厚的用户基础,已影响到高校学生的生活习惯、思维方式。目前游戏化教学存在过分重视数字化游戏,忽视游戏化思维的问题。基于上述背景,本研究分析游戏化思维的核心以及与计算机课程教学结合的理论可行性,采用游戏化思维进行教学模式的构建,从传统游戏活动维度与数字化游戏维度论述游戏化思维与计算机课程教学融合的几种方法,并结合互联网+技术对游戏化思维的应用进行辅助优化。

关键词:游戏化思维;计算机课程;应用模式;融合方法

引　言

游戏化已经渗入到日常生活,比如公司的考勤签到积分、奥运会奖牌榜PK(Player Killing,玩家互相斗争)等事物对象均带有明显的游戏元素,游戏化在社会中扮演着越来越重要的角色。CNNIC发布的《第36次中国互联网络发展状况统计报告》显示,截至2015年6月,网民中网络游戏用户规模达到3.8亿,占整体网民的56.9%,其中19—26岁年龄层的用户约占网络游戏用户的60%。如今高校学生基本属于这个年龄层的"网络一代",对于游戏媒体拥有非常高的热情,游戏已逐渐成为他们行为习惯、思考方式的一部分,如将考试视为游戏关卡挑战。高校计算机课程的知识相对较为抽象,造成学生往往参与动机不足。鉴

* 本文系浙江省社科联研究课题"基于游戏化思维的高校计算机课程创新教学研究"(2017N29)的研究成果。

** 顾汉杰,浙江树人大学信息科技学院讲师,研究方向为游戏设计、数字媒体应用。

于游戏对学生的强大吸引力,若能合理应用游戏化思维于课程教学,将有助于激发学生的参与动机、提升学习成效。

一 游戏化思维的核心

游戏化思维(Gamification)一词在 2002 年由英国 Nick Pelling 提出。在2011年的全球游戏者开发大会上,"游戏化"作为一个热门新词被广泛讨论。宾夕法尼亚大学教授凯文·韦巴赫认为,游戏化是指在非游戏情境中使用游戏元素和游戏设计技术,它能在互联网、教育、培训等领域影响到用户的心理倾向,引导用户参与、互动与分享。布隆伯格大学教授卡尔·卡普认为,游戏化的目的是向课堂教学或电子化学习的内容加入游戏元素,营造一个游戏化的学习机会。著名未来学家、未来研究所游戏研发总监简·麦格尼格尔认为:"游戏满足了日常无法满足的真实人类需求,以现实做不到的方式教育我们、鼓励我们、打动我们;游戏代表了 21 世纪的一种思维方式,它正在改变我们的现实生活。"结合现有研究,笔者认为,游戏化思维是将游戏特征、游戏元素应用于非游戏领域的思维方法,在项目中借鉴游戏设计方法,激发用户的参与动机以及沉浸。

游戏化思维的核心指的是抛开游戏类型的差异和复杂的技术,在塑造游戏体验上的独有特征。依据简·麦格尼格尔的游戏化理论,所有的游戏化活动都具备下列核心特征:目标、规则、反馈系统和自愿参与(见图1所示)。目标,指的是玩家努力达成的具体结果,它为玩家设定了一个自我实现的追求方向。规则,为玩家如何实现目标做出限制,它可以在限定范围内激发玩家的创造力。反馈系统,告诉玩家距离实现目标还有多远,并作为衡量自身能力的参照。自愿参与,要求所有玩游戏的人都了解并愿意接受目标、规则和反馈,保证游戏是一个较为安全且愉快的活动。其他诸如交互、图形、叙事、奖励、竞争等在谈到游戏时最常想到的对象则属游戏的副特征,均为上述四个核心特征所服务。目标、规则、反馈等核心特征,在教学领域同样具备,表现为教学目标、教学规则、教学反馈,只不过在自愿参与方面有时存在问题,但通过有效的教学设计可以改善此问题。游戏化思维与教学设计思想在本质特征上存在重合度,为游戏化思维应用于教学研究提供了理论可行性。

图1 游戏化思维的核心特征

二 游戏化思维在计算机课程的应用模式

教育培训行业历来是游戏化思维存在的兴趣领域,这方面美国一直属于游戏化学习开展较为前沿的代表,包括美国政府、纽约教育局、微软公司、麻省理工学院等多个部门领域均积极推行游戏化思维在实践工作中的应用。我国对此长期保持跟进研究的以北京大学、南京师范大学、香港中文大学、陕西师范大学等院校为代表的部门,在基础理论与教育实践结合方面也取得了一定进步,较为著名的有"轻游戏"等研究成果,提倡将游戏元素、游戏动机等游戏化思维理念融入教学,获得了许多教育工作者的认同。但随着信息技术的发展也出现了一种认知倾向,即过分追求数字化媒体,甚至将游戏化学习等同于数字化游戏。这种思维,将游戏化学习限定在规划好的游戏空间中,易导致教学模式僵化,以及造成人力物力的浪费。

卡尔·卡普认为,游戏化思维不应是单一的数字化游戏;游戏化是一个元概念,它包含数字化游戏、游戏活动等具体子集。对于游戏化思维的教学应用,应着重强调游戏化思维的共性,即游戏元素、游戏机制等,遵循"教学效果最优化"施行原则,不单一追求数字化游戏的表面效应,而是关注整个教学活动的成本与绩效。依据 Marc LeBlanc 与 Ian Schreiber 对游戏设计中有趣体验的研究,认为竞争、挑战、合作/社交体验、发现、故事、放松、表达、幻想、解决谜题、收集等游戏元素能有效激发用户游戏动机。这些游戏元素对于游戏化学习中的学生参与动机的激发与保持同样具备重要作用。见表1所示,将上述游戏元素应用到传统游戏活动与数字化游戏,可以发现两种游戏化学习形式在可匹配游戏元素方面存在较多的相同之处,为教师自由选择不同的游戏化学习形式提供了便利及应用可行性。因此,游戏化思维的教学应用可从两个维度展开,一是传统游戏活动,二是数字化游戏。两者同属游戏化学习范畴,虽然在载体形式上不太一样,但在游戏化思维上存在共通之处,对于游戏动机的激发以及教学目标的推动都属一致。

表1 两种维度的常用匹配游戏元素

游戏元素 \ 维度	传统游戏活动	数字化游戏
1	竞争	竞争
2	挑战	挑战
3	合作/社交体验	合作/社交体验
4	发现	发现
5	故事	故事
6	放松	放松
7	表达	幻想
8	/	解决谜题
9	/	收集

游戏化思维应用于计算机课程教学,需借助主流游戏元素,提升游戏设计对于用户的吸引力。同时,依据现实教学条件,教师灵活选择传统游戏活动或数字化游戏的形式任一维度进行课堂教学。游戏化思维的引入,并非意味着滥用"游戏",在所有环节一味采用游戏将引发学习者动机的下降。计算机课程知识目标明确、逻辑性强、反馈清晰,与游戏核心特征存在重合,加之计算机专业学生信息素养相对较高,对游戏接受度高,相对易于开展游戏化思维对教学的应用创新。计算机课程的原理、算法等关键信息均抽象难懂,因此游戏化思维宜应用于计算机课程的教学重点难点,力图将游戏优势发挥到最大,其教学应

用模式如图2所示。

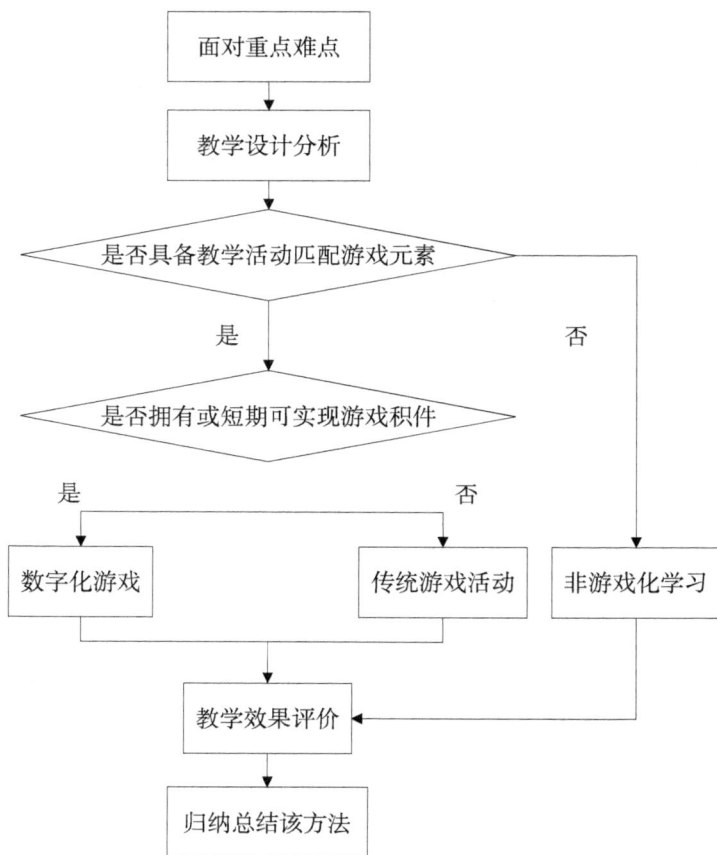

图2　游戏化思维的教学应用模式图

在该教学应用模式中,借鉴史密斯·雷根教学设计思想,首先通过分析重点难点的知识结构、特性,对比教学活动中是否有适合的游戏元素与其匹配,评估该知识点采用游戏化学习的可能性,一般从游戏运行机制与课堂教学运行机制的相似性、类型知识的可移植性等方面考量,比如计算机课程中随机数的知识点与游戏对象的刷新点存在共通之处,就可以尝试游戏化学习。当存在游戏元素与教学活动匹配,再考虑游戏积件的实现采用何种游戏化学习形式,反之则沿用原有非游戏化学习形式。以当前课程组的人力物力等实际成本条件,若资源库具备相应知识点的游戏积件或短期内可实现游戏积件的开发,则采用数字化游戏进行教学,反之则选择传统游戏活动。而无论采取何种形式的游戏活动,都需要对教学效果进行评价,以帮助学生巩固知识,以及了解学习活动可能存在的问题。若教学效果有所改进则记录归纳该游戏活动以便对下次教学有所指导,若改进有限则对教学活动、游戏积件进行重新设计,改善存在的问题现象。经过多次游戏化思维的教学应用,逐渐将成熟可行的游戏化教学方案编写成文档,为推广到其他学科做好储备。

三　游戏化思维与计算机课程教学的融合方法

游戏化思维在计算机课程的应用,主要以两种维度的游戏化学习形式进行;代表性的方法有表演、体验、竞争、比喻、开发等,以此作为游戏化思维与计算机课程教学融合的手段,为用户创造学习乐趣,其关系如图3所示。在传统游戏活动维度,需要教师事先依据教学知识匹配好游戏元素并安排一个游戏活动,视游戏的性质在课堂邀请学生参与,具体有表演、竞争、比喻等方法。在数字化游戏维度,需要教师在课程进度到来前设计好一个数字化游戏案例,安排全班同学使用该游戏积件或划分小组开发实现游戏案例,具体有体验、开发、竞争等方法。当然,上述方法在特定条件下,也可以在两个维度内相互转换,前提是教师对于游戏化思维理解到位。

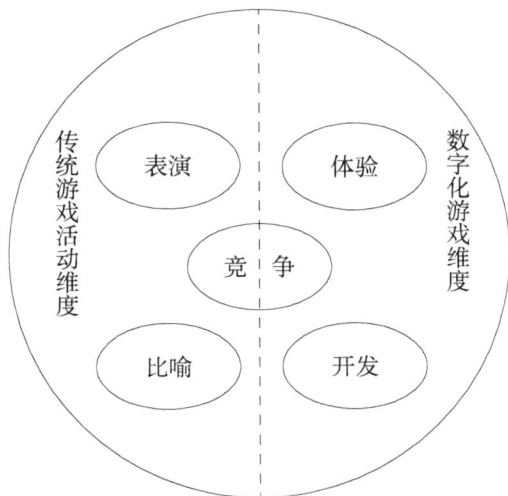

图3　游戏化思维与计算机课程教学的融合方法

1. 表演

"表演"方法一般适用于较为复杂、晦涩的算法原理等知识点,其形式为教师依据知识特征设计一个传统游戏活动,邀请若干学生参与,将知识点分解到游戏步骤中演示给全班学生。例如,"冒泡排序法"在计算机课程中是一个教学难点,依据其对象交换的特征设计一个交换卡牌的传统游戏活动。教师事先准备五张写有不同数字的卡牌,将其分发给五名受邀学生,要求学生在讲台随意站成一横排,并将手中卡牌数字展示给同学。教师发出指令要求相邻的两人比较卡牌数字的大小,按左侧较小原则交换位置,比较四次后所持卡牌数字最小的人即会站立到最左侧,依此方法继续两两交换,直至五名学生按照从小到大的顺序站立,即为冒泡排序结束。该方法特点是需要师生的配合,由教师对学生的表演进行点评,总结各项动作步骤的含义。该方法融入了放松、表达、合作等游戏元素,对于现场气氛的活跃有积极作用,由于学生亲身参与了原理的解析过程,有助于知识的主动建构,但需要考虑参与学生的性格特征。

2. 比喻

"比喻"方法一般适用于未知、抽象的概念知识点,其形式为教师以某类容易理解的(游戏)现象作为比喻去解释类同的知识点,有时还可展示道具作为比喻教学的辅助手段。例如,对于计算机课程中"对象的作用域"知识点,学生很难理解其作用范围,教师以较受学生欢迎的多人在线游戏中的商人NPC(Non Player Character,非玩家角色)与仓库NPC进行比喻。商人NPC的作用域面向当前服务器中的所有在线用户,每人都可以与其进行交互,属于公共性质(Public)。仓库NPC的作用域仅仅限于单个用户,无法进行共享,属于私人性质(Private)。该方法融入了故事、表达等游戏元素,可为某些方面存在共同点的两类对象建立联系,经常是以学生较为熟悉的趣味性事物引申到知识点。其特点是浅显易懂,将概念变得具体、清晰,在教学中使用率较高,但需要教师对知识点的理解非常透彻,能够做到信手拈来的程度。

3. 竞争

"竞争"方法一般适用于具备唯一或量化特征的知识点,其形式为教师以某知识点的特征设立练习要求,构建一个小型竞争环境,并提供优胜者若干激励,可通用于任一维度教学。有研究表明,竞争对于19—25岁年龄段的玩家用户吸引力最为显著,因此在高校计算机课程使用"竞争"方法,符合该阶段学生的心理特征。例如,针对计算机课程中的数据输出类组件的常用事件、方法、属性等基础知识,教师就知识点组织现场竞答的传统游戏活动,学生举手抢答,按照答对者加分、答错者扣分的游戏机制,通过判定单位时间内正确率最高、耗时最短的成绩,角逐出三名优胜者。此外,教师也可以将这些基础知识制成一个小型题库,发布于 Web 教学系统内,设定好答题时间,安排学生进行现场竞答,答题规则与传统游戏活动相似,区别在于答题竞争以及优胜者成绩发布都于 Web 教学系统内进行。该方法融入了竞争、挑战、社交、解决谜题等游戏元素,通过教师构建的游戏情境,直接满足了学生的社交、尊重及自我实现的需求,能较好地激发其参与动机并创造沉浸。其特点是学生参与度高,活动的构建元素并不复杂,适合于绝大多数教师借鉴。

4. 体验

"体验"方法一般适用于内容、特征较为繁杂的知识点,其形式为教师以事先设计好的游戏积件提供给学生体验,通过直接认知加深知识的印象。例如,计算机课程中的"随机数"知识点,存在不确定性的天然特征,使用语言表述对于知识构建存在局限。教师于课前开发"万花筒"游戏积件,设计生成上百个随机颜色和随机半径的同心圆功能。教师在课堂内将游戏积件分发给学生,学生通过单击按钮刷新颜色与半径的随机值,并观察同心圆的外观,结合教师的讲解可以较好地理解随机数的含义与作用。该方法融入了发现、幻想、收集等游戏元素,体现出对学生主动探究的支持以及主体地位的尊重,可以提升其自觉性、能动性,有助于教师与学生的沟通。所用的游戏积件不需要面面俱到,强调对知识特征的阐释与表现,以交互性强、反馈及时的游戏机制为优先,需要教师对游戏机制有一定了解。

5. 开发

"开发"方法一般适用于实践转化难度适中、偏向综合的知识点,其形式为教师发布一项包含所涉知识点的游戏开发任务,由学生独立或协作完成,在问题解决过程中习得知识、技能。例如,计算机课程中的"控件数组",在程序开发中是一个使用率非常高的知识点,可与其他知识综合设计出丰富的应用,并且其知识难度适合于班级的平均水准。依据此特征,教师布置开发打地鼠游戏的学习任务。教师首先讲解数组加载不同状态下地鼠图片的知识点,再解析随机函数每隔一个时间单位触发的特征,要求学生将数组与随机函数综合设计,自主编写地鼠每隔一秒随机出现在某个数组元素位置的游戏功能。该方法以开发任务驱动,融入了挑战、合作、发现等游戏元素,将教学的理论与实践有机结合在一起,对于学生保持专注、主动探究具备积极作用。同时,采用游戏作为开发题材能为实践活动与学生感兴趣的应用创设直接关系,为学生检验自己的成果激发更为强烈的自我成就感。对于教师而言,则需要对游戏程序的设计流程较为熟悉。

四 "互联网+"辅助措施

"互联网+"代表着一种开放、共享的态度,带动着包括教育在内的传统行业转型,是互联网新技术背景下的重要创新。正确的游戏化思维并非固步自封,而是开放包容,与互联网+理念较为契合,因此在与计算机课程的具体融合过程中,可借助互联网+手段,对游戏化教学过程进行辅助,更好地维持学习动机以及课程完整性。

具体的"互联网+"辅助措施可分三个方面展开。首先,借助微信等自媒体通讯软件构建翻转课堂氛围,通过公众号、订阅号分别提供预习任务、自学资源,引导学生形成自我学习的习惯,为课堂内的游戏化教学提供知识储备。其次,课堂内借助具备资源共享、接口开放的云平台,与微信等平台构成自媒体学习环境,为学生的异步交流、协作学习、成果展示等提供便捷,加快学习信息的传播与重构。最后,教师在自媒体学习环境中发布教学反思,对于游戏化学习中的良好行为以及不足之处进行总结,鼓励学生将实践成果进行创新再深化,并对接到创新创业教育环节。

五 结 论

目前,存在部分游戏化学习研究者试图去开发一种具备普适性的数字化游戏模式,但实际上收效甚微,其一则因为成本约束,限制了推广;二则因为教师精力有限,即便是计算机学科教师也未必能满足条件。这种观点过分追求数字化媒体,将传统游戏活动与数字化游戏割裂,忽视了游戏化思维寓教于乐的本质。

基于游戏化思维的教学应用,强调将游戏的趣味性等作为内在驱动力去吸引学生注意力,改善教学效果,所研究的"游戏"是广义上的概念,囊括数字化游戏、传统游戏活动等各种蕴含游戏化思维的组织或载体形式。有别于普通的游戏化教学模式,它弱化了不同游戏组织形式的界限,直指多种游戏教学模式的内在共性——游戏化思维,较之传统教学更能激发学生参与动机,在知识点自我建构以及问题解决中效果更为良好;较之单维度游戏化教学,它能够保证在较短时间、较低成本实现游戏活动的施行,提高整个教学应用的可行性。

值得一提的是,虽然游戏提供了沉浸感、趣味性,可为学生创设自发学习的情境,但是教师的作用仍不可替代,尤其是在过程引导、总结评价等环节,教师身为教学过程管理者,可以将游戏化思维更好地进行衔接、引申与发散,有助于整个学习过程知识构建效率的提升。随着互联网+新技术的引入,游戏化思维的教学应用将变得更为完善,对于高校互联网+教育研究方向也是一种创新性的借鉴。

参考文献

[1]CNNIC.第36次中国互联网络发展状况统计报告[EB/OL].（2015-07-23）[2016-07-01] http://www.cnnic.net.cn/hlwfzyj/hlwxzbg/hlwtjbg/201507/t20150722_52624.htm.

[2]凯文·韦巴赫,丹·亨特.游戏化思维:改变未来商业的新力量[M].周逵,王晓丹,译.杭州:浙江人民出版社,2014.

[3]卡尔 M.卡普.游戏,让学习成瘾[M].陈阵,译.北京:机械工业出版社,2015.

[4]简·麦格尼格尔.游戏改变世界[M].杭州:浙江人民出版社,2012.

[5]尚俊杰,庄绍勇,蒋宇.教育游戏面临的三层困难和障碍——再论发展轻游戏的必要性[J].电化教育研究,2011(5):65-71.

[6]PULSIPHER L. Why we play[EB/OL].（2015-06-07）[2016-07-01].http://www.gamecareerguide.com/features/625/why_we_.php? page=1.

[7]王晨,刘男.互联网+教育:移动互联网时代的教育大变革[M].北京:中国经济出版社,2015.

专题式情景教学在国际贸易理论课程中的
设计与应用

许 蔚*

摘 要: 针对目前"国际贸易原理"的教学情况,提出以专题为主线的教学方式,使学生的知识更加系统化。通过案例或新闻的教学设计,充分调动学生的情绪进行体验式学习,充分发挥学生在学习过程中的主动性,调动学生分析和讨论问题的积极性,培养学生独立分析和解决问题的能力,逐步提高学生的学习素质。

关键词: 国际贸易原理;专题式教学;情景教学

一 专题教学应用的意义

"国际贸易原理"课程是国际贸易与经济管理专业的学科基础课程,主要讲授国际贸易领域的基本知识和经典理论,该课程十分强调其理论性、系统性和专业性。传统的基础教学偏重于对20世纪前的贸易理论的表象解释,对理论间的逻辑关系并未进行深入的讲解,对理论的产生背景、理论的经济学分析、理论的发展进程缺乏系统的表述。教学过程中普遍存在着偏重理论教学的问题但又缺乏系统的理论体系,更没有把理论与现实经济生活结合起来,尤其是缺乏对现代贸易理论的教授和分析。在教学过程中,我们感到,学生常常对这样的经济学理论课程感到晦涩难懂、复杂深奥,因而产生畏难情绪;同时,感觉国际贸易的理论学习和现实生活有脱节,不知道学习这些理论知识有什么实际的用处,从而失去学习的兴趣;而且由于传统理论不能很好地解释当代贸易现象,

* 许蔚,浙江树人大学现代服务业学院讲师,研究方向为国际贸易理论与实践。

学生容易对所学知识产生混乱和疑惑。事实上,该课程的部分知识更新速度较快,仅仅靠课本和课堂教学是不能囊括的,传统教材中的知识相对陈旧,更新较慢,远远跟不上形势的发展。如果课堂教学只局限于教材知识,当然很难激发学生的学习兴趣。同时,这门课程的课时相对有限,而内容又十分丰富,范围很广,如果逐章、逐节讲授,教授速度太快,如果省掉一些内容,会导致学生理解起来不系统、不连贯。因此,有必要对该课程的教学体系和教学设计进行创新。

我们希望,通过改革,能够调动学生的学习积极性,培育学生对该课程乃至该专业的兴趣和信心,培养学生的科学思维方法和自学能力,较好地体现教学的基本要求,有利于"国际贸易原理"课程更受学生普遍的欢迎和喜爱。同时,教师的主导作用、教学组织能力能够在改革中得到充分发挥,教学水平得到提高,为整个人才培养计划打下坚实的基础。

二　专题式情景教学的基本思路

首先,我们要对"国际贸易原理"课程进行专题划分。"国际贸易原理"课程的内容涵盖范围较广,章节较多,根据知识点的内在联系和相对独立性,我们把教学内容划分为国际贸易基础理论、世界市场、国际分工、国际投资与跨国公司、国际贸易政策与措施、国际服务贸易、经济一体化与全球化、世界贸易组织等8项专题,这些专题涵盖了该课程的所有重点内容。其中国际贸易基础理论和国际分工这两个专题的理论性、知识性较强,内容相对较为枯燥,如果直接按照书本讲授,学生可能难以理解。针对这个问题,可以事先布置学生阅读一些经典文献和书籍,如亚当·斯密的《国富论》,大卫·李嘉图的《政治经济学及赋税原理》等,使他们通过阅读,对某一贸易理论的来龙去脉有个预先的了解,并通过课堂教学加深理解。阅读经典文献,有助于学生感受到大师的思想魅力,有利于培养学生学习和研究的兴趣。

在学生阅读的基础上,教师可以在课堂上导入案例或新闻。教师可以通过在课堂上展示与专题相关的新闻案例或播放新闻视频,引导学生用事先预习时了解到的知识,对新闻事件做出合理的分析和判断。这一环节的准备工作也可以由学生自己完成。学生在这种切身的体验过程中,会主动探求必要的理论知识,并自觉加以运用。教师在此基础上进行重点讲解,会使授课内容变得生动、丰富,达到良好的教学效果。

最后的教学效果反馈模块,向学生提供包括名词解释、选择题、判断题、简答题、辨析题、案例分析、论述题等不同类型的习题,体现了识记、理解和运用等不同层次的教学要求。教师可以从学生的答题情况了解教学效果,学生也可以通过答题了解自己的学习效果是否达到预期。

以专题为主导的教学方式可以使学生的知识更加系统化,基于新闻或案例的情景教学设计可以充分调动学生的情绪进行体验式学习,这样做的首要目标是调动学生分析和讨论问题的积极性,培养学生的主观能动性,培养学生独立分析和解决问题的能力,充分发挥学生在学习过程中的主动性,对课程中不同层次的知识点和能力要求,达到识记、理解和运用的不同标准。并在这一过程中,逐步提高学生的学习素质。

三　专题式情景教学的主要内容

在前文所述的该课程教学内容的8项专题中,国际贸易基础理论和国际分工这两个专题可以事先布置学生阅读一些文献、书籍,如约翰·穆勒的《政治经济学原理》、赫克歇尔和俄林的《区域与国际贸易》等。学生通过阅读,了解某一贸易理论的来龙去脉,并在课堂讲解中加深理解。通过阅读经典文献,还可以感受到大师的思想魅力,有利于培养学习和研究的兴趣。在学生阅读的基础上,教师在课堂上可以与学生讨论阅读内容,并对难点部分进行重点讲解。教学手段上充分利用多媒体教学,使授课内容变得生动、丰富,收到良好的教学效果。世界市场与国际直接投资这两个专题与实践结合较紧密,在讲授基本理论的同时,要求学生利用网络等资源搜集世界市场和国际直接投资的最新资讯,并进行讨论。例如:结合双汇收购美国最大猪肉供应商的新闻案例,让学生就跨国并购的优点和风险展开讨论。对国际贸易政策与措施专题的学习,由于国际贸易形势变化很快,新的政策不断出现,单靠教材无法跟上更新的步伐。因此,教师在教授这一部分内容时必须与时俱进,及时更新教学内容,如各国海关对于进口贸易管制的最新规定、两国经贸合作的最新进展、电子商务的最新运用等,培养学生的学习兴趣。为了加强学生对这些新知识的理解,教师可以引导学生模拟国际贸易行为,面对复杂多变的环境,学会分析、判断和决策。经过这样的实践教学,学生不仅印象深刻,而且能够学以致用。对于经济一体化与全球化、世界贸易组织这两个专题,可根据内容细分为若干个子专题,如欧盟、亚太经合组织等,由于这一部分内容的时事变化也很快,如TPP的成立、亚投行、"一带一路"等,所以教学时也应不断进行添减和改进。

　　在引出专题的时候,某个新闻事件或案例可以起到抛砖引玉的作用。例如:在第一章开篇介绍这门课程时,就以一段与国际贸易相联系的新闻事件来进行导入。如:2015年国庆及双十一期间,大量中国游客到海外购物,海外支出约为1940亿美元。中国消费者购买的奢侈品中,超过三分之二是在海外购买的,购买地主要为巴黎、米兰、伦敦、纽约及东京等热门购物地。由于汇率、退税及其他折扣等因素,这些地方的奢侈品价格相比中国市场的售价便宜了50%左右。这样可以利用学生熟悉的所谓"海外购"提高学生的学习兴趣,又可以给他们留下国际贸易就在自己身边,与自己的生活紧密联系这样一个印象。"那么为什么奢侈品的境外与境内价格相差这么大呢?"这又为以后学习关税等贸易措施打下了基础,留下了悬念。再比如:在关税措施这一节内容当中,对于关税的性质就可以给出一段海关在一年当中的统计数字作为案例材料。从海关的职责当中体现出关税与其他国内税收一致的性质。"海关总署统计,前三季度全国海关查获各类走私案件7919起,案值48.8亿元,涉嫌偷逃税款13.9亿元,对2016名犯罪嫌疑人采取了强制措施……"在这里用数字说话,强有力地说明关税是否征收、征收多少,都是受到海关监管的,从而让学生总结出"强制性、预定性和无偿性"三个性质,加深他们的印象,甚至是他们把知识点与具体的案例联系在一起,看到问题就会想起学习的过程和课堂上的思路,从而更牢固地掌握知识。

　　根据专题的教学内容,要求学生预先收集和专题相关的新闻事件,内容包括新闻背景、新闻素材、关键词、新闻解读和评价5个子模块。要求新闻素材要能够尽可能多地涉及课程教学内容。将新闻素材中的关键词应该是本课程中出现的重要概念,这有助于学生识记这些专业术语。新闻解读与评价帮助学生真正读懂新闻,不仅看到事件的表象,还能理解表象背后的更深层次的含义。例如:我们可以运用一个"随我国降低汽车关税日期临近,日本汽车厂商只能干着急"这样一则新闻报道作为案例,设置几个有针对性的问题。问题一:我国降低汽车关税,对于外国汽车厂商是不是一件好事? 这个问题可以引导学生按照自己以前学习过的关税知识来分析这件事情的利弊。学生会得出"是一件好事"这样的答案。那么紧接着给出问题二:那为什么日本汽车厂商还要干着急? 这个问题引发学生的好奇心,进一步关注案例当中陈述的事情经过。当学生在案例中发现症结在于中国对日本征收"特别关税"时,就展开讨论,分析问题三:这个案例当中体现出来的有关关税的知识点有哪些? 这样学生就可以在讨论的过程当中,把本章当中学习到的关税知识运用到对现实的分析中来,并可以将关税的概念、性质、特点和作用等在案例中的体现加以归纳。最后,在分析的基础上给学生情景和角色设置问题四：如果你是日本汽车厂商，觉得应该怎样解决这个问题？从而实现理论指导实践的教学环节。在这个过程当中，教师的任务就是设置和提出问题。循序渐进地引导和启发，而发挥主体作用的则是学生。生涩难懂的国际贸易理论知识在课堂学习之后，在学生的头脑当中只是抽象的概念，而通过类似这样的案例分析，可以使学生将理论运用到日常经济现象的分析当中去。

根据本课程的特点，增加以学生学习为主的教学活动："小组讨论与辅导"和"课堂讨论与演示"。"小组讨论与辅导"是用来配合授课，是一种"双向交流"的教学活动，强调分享思想、讨论问题和促进相互理解。根据授课的进度与内容，每周都布置小组讨论的问题和活动，学生必须提前完成所有的问题，并提交答案给教师，而后，这些问题将在"小组讨论与辅导"进行讨论。讨论时学生除了要发言外，还要相互提问。教师也参与讨论，并解释和更正错误观点。这样教师可以向学生提供更多学习帮助和辅导。"课堂讨论演示"是用来训练学生实际技能不可或缺的重要手段。该环节训练了学生的语言组织能力、逻辑分析能力等，有助于学生提高知识综合应用能力。

教学效果反馈模块，包括选择题、名词解释、判断题、辨析题、简答题、论述题、案例分析等多个子模块，表现为不同类型的习题及参考答案，体现了识记、理解和运用等不同层次的教学要求。教师可以从学生的答题情况了解教学效果，学生也可以通过答题了解自己的学习效果是否达到预期。

教学考核方法上，可以将学生分为若干小组，由学生自行分工，分别负责新闻采集、新闻制作、新闻演示等环节。可以自行推选组长，组长可以分配任务，并根据个人完成的情况分配小组得分，该分数可以计入学生的平时或期中的考核成绩中。

四 情景教学应用的效果

首先，对于国际贸易原理课的教师来讲，无论采用专题式教学、情景式教学、讨论式教学都不能仅仅从课本知识出发，在布置任务时，只有与现实经济生活联系在一起，才能提出既新颖又符合学生兴趣、贴近他们日常见闻的问题；进而设计一个可供学生讨论的有关国际贸易的中心话题，设置类似的情景，给学生分配角色，令学生利用各自不同思路分析问题，得到不同结论的讨论空间。其次，对于学习这门课程的学生来讲，每个人都有思考的余地，有发表见解的空间,也就有了提高自己分析问题和解决问题能力的机会,避免了他们在学习专业基础课时学不深、学不透的情况,也就避免了学生的主体性、主动性和自动性无法发挥的状态出现。在国际贸易原理课上运用专题式教学,是值得大家不断尝试和摸索的,它不仅可以帮助教师更好地完成课堂教学任务,更可以促使学生有兴趣学习,有能力学习,有方法学习,而这样的教学效果正是符合高等教育的要求和特点的。

参考文献

[1]熊淡宁,等.推广行为导向教学法,创建现代教学新模式[J].职业研究,2008(5).

[2]高瑞利.网络环境下基于问题学习(PBL)的教学设计方法的试验研究[D].广州:华南师范大学文, 2004.

[3]吴惠青.基于问题学习中的师生角色及师生关系[J].教育发展研究,2003(4).

[4]李萍,严蓉. 合作式教学模式在高职公共英语课堂教学中的应用研究[J].考试周刊,2010(57).

[5]卜伟,等. 本科生"国际贸易"课程建设的探索[J].教育与现代化,2009(4).

第四篇

实践教学改革

钢结构应用型人才培养的实践教学体系探索*

金小群　盛　黎**

摘　要：为适应当今社会对应用型、创新型人才的需求，应用型本科院校必须加强学生实践和创新技能的培养。浙江树人大学的校钢结构专业方向是为满足社会需求而开设，开创了浙江省土木工程专业的先河。通过近十年的探索和实践，基于工程应用能力要求构建了"一个目标、两条主线、三个层次、四个模块、多元评价"的实践教学体系，新的实践教学模式的建立对培养学生实践和创新技能、增强工程意识有良好效果，也为应用型人才实践教学提供一条新的思路。

关键词：钢结构专业方向；工程应用能力；分层递进；实践教学体系

引　言

2015年，浙江树人大学入选浙江省首批应用型本科建设试点示范学校。创新人才培养模式，为企业培养适应实际工作需要的应用型人才将成为浙江树人大学今后相当长时间内的一项重要任务。长期以来，实践与理论脱离是高等教育的老大难问题，普通高校无法提供最受企业关注的"工作过程知识"和基本工作经验，其提供的职业学习机会与职业实践的关系也是间接的，还没有形成与企业岗位职业能力相对应的独立实践教学体系，实践教学与实际生产远远没有达到融合的程度，所以从根本上难以满足现代企业和劳动市场的要求。而实践

---

* 本文为浙江省普通本科高校新兴特色专业项目（浙教高〔2014〕110号）、浙江树人大学教改一类项目（2015JA1004）的研究成果。

** 金小群，浙江树人大学城建学院教授，研究方向为土木工程；盛黎，浙江树人大学城建学院副教授。

教学内容与科研、工程应用密切联系,通过实践教学突出学生实践能力、创新意识、科学思维、探索精神的培养[1-2],对提高学生的综合素质、培养学生的创新精神与实践能力有着特殊作用[3-4]。因此,改革实践教学体系,对培养应用型人才有着更加重要的作用和急切的需求。

浙江树人大学的钢结构专业方向是浙江省土木工程类首个本科专业方向,承担着深化高等教育改革试验田的重任。经过近十年的探索和实践,坚持以社会需求为导向,以遵循教育规律为原则,进行许多卓有成效的改革。在钢结构专业方向实践教学改革方面,基于工程应用能力构建了"一个目标、两条主线、三个层次、四个模块、多元评价"的实践教学体系,为应用型人才实践教学提供了一条新的思路。

一　应用型本科创建背景下的钢结构方向实践教学体系内涵

应用型本科的最根本目标是为地方经济建设培养符合实际需要的应用型技能型人才,建立以提高实践能力为核心的人才培养模式是应用型人才培养的基本要求[5-7]。"一个目标、两条主线、三个层次、四个模块、多元评价"的钢结构方向实践教学体系充分体现"专业与岗位对接、实验与工程对接、教学过程与生产过程对接"的要求,将实践环节作为学生贯通专业知识和集合专业技能的重要教学活动,更加重视实践性教学环节达到的效果,可以客观地评价实践教学取得的成果(见图1)。

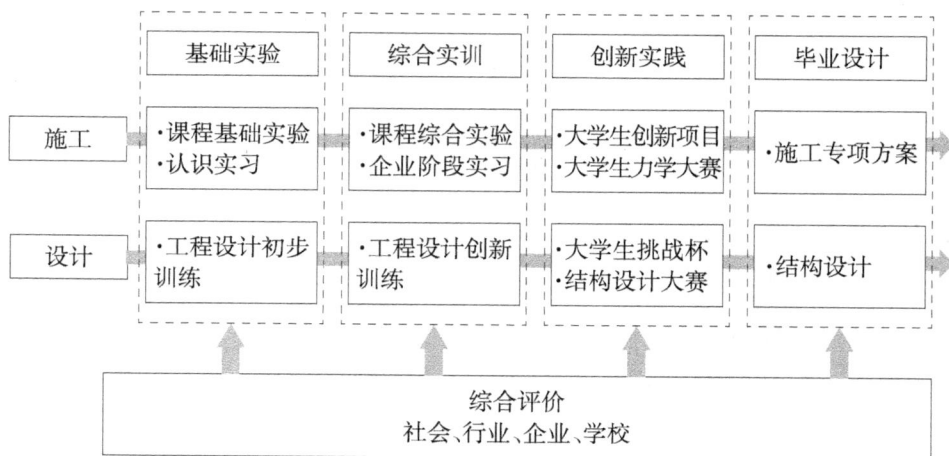

图1　实践教学体系图

(一)"一目标"的确定

培养目标是教学体系中的灵魂,是人才培养定位的直接表达,对培养计划和培养方案起到引领性的作用[8-9]。钢结构方向培养目标的确定,首先是基于大量的企业调研,针对钢构企业需求量最大的施工一线应用型人才需求,结合浙江树人大学"错位竞争、发挥特色"的办学理念提炼而成。"强施工、会设计、懂管理"的人才培养目标,较好地契合了省内外钢构企业施工一线的人才需求,也符合学校教学特色和实力。

(二)"二主线、四模块"的实践教学内容

为强化实践能力和创新能力的培养,实现"强施工、会设计、懂管理"的钢结构卓越人才目标,实践内容分为施工类和设计类两条主线设置,内容组织上分为基础实验、综合实验、创新实践、毕业实习四个模块。

施工类实践从课程基础实验开始,包括测量实验、土木工程材料实验、力学实验、土力学实验等土木工程常规实验项目,在此基础上进行钢结构方向综合实验,主要有高强螺栓检测、焊缝检测及钢结构制作和安装等实验。通过参加大学生创新项目、大学生力学大赛等,进一步提升学生的创新能力和实践动手能力。毕业实习环节主要结合工程实践,制作施工专项方案或者技术标书等。

设计类实践从CAD软件应用开始,然后进行工程设计初步训练内容,包括多层结构建筑的平、立、剖绘制以及重要节点详图绘制等。在此基础上进行工程设计创新训练,利用设计软件进行建筑物主要构件的设计、绘制结构施工图以及运用工程预算软件进行工程算量、编制工程预算文件等。积极组织学生参加院、校、省(市)各级大学生"挑战杯"赛、结构设计大赛等,通过逐级选拔,做到全员参与,提高学生设计创新能力。毕业设计环节是最后综合能力的检验,选题不再局限于教师给定题目,主要根据顶岗实习内容,可结合实际工程完成钢结构厂房或者钢框架设计等实际工程设计。

(三)"三层次"递进式实践能力的培养

以应用能力结构为主要参考,按照教育和认知规律,将实践能力培养划分为基本技能培养、专业能力训练和创新综合应用等三个递进式的层次(见图2)。基本技能培养(第一层次)强化基础课程和专业基础课程的实验,开设创业创新导论、创业专题辅导和培训、学科前沿导论等方面的培训,以培养学生创新创业意识、增进对学科专业前沿的了解。通过生产认识实习,认识建筑物的基本结

构体系,了解建筑物各部位的构造、工艺及其施工的过程。专业能力训练(第二层次)在基础课程实验上结合更多实际工程进行多方面训练,为学生进入企业轮岗实习打好基础,同时也参加各种学科竞赛来升华专业知识,提高动手能力。创新综合应用(第三层次)主要是通过各类创业创新项目,让学生参与高层次实践训练,培养学生创新能力和适应社会、适应工程实际的能力。学生进入企业不同岗位进行顶岗实习,在岗位上完成毕业设计,毕业设计完全与岗位对接,培养学生解决实际问题与综合创新能力,形成全面的工程意识[10-11]。

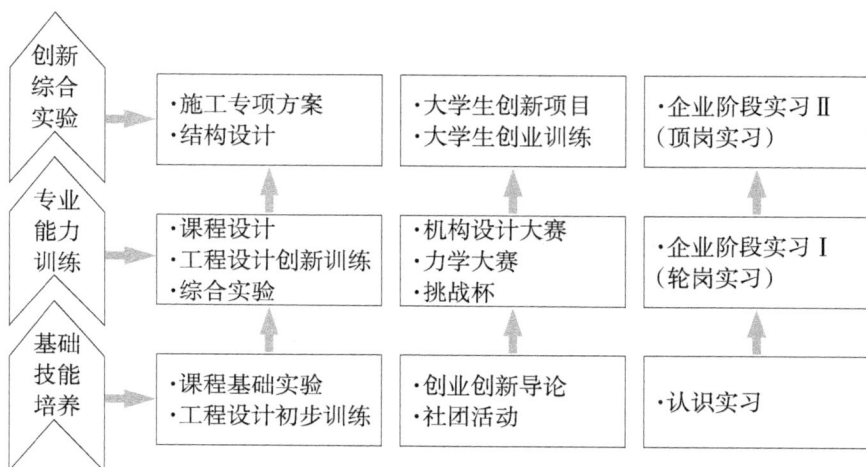

创新综合实验	·施工专项方案 ·结构设计	·大学生创新项目 ·大学生创业训练	·企业阶段实习Ⅱ (顶岗实习)
专业能力训练	·课程设计 ·工程设计创新训练 ·综合实验	·机构设计大赛 ·力学大赛 ·挑战杯	·企业阶段实习Ⅰ (轮岗实习)
基础技能培养	·课程基础实验 ·工程设计初步训练	·创业创新导论 ·社团活动	·认识实习

图2　递进式实践能力层次图

(四)多元实践教学评价系统

改变过去由指导教师根据单一实习报告评价实践成绩的模式,评价主体多元化——社会、行业、企业、学校;评价内容多样化——基本素质、社会能力、专业能力、知识水平等;评价方式过程化——学生成果的评价和学生学习过程的评价。评价系统与实践教学体系构成一个有机的体系,通过评价系统的反馈作用,及时修正实践教学体系,达到螺旋上升的教学质量(见图3)。

对于实验性质的实践课程和独立的职业(工种)技能,引进第三方职业技能鉴定机构来鉴定学生实践技能或者引进国家职业标准进行实践能力评价[12]。如工程测量员、施工员、安全员、材料员、质检员等已经有成熟的职业标准和鉴定(考试)规则,全面推行职业资格证书与毕业证书双证制度。职业资格证书按照国家制定的职业技能标准或任职资格条件,通过政府认定的考核鉴定机构,对学生的技能水平或职业资格进行客观公正、科学规范的评价和鉴定,一方面可以为学生就业提供有力的能力证明,另一方面可以作为对教学质量的客观评价。

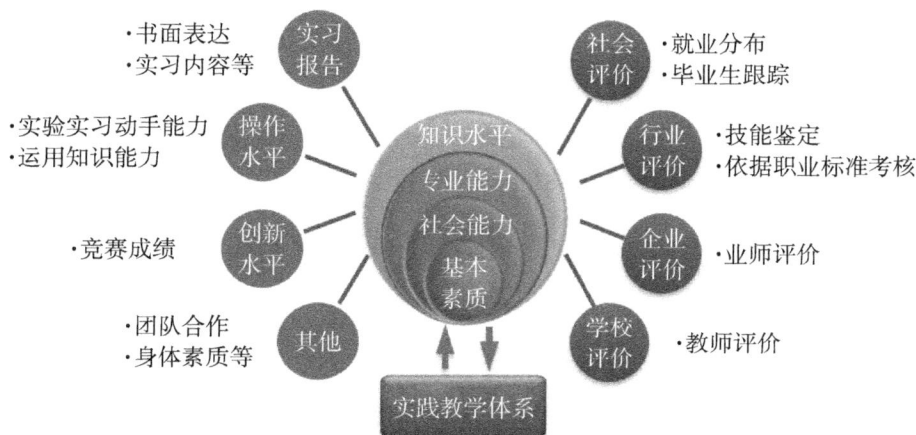

图3　多元评价系统图

企业阶段实习组织了严密的质量保证措施,避免企业实习即"放羊"的弊端。一是通过企业指导教师和校内指导教师双重指导和督促,保证实习质量。二是全过程督促和评价。企业指导教师每个月对学生进行评价小结;校内指导教师每个月到企业向技术人员和学生了解情况,解答专业问题,指导学习方向,并按要求编写指导记录;学院领导中期带队前往企业检查了解学生学习情况,听取了学生汇报;学生按要求每天写实习日记,每周向校内指导老师汇报实习内容。企业实习结束,各个企业组织学生进行总结和答辩。回校后,组织全体学生汇报各企业学习情况,相互交流在企业学习的收获。

二　实践教学体系其他改革措施

(一)推行专业创新实践学分制度,重视学生综合素质和社会责任感的培养

为实现实践教学从课堂到课外的延伸,实践课程设置创新实践环节,创新实践由个人实验(专业实践)、个人调研、其他专业活动等构成,以学分来衡量学生学习质和量。个人实验(专业实践)必须完成学分2分,如在实验室完成专业基础实验1项,可获得0.5学分;完成设计性或综合性实验1项,可获得1学分

等。个人调研学分1分，就是要求学生至少完成一家钢结构企业调研，调研内容包括企业人才数量需求、人才素质要求和该企业典型工程项目，并搜集最新前沿工程技术介绍和工程案例等。其他专业活动学分1分，包括参与老师课题、听专业讲座、参加竞赛等，分值从0.2～0.5分不等。

创新实践学分的设置使学生个人积极投身社会实践，结合处事与修学的综合素质锻炼，对于提高学生社会能力、激发学生的学习积极性和社会责任感的培养有着积极的意义。

(二)改造实验，促进与工程对接

通过实验室改造，使实践能力培养的各个层次都能与实际工程生产密切结合，真正做到产教融合，实验即是实践。

一是充分利用现有实验设备和实验室人员，推动实验室通过计量认证，建成公共检验检测平台，开展对外承接检验检测业务。一方面，充分利用实验设备创造效益，达到以设备养设备，促进实验室建设滚动发展的良好状态；同时可以为企业提供服务，增加企业与学校的合作深度。另一方面，可以促进产教融合，打造双师型师资队伍，为实践教学提供直接的案例和项目实践，为基于项目、基于案例的学习提供基本保证。

二是充分利用现代网络和计算机技术，对实验室传统的实践教学平台进行改造和完善，通过接入企业施工现场远程视频监视系统，可以随时了解施工现场和企业车间最新施工进程和最新施工工艺。让教师在更接近真实的工程环境中指导学生，让学生目睹真实的工程环境和施工方法，尤其在第一、二层次的实践能力教学中增加了感性认识，将会有很好的教学效果。此外，通过互联网+教育的模式保证认识实习安全性和可操作性，节省实习经费和时间。

(三)从做好制度设计，努力培养双师型教师

第一，在制度上按照创新性要求，把"双师型"教师列入业绩考核范畴。青年教师参加学校"百业培师"计划，必须到企事业单位生产、管理第一线实践锻炼，学习最新工艺流程，积累实践经验。制定鼓励政策促进教师参加企业培训与进修，鼓励教师主动下企业锻炼，逐步提高双师双能型教师比例。

第二，持续推行"千人业师"计划，使专业课教师与业师比例保持合理状态，聘请更多的行业专家定期来学校开展专题讲座和指导青年教师实践等。

第三，不断更新教师队伍，注入新生力量。拓宽选人眼界和用人模式，积极采用校企互通、双向流动、校企兼职等选人用人机制。

(四)优化实习组织模式,增强工学交替实效

实习组织从学生观摩为主的认识实习,到企业阶段的实习,科学地设计了"2.5+0.5+0.5+0.5"四阶段人才培养新模式:前2.5年(1~5学期)在校理论学习和校内实验,第6学期进入企业进行一学期的轮岗实习(从企业安全教育、设计部、制造工艺部、施工项目部、招投标等部门轮岗实习),全面拓展学生工程视野,培养初步实践经验和感性认识后,第7学期回学校继续学习理论知识,第8学期继续深入企业进行顶岗实习(基本上固定在一个部门,同时完成毕业设计)。实践证明,这样的实习组织模式有利于学生提前对专业有感性认识,带着问题去实践,拥有实践学理论,较好地促进了教学质量的提高。

三　实践教学体系建设成效

(一)专业建设得到了提升

钢结构专业方向建设是回应钢结构产业转型升级对人才的新需求,填补了浙江省高校人才培养的空白,提升了土木工程专业建设的整体水平。自2010年第一届钢结构专业方向毕业生走向社会以来,毕业生供不应求,深受企业欢迎。大批学生进入国内著名钢构企业,如精工钢构、东南网架、杭萧钢构等,部分优秀学生迅速成长为企业的技术骨干,我们的培养模式明显缩短了毕业生进入企业参加实际工作的适应期,人才培养质量获得了业界的认可。

(二)学生创新能力和就业竞争力显著提高

近年来获得"浙江省结构设计竞赛"一等奖4项、二等奖5项、三等奖8项,获得"浙江省力学竞赛"一等奖1项,三等奖2项、获得"浙江省机械设计竞赛"三等奖2项,获全国大学生科技创新项目2项,获浙江省大学生科技创新项目17项,学生专利5项;学生发表相关论文19篇。毕业一年后学生的就业跟踪调查结果显示,毕业生就业的专业吻合度、稳定性和工资待遇均为全校各专业最高。

四　结　语

应用型技能型人才最大的特点是在工作过程中成长成熟起来的,无论是专

业能力还是非专业能力,都是在具体的工作任务中经过反复练习才得到提升的。作为在校学生,显然无法获得实际工作的经验,这就需要创新实践教学方式方法,体现在依托校企合作中科学设计实践教学体系,让实践教学的深度和广度真正达到产教融合,使学生一毕业就拥有"工作过程知识"和基本实践经验。

参考文献

[1]刘勇健,吴炎海,朱江,等.工程化背景下土木工程创新人才培养研究[J].广州大学学报,2010(专刊):49-53.

[2]刘勇健,李丽娟,吴炎海,等.以区域经济发展为导向的地方高校工程创新人才培养探析[J].高等建筑教育,2013,22(2):28-31.

[3]肖伟才.理论教学与实践教学一体化教学模式的探索与实践[J].实验室研究与探索,2011,30(4):81-84.

[4]李丽娟,刘勇健,吴炎海,等.以创新能力为核心的土木工程实践教学体系[J].实验室研究与探索,2015,34(4):169-173.

[5]魏克湘,刘迎春,董丽君.工程应用型人才培养实践教学体系的研究与实践[J].中国大学教学,2011(1):74-76.

[6]陈飞谢,安邦.应用型本科人才应用能力培养之探索[J].现代大学教育,2011(4):76-79.

[7]李慧清.应用型本科教育中的实验教学项目设计研究[J].长春师范学院学报,2009,28(3):110-112.

[8]陈卫增,胡永举,李凝,等.工学结合"分层递进"式技能实践教学体系[J].实验室研究与探索,2013,32(5):194-197.

[9]王雪芳,邱仁辉."四模块、四层次"网状工科实践教学体系的构建与实践[J].福建教育学院学报,2013,6(1):73-76.

[10]时连君,魏绍亮.基于产学研协同创新的应用基础型本科实践教学体系的构建与实践[J].实验技术与管理,2015,32(5):21-26.

[11]吴绍芬.协同创新与高校科技能力的提升[J].高等教育管理,2012(6):6-17.

[12]夏平,周学君,龚国强,等.基于目标导向的工程应用型人才培养实践体系构建与探索[J].实验室研究与探索,2014,33(6):153-160.

面向双创型人才培养的"五位一体"
实践教育体系的构建

——以财务管理专业为例*

金　燕**

摘　要:本文立足于财务管理专业"双创型"人才培养目标及实践教育的现状,从实践育人、实践创新、推动创业的视角,从"五位一体"对原有的实践教学体系提出改造和优化方案,旨在强化实践教育,培养学生"双创"能力,为推动"双创"目标下的高校教育改革和专业建设做出积极尝试。

关键词:双创型人才;五位一体;实践教育;财务管理

一　"双创型人才"培养的现实意义

自李克强总理在2014年达沃斯论坛提出以激发民族的创业精神和创新基因的"大众创业,万众创新"的口号以来,创新创业是近些年来国家、社会和高校最关注的话题之一。高校作为创新创业人才的培养基地,承载创新创业人才培养乃是大势所迫、学情所趋、改革所逼、现实所然,具有极其重大的现实意义。

其一,如何在新的要求下调整并完善各个学科的目标定位与教学过程是目前各个学科更为具体而迫切的任务。就我校财务管理专业而言,应确立培养学生的创新精神和创业能力目标,厘清高级应用型人才培养的战略思路,小到具

* 本文系浙江省2016年高等教育教学改革项目"面向双创型人才培养的实践教育体系重构研究——基于'五位一体'视角及以财务管理专业为例"(JG20160146)的研究成果。

** 金燕,浙江树人大学管理学院副教授,研究方向为企业会计、财务管理。

体的一门课程或一个实践项目,都必须努力尝试、积极探索。

其二,加强创新创业人才培养,实现学生的培养目标。作为财务管理专业,本来就是一个面向实践的极具操作性和应用性的专业。因此,如何在有限的学习时间里,在学校各个部门的支持与社会的密切配合下,以创新创业为视角,积极推动实践教育模式的改革创新,培养出既懂理论知识又有实践能力,既会传承又有创造的学生,意义重大。

其三,提升专业应用性品质,重构实践教育体系,是时代的呼唤。实践教育既是一种教学方法,也是一个教学环节。实践表明,以学生为中心,实现学生知识、能力与素质最大化的教育体系的重构,此举可以实现学校、学生、社会三者共赢。进一步地,强化实践教育,进行实践教育体系构建改革,是培养学生"双创"能力的重要环节,也是教育教学改革的重要课题之一。

二 财务管理专业"双创教育"嵌入实践教学的现状分析

1. 对创新创业教育嵌入实践课程的必要性,"教"与"学"双方的主体认识还不够到位。实践课程教学是理论联系实际的一个重要环节,目前教师中虽"三重三轻"(重理论、轻实践,重台上、轻台下,重课内、轻课外)现象已大有改观,同时,探讨实践教学改革的研究也日趋增多,年轻教师到企业、会计师事务所等"落地"计划得到实施,但面对财务管理专业的应用能力要求高、所设置的实践课程多等因素的制约,加之教师重视程度不足、教育模式践行滞后、师资队伍数量与质量不足、创新创业教育教学内容与课程问题、教学方法与手段问题、创业教育环境问题,以及最终的评价体系等均是财务管理专业创新创业教育存在的问题。

2. "双创型"人才培养实践教育体系尚未得到根本性的确立。由于"教"与"学"双方主体认识不到位,实践教学模式并未有实质意义的改变,寻医把脉,主要症结:一是各种制度、政策和措施没有形成系统的体系,实施者只是在以往基础上局部修正和补充;二是形式重于实质,有些实践项目有双创之名、无双创之核,在双创型培养中没有起到实质性作用。

3. 实践课程的创新创业教育缺乏科学有效的评价机制。因创新创业教育缺乏强有力的目标导向,加之学科间差异、专业间差异等特殊性制约,以及考核指标较难设置及量化,从而使得创新创业教育并没有在实践课程环节得到真正的落实,创新创业教育尚未纳入教师教学工作业绩考核范围,在教师岗位聘任、职称晋升等待遇上还未与创新创业教育进行挂钩。

4. 缺乏一支有实力有经验有梯队的"双创型"师资队伍。大学的真正进步必须依赖于教师,但在财务管理的教育界共同体内,师资的年轻化问题尤为突出。此外,相当一部分教师较缺乏实践教育的经验,能够在实践课程教学中融入创新创业元素,则更尚需一段时间。因此,"双创型"师资建设这一"隐性标志突破方面"迫在眉睫。

其实,理念层面的认识,教育教学体系的构建,评价机制的确立和双师双能型师资队伍的培养,这四个方面构成了"双创型"人才培养实践教育的关键要素。只有将四要素结合在一起进行整体性的思考并付之于实践,才能起到要素之间的协同效应。基于上述背景,笔者拟通过"五位一体"实践教育体系重构研究进行改良优化。

三　财务管理专业"五位一体"实践教学体系的重构

基于我校"应用型转型和高级应用型人才培养"的情景之下,从我校财务管理实践教育的问题出发,项目组以"注重学理、亲近业界"为主线,以落实财务管理毕业生须具备的"精会计、强分析"的胜任力为实践行动纲领,全面实施"双创教育"的发展战略,在继承传统内容的基础上不断创新,拟从"平台—网络—基地—师资—考核"五方面进行改革和实践,系统性构建"五位一体"实践教学体系,达成 "知识—素质—实践能力"一体化培养。

(一)"五位一体"之一:以"双创教育"为导向,进行实践教育平台的重构

为了突出应用性,在两年半公共课、学科平台课、专业平台课学习基础上,按照用人单位提出的需特别强化的"精会计、强分析"要求,针对实践课程体系进行分层递进式的创新完善,包括以下的内容探究:

1. 细分实践平台,进行"1分为4"模式改革。即基于管理学科实践教育大平台,进一步地划分为"四个子平台"模式:①专业基础能力实践平台;②专业应用能力实践平台;③专业创新能力实践平台;④专业网络实践教学平台。通过"1分为4"的创造性举措,一是继续做实、做强基础平台和应用平台;二是集力、着力、合力打造创新平台与网络平台。这是本研究的逻辑起点:其一,夯实专业基础能力实践平台。面对低年级大一学生,通过开设基础实验项目,初步训练学生专业操作能力,将基本理论和基本方法在实际中进行最基本的验证实验,

此举有利于培养同学们"学以致用、务实创新"的专业观,也为后续专业课程学习、综合大实验打下基础。其二,合力建设专业应用能力实践平台。通过校—企、校—所(会计师、税务师事务所)所联合的专业课程实习,校内的专业课程实习、仿真性实验、综合性实验及校外实践基地的专业实习,以训练和培养学生对专业知识理解及在实际财务工作中的应用能力,能够运用专业理论知识和方法发现并解决实际工作中的问题。其三,着力打造专业"双创能力"的实践平台。实践教学平台作为内外嵌入的接口,通过"请进来""走出去"的运行机制,尝试"顶岗实习与就业相通""教学内容与职业技能融通""实践教学与企业运作直通"的"三通型"创新教学模式,嬗变理论教学和实践教学的对立与脱节,初步提升本专业学生核心应用能力。同时,通过创业课程设计、教师科研项目、大学生创新创业园区、创新创业论坛、成功校友创业成果报告、经管文化节作品、挑战杯大赛及其他科技竞赛以及最后的毕业论文等环节,将实践教学课程向多元化方向发展,目的是提高学生参与实践教育创新创业的兴趣、主动性和能力,鼓励学生大胆创新、勇敢创业。其四,大力建设专业网络实践教学平台。这是为贯穿前面三个平台,将信息技术充分运用于实践教学中,以保障实践教学平台的正常运转和高效运行,实行多向互动以提高学生主动学习的兴趣与能力。

2. 扩充实践环节,进行"4+1"建设。即在传统的四个实践环节"专业基础实验、课程教学实习、专业综合实习、毕业设计(论文)"基础上,增加一个"大学生创新创业实践"环节,推进实践创新创业落地。

3. 改良实践模块,完善模块配置。即将从属于五大环节的各个实践教学模块分类分层或交叉归入四大实践教学平台中进行有机组合,形成一个有脸、有皮、有血、有肉的健康机体。

上述做法实质上就是从"验证实验→认知→综合能力提升→综合大实习→毕业实习"进行分层推进。此举既让学生由浅入深、全面透彻地掌握专业知识,提高创新精神和创业能力,又充分发挥信息技术优势,通过专业网络实践教学平台,实行多向互动以提高学生主动学习的兴趣与能力。(见图1)

(二)"五位一体"之二:推进专业实践教学网络建设,实现"线上线下"紧密结合

在以信息网络技术为支撑的"互联网+"时代,实践教学离不开信息技术的支持,要保障实践教学平台的正常运转和高效运行,必须加速推进实践教学网络化建设,通过构建专业实践教学网络平台,采取"线上线下"相结合"植入"式实践教学模式,真正意义上实现学生、教师、实践基地在线交流,实现双线交互,

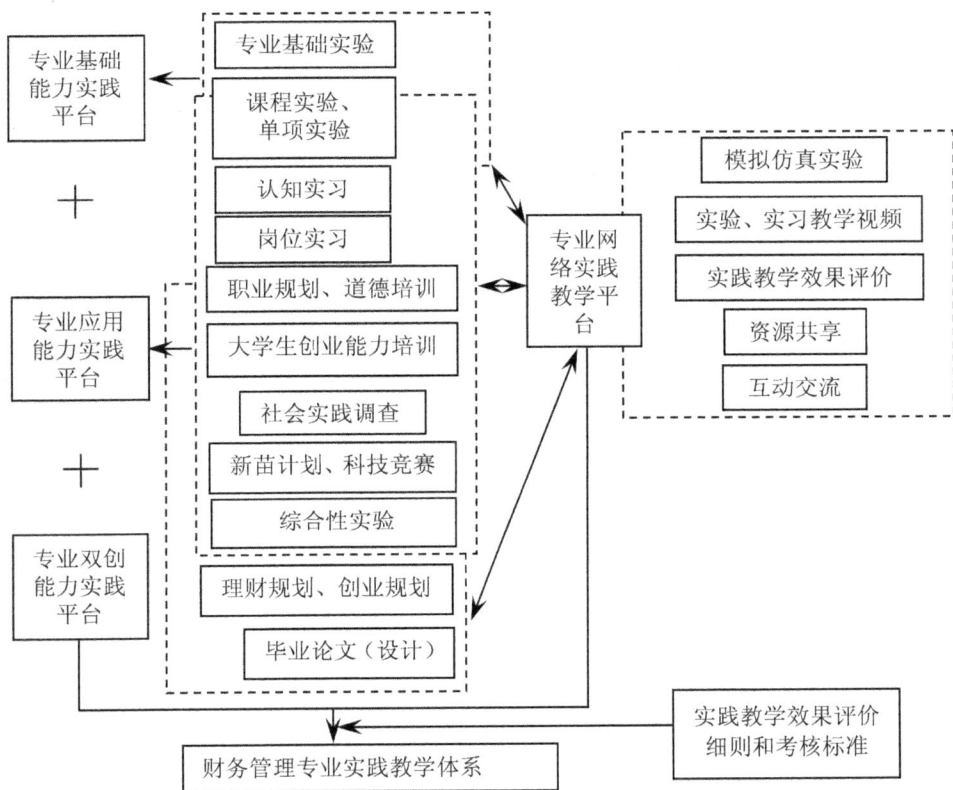

图1　财务管理专业实践教育体系的重构图

以取得四方面的预期成效：①实现学生自主学习，通过仿真模拟实验和教学视频自主解决一些必要问题；②让教师集中精力投入线上实践教学模块的建设；③跟踪学生的在线学习行为，提高过程性评价之比例；④跟踪评价教师、业界教师行为等。

（三）"五位一体"之三：巩固与拓展实践教学基地，营造学以致用的学习环境

财务管理专业秉承"鱼渔兼授"的教育理念，倡导"实干+创新"的专业精神，需强化本专业的"亲近业界"人才培养要求，加强实践教学基地建设极为重要和关键，应校内校外双管齐下、双箭齐发。

其一，校内基地建设：加强实验的仿真性。

当前已有的校内实验设施已不能满足校内实践教学的需求，考量学生实践

能力和创新能力培养,实现从学校到社会的"无缝"对接,务必加强集"实验、技术培训"为一体的校内财务管理实验基地建设。同时,应依据本专业的培养能力目标与课程建设要求,建设成"真设备、真项目、真要求"的项目式教学,通过同步实践教学之实现机制与社会需求接轨,并提炼本专业核心能力培养的标准。

其二,校外基地建设:加强校企合作的紧密型。

校外基地建设采取"多管齐下"之策略。在已有基础上,围绕"上海高才实践基地群"的"真本事、真需求、真投入、真效益",构建校企合作之"利益共同体",形成行业基地群。在此基础上,根据学生实习、就业、创业基地一体化建设的思路,以扩大合作的力度和深度,实现实践岗位的多元化和多层化。每学年本专业根据教学需要,选派青年教师采取"走出去"的战略,同时把业界师资"请进来"以提高实践教学质量。

(四)"五位一体"之四:通过"内培外引",建立一支"以专为主、专兼结合"的"双师双能型"师资队伍

其一,通过专兼结对、千人业师等方式,聘请企业财务总监、财务经理或财务主管及会计师事务所执业CPA等优秀专业人才担任兼职教师,进一步充实本专业兼职教师数据库,建成专兼结合、实践经验丰富的教学团队,以快速提升实践教学指导教师的整体素质和业务水平。

其二,积极响应校"百业培师"计划,同时,采取三进(进实验室、进实训基地、进校外实践基地)措施,鼓励青年教师到企业、会计师事务所等进行驻点锻炼,体验实际工作过程,发现理论与实际差异,积累实际工作中的专业素材,编写实践教学案例,快速成长为双师双能型教师。

(五)"五位一体"之五:制订科学有效的评价细则和考核标准,为实践教学顺利运行保驾护航

首先,完善现有考核制度,将过程性考核真正落实到位。其次,充分利用互联网,打破考核空间及考核时间的限制,建立"智慧考核"方案。该种考核模式是对传统实践考核模式的一种创新,可以先从上机类实验项目(如会计电算化模拟实习、财务分析实习、证券投资学实习等)切入尝试,通过实践、总结再予以推开。最后,建立科学合理的成绩评定方案,改变以往平时成绩、期末成绩的比重,开展以平时到岗、实习日志记录、阶段性任务、问题的发现、讨论与解决方案、团队合作、实践报告等形式为主的过程性给分制度。不同的实践课程教师

可以根据实际情况来分配分值并在授课计划中列明。

四　结　语

本文立足于财务管理专业"双创型"人才培养目标和实践教育的现状,从实践育人、实践创新、推动创业的视角,对已有实践教学体系从"平台—网络—基地—师资—考核"五方面提出改造和优化方案,以期通过"五位一体"实践教学体系,强化实践教育,培养学生"双创"能力,为培养出既有理论知识又有实践能力,既会传承又有创造的学生助力,为推动"双创"目标下的高校教育改革和专业建设做出积极尝试。

参考文献

[1]王菡,周慧玲,郭莉."五位一体"创新创业实践教育体系构建分析[J].北京教育(高教),　2017(2).

合作探究模式于民办高校毕业论文教学的
实践应用

陈梅兰*

摘 要:合作探究的教学模式是以发挥学生在教学中的主体作用,培养学生学会学习为目标的教学模式。在大学研究性学习视角下,本科毕业论文是一个贯穿四年大学教育的研究性学习的综合成果,也是对本科生经大学教育形成的"初步研究能力"的一个检验。文章探讨合作探究教学模式于民办高校毕业论文的教学实践,从探究性学习视角出发,提出结合仪器使用提高本科毕业论文质量的基本思路,最终培养学生的科学素养。

关键词:合作探究模式;民办高校;毕业论文

引 言

合作性探究(Cooperative inquiry)学习模式是一种对传统教学方式可行的替代。根据Johnson(1999)的定义,所谓合作性学习指的是学习小组在教学上的运用,学生们在小组内共同学习、互相讨论、互帮互学,使自己和每个小组成员的学习都能达到效果最大化。探究式教学是以探究为基本特征的一种教学活动形式[1-3]。《辞海》解释"探究"是指"深入探讨、反复研究";在英文中,"inquiry"翻译为"探究",围绕"是什么、为什么、如何做"(what,why,how),包括开展实验(test/testing)和解答问题(question/questioning)两方面内涵,最终完成探究任务。基于小组合作探究式教学模式,就是以学生分组、师生探究为主的教学模式;根据现行教材基本内容,在教师设计的环境下,采取学生合作讨论的形式,

---

* 陈梅兰,浙江树人大学生物与环境工程学院教授,研究方向为色谱分析。

组织学生发现、探索和解决问题,从而引导学生将所学知识应用于解决实际问题的一种教学形式[4-5]。

一　合作探究教学

合作探究教学法应当以学生的探究活动为主体,以教师启发为先导,为学生创造充分的思考空间和实践机会,强调师生之间、个人和团队之间广泛交流,以培养和提高学生智力和能力等综合素质,从而实现优化教学过程和提高教学质量。

探究式教学大致分为5个阶段。

一是课前筹备,有的放矢。首先明确教学目标,然后在考虑学生的认知和教学重、难点的基础上,确定探究内容,最后搜集整理资料,从而设计探究过程。在此过程中,应当把握好学生的自主性和多维性,既有利于学生主动学会认知和合作,又贴近学生的实际知识和能力水平,并考虑学生的层次性而因材施教。

二是引入问题、激发兴趣。运用直观演示、趣味实验和多媒体动画的方式提出问题,营造活跃的气氛。

三是引导探究、自主交流。教师启发学生个人和团队发挥积极性和创造性,动脑思考、动口讨论、动手实验,充分展现思维过程和变化。在此基础上教师因势利导,最终引导学生独立获得解决问题的办法。

四是强化提升,举一反三。教师以探究问题为例,进一步揭示本质,总结思考和解决问题的基本方法。

五是课后总结、积累经验。教师课后对本次探究学习进行小结,发现不足和积累经验。

综上,合作探究式教学相对传统教学被中外学者证明是一种有效提高学生的学习成绩和多方面能力的途径。

二　毕业论文教学

毕业论文课程本质决定其应对学生的思考能力、探索精神培养[6-7]。因此,如能把毕业论文课程建立几个小组进行合作探究式教学,充分发挥学生的自主性和能动性,能更好地提高毕业论文教学效果。

毕业论文是学生学习了所有基础课程并掌握了理论知识和实践技能后开设的,具备对实际问题求知求真的能力,因此建立在该基础课之上的毕业论文实践按探究及创新模式是可行的[8-10]。浙江树人大学是一所民办高等教育学校,也是国家首批承认学历的院校之一,近几年在省财政资助及学校配套资助下购置了大量仪器和设备,其中不乏一些大型用于环境检测的仪器设备。目前可开展的环境监测类毕业论文使用大型仪器主要如下:ICP-AES、ICP-MS/MS、AES、HPLC、IC,紫外可见分光光度仪、多参数水质分析仪、大气采样器、TSP采样器及配套的样品前处理设备等。从配备的实验仪器可看出,学生探索问题的实验设备已经具备。在具体毕业论文合作探究教学过程中主要考虑以下因素:

(一)应以人为本

在一小组合作研究《杭州市地表水抗生素污染调查研究》时,让小组同学查阅文献资料并进行总结,要求一星期之内上交总结报告。结果小组所有同学总结都不全面,普遍反映时间不够用。有些同学只完成抗生素的检测方法,有些同学只完成地表水可能存在哪些类型抗生素,还有同学只完成抗生素的性质。宽限一星期后,小组同学开始商量小组合作,每人专门在某一方面进行资料查阅并进行总结,最后由一个文笔相对好的同学进行统稿,顺利完成文献资料查阅总结。

通过这个案例,可以看到小组合作学习能更高效地完成学习目标并取得理想的效果。另外,我们在考虑学生分组时,尽量套用组间同质、组内异质的原则把优、中、差的学生组合在一起,同时充分考虑到他们的优势和劣势,以人为本,这样组合不仅起到帮带效果,也能更大程度上发挥他们的积极性。

(二)课题研究要分散、合作并举

在上例《杭州市地表水抗生素污染调查研究》中,查阅文献后需要学生写出具体的实验方案,方案应细分几个部分,如采样方法,样品提取方法,检测方案的建立,样品检测,方法的验证,报告并进行讨论。这个阶段,指导老师需全程给予指导,如抗生素在地表水中含量很低,常规检测方法无法检测出抗生素的含量,需要对水样进行富集处理,而富集处理的方法有很多种,如固相萃取,液液萃取,离子液体萃取,固相微萃取等。此时先行让同学们提出具体的方法及富集原理,经指导老师分析研究,考虑知识及方法难易程度决定选择离子液体萃取方法;另外抗生素在水中与金属离子络合作用会影响含量的检测,因此把实验分成两组:一组专门探索抗生素与金属离子的络合效应以探索最优萃取的效率。另一组试验高效液相色谱分离抗生素的色谱条件优化,并通过方法学考察确定建立方法的可行性。通过分散的两组实验,最后叠加就可以建立更优的离子液体液液微萃取的方法检测地表水中的抗生素。

(三)要强化教师的主导作用

在学生探究问题时,离不开老师的指导。本科学生的知识贮备是不够的,因为课题中的许多知识是书本中不曾出现的,何离子液体,液液微萃取,HPLC的使用方法,流动相的优化,方法学的设计,最后的数据处理及报告的内容等,更不用说在实际问题中遇到各种复杂问题,师生也不断地产生问题及解决问题的过程中学生更多。

这里小组合作学习并不意味着教师责任减少,在这种强调教师为主导、学生为主体的新型教学模式下,教师的责任更大了,教学技巧要求更高了,这个案例就体现这一点。学生由于主体性得到了体现,自然也会产生求知和探究的欲望,会把学习当作乐事,最终进入学会、会学和乐学的境地。师生负担也可以由此大减,教学的良性循环也会因此而建立起来。

三　合作探究模式于毕业论文教学的具体实践

(一)毕业论文任务下达与布置

根据教研室统一安排的毕业论文指导任务,指导教师布置几个类别课题,课题与前一届学生完成的有一定的可持续性,然后根据学生的要求和兴趣,将学生分成几个小组,每组两三个人。要求学生自主查阅相关文献,考虑各种试剂的性质,设计初步实验方案。以小组为单位进行讨论,撰写出可行性报告,指导教师进行指导讨论,提供想法供参考,鼓励学生开拓思维,提出相关的问题。

在毕业课题进行之前必须开展一次讨论课,在讨论课上要求学生讲述自己的实验方案,回答教师和同学的提问。课后学生可根据教师提出的要求进一步完善实验方案并提交所需试剂及仪器清单,然后再进入实验室开展课题实验。

基于小组合作探究式实践教学的每一小组每个学生的实验过程是相互合作完成的,实验结果与探究的问题有所相关,但最后都有自己的独立小论文。为鼓励学生的团队协作精神和动手动脑相结合,发挥小组中每一成员的作用,投稿成功发表论文上署名有每一位参与者。署名前后视实验贡献大小而定。

低年级学生进入实验室参与高年级学生实验的目的是学会仪器的操作使

用及注意事项,直至能独立掌握仪器使用,并对课题内容进行跟进。

(二)具体实施

1. 科学的选题,促使学生学会一种大型仪器的使用。课题在设置时基于这样的考虑:学会某一种大型仪器的使用。同一小组的学生选择某一类别的课题后,他们就需要相互合作、相互学习,最终学生在完成课题后也学会了对这一大型仪器的使用,同时每一位成员又有各自的子课题。

2. 小组合作探究教学。选好课题后,要求小组成员一起探讨设计研究方法,从查阅文献资料到设计实验步骤,包括需要的仪器、试剂及试剂的配制都需要学生独立完成。教师给予指导同时要求在某一领域进行一定深度的科学研究,也就是以毕业论文的要求对课题进行指导,包括投稿论文及发表的全过程。学生经过这样全过程的基本训练,为将来走上工作岗位打下良好的基础。

3. 探索以高年级带低年级的模式。学校现在推行"3+1"教学模式(3年在学校,1年在企业实践),较大部分大四学生进入企业实习,即使部分留在学校也难以专心做毕业论文。基于这种现实考虑,让大二学生进入实验室跟着大三学生学习,大四时大部分学生提前完成毕业论文并带动低年级学生,让后续的论文投稿及退修等工作交给低年级学生,让后者参与完成。

四　教学实践体会与成果

大学本科毕业论文的撰写对学生而言,是对其四年来积累的专业知识和综合能力的全面检验,是大学毕业前最后一项专业训练,是检验学生动手能力、综合实践思考能力的重要手段。

针对当今社会对高级应用型人才培养的要求,改革的具体内容如下:

一是以课题为纽带,设立几类有一定实际意义的课题,或将教师的课题分解成几块内容(由于仪器设备的限制,设立的课题有一定的相近);然后把学生分成几组,每组承担一个类别的课题,使得他们可使用相同的仪器,根据学校目前实验仪器及师资等状况在课题进行过程中互相探讨、互相学习。

二是以老带新,建立传承。考虑到学生大四年级已经在单位实习,因此让大二学生跟着大三学生做实验,参与大三学生的课题,特别是学习对大型仪器的使用及注意事项等。

三是论文撰写,包括毕业大论文和投稿小论文。通常要求每名学生完成实验相应内容后应先完成一篇投稿小论文,过程让大二学生参与跟进,完成整个论文撰写、投稿、退修到最终发表整个过程。

　　近几年,在该模式教学方法的引领下,学生参与科学研究的积极性很高,实验操作技能得到较好的训练,学生毕业后很受用人单位的欢迎,很多成为第三方检测公司的主力技术骨干。合作探究模式教学已得到大部分教师的认同,合作探究模式与毕业论文相结合,提出结合仪器使用以提高本科毕业论文质量的基本思路,最终培养了学生的科学素养。

参考文献

[1]马金晶,靳玉乐.探究型合作学习模式案例评述[J].天津市教科院学报,2009(3):19-21.

[2]刘吕红,肖孟夏.启发·自主·合作·探究·反馈——“探究式—小班化”课堂教学模式的理论研究[J].大学教育,2016(4):1-3,18.

[3]王爱盈.小组合作探究模式的实验研究[J].生物学通报,2016,41(11):40-42.

[4]胡大威,邢大伟.自主、合作、探究式体育教学模式的研究与实践[J].吉林体育学院学报,2008,24(2):109-110.

[5]江正军.自主学习合作探究教学模式的实践与思考[J].成都大学学报(教育科学版),2007,21(10):81-83.

[6]赵炜,魏贤勇,宗志敏,等.“本科毕业论文团队—科研团队”教学模式[J].实验室研究与探索,2015,34(1):196-198.

[7]童绍玉,李秀寨,刘荣.本科毕业论文质量提升途径研究[J].山西财经大学学报(高等教育版),2010,13(3):45-48,53.

[8]徐建邦.对本科毕业论文工作的几点思考[J].东北财经大学学报,2017,52(4):83-86.

[9]施小平.试论高校毕业论文(设计)的全面质量管理[J].高教探索,2016(4):62-64.

[10]乔军,孟庆玲.提高本科毕业论文质量的几点思考[J].高教探索,2011,243(9):46-47.

基于OBE理念为导向的"水污染控制工程"实验考核指标体系的构建和探讨[*]

陈雪松^{**} 郝飞麟 梅 瑜

摘 要:本文根据OBE理念为导向,设计了"水污染控制工程"课程实验能力考核指标体系,体现了以学生为中心、成果为导向,鼓励学生参与做出决定,做出准确的学习选择,达到能自我评估并获得成功,保证最大程度地让学生获得成功高等教育新的发展观。根据"水污染控制工程"实验课程的特征,建立了以实验装置结构认知、操作、调试能力、实验数据的分析统计能力,以及实验报告的撰写等内容的考核指标体系。同时,对相应的指标给出了权重和量化来评价学生的实验成绩。

关键词:OBE理念;水污染控制工程;实验考核指标体系

引 言

成果导向(OBE)是由美国教育家斯派蒂、斯洛克、布兰迪等研究了近20年后提出的成果导向教育的理念。其主旨是一种强调能力培养与训练的系统教育,其中的能力是指某给定的专业、职责或任务而言的综合能力,也可以说就是适应就业的能力。它的精华在于把焦点放在学生"学到了什么",而不像以往强调的是学校"教了什么",强调了毕业生实际能力,而不提具体课程要求。

"水污染控制工程"是浙江树人大学"环境工程专业"的核心专业课程,是一

* 本文为浙江省2015年度高等教育课堂教学改革项目"'水污染控制工程'课程'案例式—启发式—互动式'多维教学方法体系研究"(KG2015339)的研究成果。

** 陈雪松,浙江树人大学生物与环境工程学院副教授,主要研究方向为环境污染控制工程。

门理论与实践并重、技术性强的应用性学科,许多理论知识只有通过实践才能得以理解和掌握。因此,水污染控制工程教学实验就显得尤为重要。目前,从"水污染控制工程"的教学大纲来看,整个课程分理论教学(64学时)和实验教学(36学时)两部分,在后续的学期有三周时间的实践模拟训练来巩固前面的学习内容。实验教学以水污染控制工程理论为基础,而又具相对独立性的实验课程,它起着理论联系实际,又在实践中起到理解、消化、巩固课堂理论的作用。水污染控制工程教学实验课的质量,不仅直接关系到下一步三周实践模拟训练的好坏与成败,还对学生今后从事水污染控制相关工作有直接影响。因此,进一步做好水污染控制工程教学实验,不仅为培养学生的动手操作能力和解决实际问题的能力创造条件,也为将来实际工程的应用和科学研究奠定良好的基础。

本文拟以成果导向教学法为理论依据,分析水污染控制工程课程实践教学环节和考核手段对学生能力形成的影响与作用,进行水污染控制工程实践改革,探讨和研究高等工程教育改革的人才培养目标。

一　水污染控制教学实验能力指标体系构架

我校环境工程专业"水污染控制工程实验"36学时,在这个36学时中要完成如表1所示的10个实验,根据程度不同,具体要求不同。

表1　水污染控制工程实验项目及内容

序号	实验名称	内容提要	实验学时	每组人数	实验属性
1	废水静置沉淀试验	(1)掌握颗粒自由沉淀的实验方法;(2)了解和掌握自由沉淀的规律	4	4—5	综合
2	废水的混凝实验	(1)观察混凝现象;(2)确定最佳混凝工艺条件;(3)了解混合、反应作用对凝聚的影响	3	4—5	综合
3	电渗析和反渗透实验	(1)掌握极化曲线的测定方法;(2)电流效率、电耗、脱盐率的计算方法	3	4—5	综合

序号	实验名称	内容提要	实验学时	每组人数	实验属性
4	吸附实验	(1)了解活性炭的吸附工艺及性能;(2)掌握用实验方法确定活性炭吸附处理污水的设计参数的方法	3	4—5	基础
5	离子交换实验	(1)加强理解离子交换法的基本原理和理论;(2)离子交换容量的计算;(3)掌握水中Ca、Mg离子的测定方法及电导仪的使用方法;(4)交换速度与水中含盐量的关系	3	4—5	基础
6	废水的生物处理可行性研究	(1)理解"工业废水生物处理可行性"的意义;(2)掌握可行性试验方法	3	4—5	基础
7	废水的气浮处理实验	(1)掌握气浮处理废水的主要原理;(2)掌握影响气浮效率的因素;(3)熟悉操作规程	4	4—5	应用
8	废水的活性污泥法处理废水	(1)掌握活性污泥法的净化机理;(2)掌握活性污泥法的评价指标	5	4—5	应用
9	废水的SBR法处理废水实验	(1)了解SBR反应器的主要结构及工作流程;(2)掌握SBR法处理废水的原理	4	4—5	应用
10	生物膜法处理废水	(1)了解生物转盘、生物接触氧化池的结构;(2)了解生物转盘、生物接触氧化池处理废水的机理	4	4—5	应用

根据目前水处理技术的发展,水污染控制工程实验分为物理处理、化学处理和生物处理三部分。通过实验,学生对废水的物理处理、化学处理和生物处理的基本原理、工艺方法和流程有进一步的了解,也提高了学生分析问题和解决问题的能力,为以后独立工作打下基础。这三部分的内容既独立又相互联系,每个实验要测试的项目有相似的,但基本原理又有着本质的不同。本课程实验主要是为学生以后从事水污染控制工艺设计和工程运行调试服务。因此,在实验内容上着重介绍不同处理装置的结构、操作方法、相关指标的测试和记录、计算方法。

在制订能力指标的过程中充分考虑学生在实验纪律、工作态度及其团队协作精神等因素。由于水污染控制工程实验具有耗时长、内容多等特点,这决定了单独的个体很难独立完成具体工作。水处理实验必须以小组为单位进行,以4—5人为一小组,共同协作才能完成。

由此,水污染控制工程实验教学能力指标体系应包括以下几个方面,如图1所示。

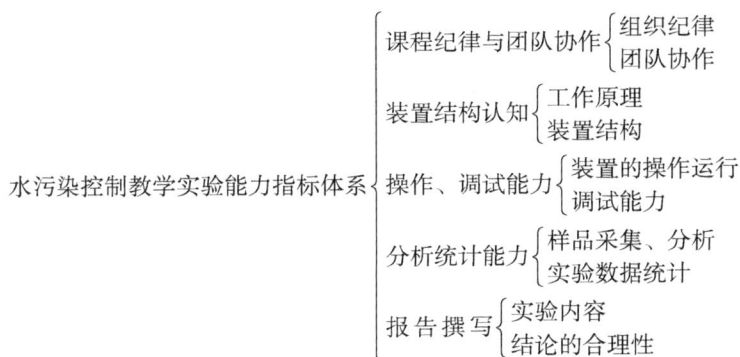

图1 水污染控制工程实验教学能力指标体系图

二 水污染控制工程教学实验能力指标及其权重

根据"水污染控制工程"教学实验的要求,在总结几年来水污染控制工程教学实验的基础上,将该课程的教学实验分为课程纪律与团队协作、实验装置结构认知、操作与调试能力、数据分析与统计、报告撰写等几个方面,并相应地制订了指标体系。各指标的权重和量化考核标准见表2—表6。

表2 课程纪律与团队协作(权重0.15)

具体项目	权重	要求	记分标准			
			9—10分	7—8分	5—6分	1—4分
1. 实验中组织纪律	0.07	实验积极、主动,有较强的动手能力,遵守纪律	符合要求	基本符合要求	表现尚可	纪律散漫,动手能力差,与其他同学协作精神差
2. 团队协作精神	0.08	实验小组能够分工协作,有效完成实验任务	符合要求	基本符合要求	表现尚可	

表3 实验反应器结构认知能力指标(权重0.15)

具体项目	权重	要求	记分标准			
			9—10分	7—8分	5—6分	1—4分
1. 反应器工作原理 2. 反应器构造和组件	0.05 0.1	实验原理要求完整、精确;熟悉反应器构造和组件的功能和使用要求	掌握并表达清楚各个部件的功能	熟悉并表达清楚整个结构功能	了解并表达清楚各部件功能	需翻书才能表达认识不清

表4 实验装置操作与调试能力指标(权重0.3)

具体项目	权重	要求	记分标准			
			9—10分	7—8分	5—6分	1—4分
1. 装置操作运行 2. 调试能力	0.1 0.2	按规程操作,保证装置正常运行;对实验中出现的问题有分析、解决能力。优化有关工艺参数	熟练启动、操作实验装置;有较强的调试能力,自主解决各类问题	正确操作实验装置;完成工艺参数优化,指导下能解决实验中出现的问题	指导下操作实验装置;指导下完成工艺参数优化、解决实验中出现的问题	指导下操作实验装置;调试能力差

表5 样品分析统计能力指标(权重0.2)

具体项目	权重	要求	记分标准			
			9—10分	7—8分	5—6分	1—4分
1. 水样的采集分析能力	0.1	水样采集按照有关规范进行;能熟练完成常规项目的分析、测定	水样采集按规范进行,熟练完成项目的分析、测定工作。基本无差错	能够完成水样的采集、分析工作。操作失误少,不影响数据的有效性	基本能够完成水样的采集、分析工作。无重大操作失误	水样的采集、分析工作无法独立完成

续表

具体项目	权重	要求	记分标准			
			9—10分	7—8分	5—6分	1—4分
2.实验数据的统计	0.1	收集实验数据,并正确对数据进行分析处理	正确地分析和归纳实验数据,掌握数据分析处理技术	正确地分析和归纳实验数据,了解数据分析处理技术	能分析实验数据	不会进行实验数据的分析和处理

表6　实验报告撰写能力指标(权重0.2)

项目	权重	要求	记分标准			
			9—10分	7—8分	5—6分	1—4分
1. 实验内容	0.1	实验报告完整、论述合理;对出现的问题能给出合理的解释和改进建议	报告完整、论述合理;对异常数据有合理的解释和改进建议	实验报告完整、论述合理	报告完整、论述基本合理	报告不完整、论述逻辑性尚有欠缺
2. 结论的合理性	0.1	文字简洁、准确;实验结果能验证教学理论	实验结果能验证教学理论	实验数据基本能验证结论	实验数据与所得结论不符	没有结论

三　实验能力评价

上述实验能力指标体系,可以量化学生的实验能力。学生的实验成绩可按下式计算。

$$p_{成绩} = 10\sum_{i=1}^{5}\sum_{j=1}^{2}a_j p_j$$

式中:i——指课程纪律与团队协作、实验装置结构认知等五大类指标。

　　　j——指大类指标内的分项指标。

　　　a_j——指分项指标的权重。

p_j——指分项指标的得分。

$p_{成绩}$——指实验成绩。

四 结 论

为满足社会经济发展的需要,必须进一步完善水污染控制工程教学实验。建立一整套完整的"水污染控制工程"实验能力指标体系,有利于学生实际动手能力和分析解决问题能力的提高,保证实验教学的质量,量化教学成果。

参考文献

[1]李光梅.成果导向教育理论及其应用[J].教育评论,2007(1).

[2]王国东.园林类专业以"工学结合"为基础的作品(成果)导向式教学模式研究[J].安徽农业科学,2012,40(6):3827-3828.

[3]朱晟,刘元涛,张福伦.实验教学改革与培养学生创新能力的实践及思考[J],实验室研究与探索,2001(4):35-39.

[4]高廷耀,顾国维.水污染控制工程[M].北京:高等教育出版社,2000.

[5]彭党聪.水污染控制工程实践教程[M].北京:化学工业出版社,2004.

"酒品与饮料"应用型课程教学改革研究*

范轶琳　邓　敏**

摘　要: 本文就应用型课程"酒品与饮料"的教学改革展开研究,梳理总结了课程改革与实践的成效与经验。

关键词: 酒品与饮料;应用型课程;改革

浙江树人大学旅游管理(休闲和餐饮管理)专业,旨在培养掌握休闲旅游与餐饮行业基本理论、策划、运作管理和服务技能,具有较深的专业理论功底和较强的职业素养及发展潜能的人才。专业培养目标定位在休闲宴会设计与运作人才、餐饮营养保健管理人才、休闲度假村经营管理人才、休闲旅游与节庆策划人才这四大职业化专才,重点突出经营管理能力、策划运作能力和高端服务能力这三大核心能力。"酒品与饮料"课程作为围绕"休闲宴会设计与运作人才"培养目标的能力构建课程,旨在培养学生的高端服务能力和经营管理能力,在教学过程中强调"实践"和"创新"[1]。在此目标指导下,传统的以教师讲授为主的课堂教学模式远不能适应新时期应用型课程的需求变化,教学改革势在必行。

一　教学改革与实践

经过多轮的教学实践,浙江树人大学"酒品与饮料"课程组在"5(专任教

* 本文为浙江树人大学优秀应用型课程建设项目(JKJ0616202)的研究成果。

** 范轶琳,浙江树人大学现代服务业学院教授,主要从事旅游管理研究;邓敏,桂林理工大学旅游学院副教授,主要从事酒店管理研究。

师)+2(业界导师)"教学团队的基础上,构建了"16(8周理论教学课时)+40(1周集中性实训教学课时)+8(专业综合实习课时)"的课程教学体系,同时,综合运用案例分析、项目驱动、角色扮演、小组合作等多种教学方法,在如下六方面进行了课程教学改革。

(一)课程设计思路:校企合作双赢化

积极建立校外实践基地,共享教育教学资源,同时聘请优秀业师,以实训指导和专题讲座的形式,拓宽学生的研究视野,确保学生学以致用,实现良好的教学效果。

(二)课程开发设计:学习过程工作化

成立由校内专任教师、星级饭店餐饮部经理、高级调酒师组成的课程开发小组,依据工作过程导向的教育理论确定课程开发流程,以酒吧经理的典型工作任务为载体,设计学习情境。

(三)课程内容选取:典型任务项目化

基于酒吧经理真实的工作过程进行课程开发,序化串行最典型的工作任务以安排课程内容,具体包括三大实训项目及十六大典型实训任务(表1)。

表1　课程内容与目标

项目	任务	能力、技能、知识目标描述
1.酒水服务	1. 红酒醒酒服务 2. 啤酒冰镇服务 3. 黄酒温酒服务 4. 洋酒兑饮服务	能力:具备良好的职业素养如沟通和外语接待能力,能根据顾客需求推荐酒水,掌握酒水的品鉴、服务、储存方法等 技能:醒酒方法、冰镇方法、温酒方法、兑饮方法 知识:各类酒水的起源、产地、命名、原料、分类、特点、名品、生产工艺等
2.酒水制作与装饰	5. 摇和法 6. 搅和法 7. 兑和法 8. 花式调酒法 9. 电动搅和法 10. 常用装饰法 11. 组合装饰法	能力:掌握酒水调制和装饰的基本操作方法,具备酒品创新、质量控制、酒吧氛围营造等能力 技能:摇和法、搅和法、兑和法、花式调酒法、电动搅和法、常用装饰法、组合装饰法等 知识:掌握鸡尾酒的起源、结构、调酒工具与方法、装饰物分类与制作方法、色彩搭配知识、装饰注意事项等

续表

项目	任务	能力、技能、知识目标描述
3. 酒吧经营与管理	12. 人员管理 13. 服务管理 14. 成本管理 15. 销售管理 16. 设备管理	能力:制订和实施酒吧业务流程,掌握酒吧经营与管理能力 技能:人员管理、服务管理、成本管理、销售管理、设备管理 知识:酒单设计、物料管理、成本核算、业务流程、设备维护与使用等

(四)课程教学模式:教学任务情境化

明确各项任务的工作对象、工作流程、工作方法、组织方式、使用工具、与其他任务的关系等事项,为后续学习情境的设计奠定基础(表2)。

表2　课程教学任务情境设计(以红酒醒酒服务为例)

项目	任务	教学目标、能力要求、教学方法、教学实施
酒水服务	红酒醒酒服务	教学目标:了解葡萄酒的历史、分类和生产工艺,了解意大利和法国葡萄酒的产区及等级划分,掌握葡萄酒酒标的语言,掌握葡萄酒的最佳饮用温度、菜肴搭配、斟倒服务,掌握葡萄酒醒酒技能
		能力要求: 1. 基本素质,包括职业道德、服务意识、职业礼仪等 2. 岗位操作,包括醒酒器的正确使用,熟练的醒酒服务等 3. 岗位管理,包括设备管理、质量管理、服务管理、物料管理、成本管理等 4. 职业素养,包括沟通能力、应变能力、团队协作等
		教学方法:案例分析法、项目驱动法、角色扮演法、小组合作法等

续表

项目	任务	教学目标、能力要求、教学方法、教学实施
酒水服务	红酒醒酒服务	教学实施[2]： 1.任务准备 (1)资讯：在指导学生观看红酒醒酒服务视频的基础上导入葡萄酒对客服务技能；讨论红酒醒酒服务所需素材；明确具体任务，包括推销、示瓶、开瓶、换瓶、醒酒、尝酒、斟倒等 (2)计划：学生分小组讨论工作任务的步骤与程序；分小组讨论各岗位人员的职责与任务，明确设备的维护和使用要点 (3)决策：确定各学生小组的任务方案 2.任务实施 学生分小组按计划协作完成实训任务 3.任务评估 (1)自查：学生小组自查任务完成情况 (2)互评：学生小组进行成果展示并交互评价 (3)总评：教师与业师共同点评任务完成情况 (4)存档：个案记入课堂教学日志 4.拓展学习 葡萄酒品牌与醒酒器、醒酒时间的匹配，醒酒服务的熟练掌握

(五)课程实践模式：基地参观实习化

建立了西湖国宾馆、浙旅千岛湖温馨岛度假酒店、杭州运河塘栖雷迪森庄园、杭州雷迪森龙井山园、萧山机场浙旅大酒店等多家校外实习基地，为学生的实践学习提供了良好的保障。

(六)课程评价方案：职业能力标准化

改革传统的教师单方评价体系，转由教师、业师、学生三方共同完成课程评价，考核内容分为态度考核、理论考核和实训考核三方面(表3)，从而弱化纯理论知识考核的思想。

表3　课程考核量化表

项目	主要观测点	评价主体	分值
态度(20%)	日常考勤、课堂关注度	教师	10
	时间观念、协作意识、积极性、责任意识	学生小组成员	10
理论(40%)	小组配合完成酒单设计 评分标准:规范要求(应包含名称、数量、价格等基本信息)、酒单样式(用纸、色彩、字体等)、设计依据(目标客人的需求及消费能力、成本及价格考虑、季节性考虑等)	教师	40
实训(40%)	个人完成酒吧日常设备维护	教师、业师	10
	个人完成常见酒水辨识与服务	教师、业师	15
	个人完成指定鸡尾酒和自创鸡尾酒调制	教师、业师	15

二　教学改革成效

通过上述改革与实践,"酒品与饮料"获得了2016年度浙江树人大学校级优秀应用型课程建设立项。近三年的学生评教和问卷抽样数据表明,96%的学生认为课程教学内容有趣实用,教学过程融理论知识与实用技能于一体,95%的学生认为授课过程提升了其团队协作能力,有助于增强其职业素养。现将课程改革成效总结如下:

(一)教学内容

结合社会对本专业人才的规格要求不断更新教学内容,实践、实习、实务内容占总学时的1/3以上。

(二)教辅资料

在现有出版教材的基础上,广泛收集与筛选教学参考用书,进一步完善了课程实训习题库。

（三）教学方法

结合课程和学生特点，灵活运用多种教学方法，突出问题式、项目式、合作式教学方法，实训和"以学生为主体"的教学方法授课占总学时的1/2以上。

（四）实践教学

修订了实践教学大纲及指导书，探索了校企共同参与的实践成果评价模式，提升了实践教学效果。

（五）教学团队

构建了一支专兼结合、校企结合的双师型教学团队，同时逐步增加了业师的授课学时。

（六）教学效果

团队教学质量评价经课程建设后，同行及校内督导组评价良好，课程评教成绩居学院前30%。

综上所述，对比传统的教学模式，应用性导向的"酒品与饮料"课程改革与实践突出了高端服务和经营管理这两大核心能力的培养，发挥了学生在教学过程中的能动主体作用，有助于树立学生的创新与协作意识。

参考文献

[1]范轶琳,邓敏.基于团队教学的PBL教学法在"酒品与饮料"课程中的应用研究[J].经济师,2015(2):259-260.

[2]刘澜江.基于工作过程的高职"酒品饮料制作"课程开发[J].高教论坛,2011(11):104-108.

基于POCIB的国贸专业课程体验式教学设计*

杨 莉**

摘 要:国际贸易专业的教学目标是培养国际贸易应用型人才。传统的教学模式对于国际贸易专业的教学来说稍显不足,体验式教学法可以通过模拟实际的贸易情境,培养学生的独立动手能力以及创造性的思维。本文主要介绍了体验式教学法及其在国贸课程教学中的具体应用,并分析了体验式教学设计的要点,最后探讨了体验式教学设计需要注意的问题及对策。

关键词:体验式教学;国贸课程;POCIB;专业竞赛

一 国际贸易系列课程的教学目标

国际贸易专业的教学目标就是培养能够在竞争激烈的国际经济环境中应付自如独当一面的国际贸易应用型人才。国际贸易专业的学生需要具备良好的学习能力、专业的工作能力及创新能力。具备良好的学习能力才能适应国际贸易理论、国际贸易规则和各国贸易政策的发展不断进步,才能积极主动地学习新的内容,适应国际贸易市场的变化。具有专业的工作能力包括国际贸易业务开展中所需要的交流能力、应变能力和组织管理能力。能够毫无障碍地与外国商人沟通交流,实时分析并解决实际工作中遇到的问题;及时抓住机遇,勇于开拓创新,为公司带来更多的利润和发展机会。

---

* 本文系浙江树人大学校二类教改(实验室开放项目)课题"基于POCIB+SimTrade的国贸专业竞赛和体验式教学设计"(2017JS2006)的研究成果。

** 杨莉,浙江树人大学现代服务业学院讲师,研究方向为国际贸易实务。

二　体验式教学设计理念及在国贸课程中运用的意义

(一)体验式教学法的概念

体验式教学是指在教学过程中,教师以一定的教学理论为指导有目的地创设教学情景或教学活动,通过学生在教学情景或教学活动中的积极体验,亲自感知、理解、验证教学内容,最终达到内化知识、构建新的知识体系的一种教学模式。目的在于让学生学习科学知识的同时,更深刻地理解该理论知识的产生原理和使用价值,达到对知识的真正掌握。体验式教学思想在我国有深厚的历史渊源,古代的教育家、思想家以自己的远见卓识提出了蕴涵体验式教学思想的教学观。国内学者们一般认为,体验式教学概念涉及的关键词为体验、实践、环境和经历。

(二)体验式教学法在国贸课程教学中的意义

1. 提高对知识的系统性认识

由于国际贸易实际业务非常复杂,并且外贸的真实场景很难在一个简单的软件操作中模拟;另外校外实习基地的企业很难吸纳大量的实习学生。因此,体验式教学法在国际贸易系列实务课程中有重要意义。在教师的指导下,学生能在短期内全面体验国际贸易企业运作的过程,获得对国际贸易相关工作的系统性认识,熟练掌握相关的工作技能,不再停留在枯燥的国际贸易实务教与学上。

2. 提高自主学习的能力

国际贸易系列课程是理论与实务相结合的课程,被动的"记忆"学习会带来低效率。这种教学模式以学生为中心,突出了学生在教学过程中的主体地位,教师从"主角"变为"配角",改变了过去以教师为中心的传统教学模式。课堂教学氛围良好,提高课堂教学的实效性,充分激发学生学习的热情、激情,提高学生的动手、思考、分析和创新能力,提高学生自主学习的能力。

(三)基于POCIB的体验式教学

在国际贸易实务、外贸英语函电、国际结算、外贸谈判等国际贸易系列课程全部结束后,学生已经基本掌握了国际贸易的全套知识。但是,这些课程知识包是相对独立的,需要一个融合的过程。这时候加入一个体验式的综合课程,有助于提高对于整个流程的感性认识。

POCIB是近几年较流行的互联网培训课程,也有相应的竞赛。POCIB不仅真实体现现有国际贸易理论和实务框架,也是一个高仿真实训平台,可以根据现实的国际贸易环境快速调整和应用,更加贴近现实。POCIB通过体验式学习的科学方法,使学习者在短期内全面体验国际贸易企业运作的过程,获得对国际贸易相关工作的系统性认识,熟练掌握相关的工作技能。学生可以加强对国际贸易理论知识的感性认识,熟悉和了解就业环境,做好前置的技能准备。

三　国际贸易系列课程体验式教学设计

(一)竞赛是体验式教学的重要内容

学科竞赛是实践教学环节中的主要形式之一,通过竞赛可以挖掘优秀学生,巩固理论教学,为学生创新实践能力和综合素质的提升提供了极好的平台。针对日常实践教学中的问题,学科竞赛可以很好地弥补日常实践教学中的缺陷。

学科竞赛也是体验式教学的重要内容。POCIB比赛是高仿真贸易模拟平台,参赛学生在POCIB平台上与他校的同学进行模拟贸易。从组件公司、发公司广告和产品广告到寻找客户、谈判磋商,到贸易合同的签订和后期履行,各种贸易单据的缮制以及贸易纠纷的处理,参赛学生几近身临其境地体验了国际贸易的整个流程。POCIB比赛在限定的时间内进行,学生更有时间紧迫感,与当今世界经济的快节奏更相近。每一届的参赛学生在赛后交流会上,都会表达出"比赛让我成长"的感悟。参加竞赛作为体验式教学的短板在于参赛的学生数量有限,适合那些喜欢挑战自我的基础知识较扎实的学生。

(二)选择合适的实训平台是体验式教学的主要任务

根据前文所述的国际易贸实际业务及相关事项,选择合适的实训平台是国贸体验式教学的主要任务。例如,面向全体国贸专业学生,SimTrade平台及POCIB的培训课程是较适合的体验式学习途径,可以是国贸体验式教学的主要途径。在学生进入毕业实习的前一个学期,国贸专业安排一门国际贸易模拟课程。该课程是体验式学习为主的国贸综合训练课程。

(三)业务流程完整是体验式教学的充分条件

在国际贸易系列课程中,国贸实务有报价的体验实训,外贸谈判和外贸函电有英语沟通的体验实训,国际结算课程有结算制单的体验实训,货代课程有订舱体验实训。这些前期的体验式学习已经让学生打下一定的基础,对这些分环节的知识有了特定的认识。在最后的国际贸易综合模拟环节,体验式教学要避免国贸环节的碎片化,要有一个综合的贯穿一个完整贸易流程的综合体验。学生从完整的贸易流程体验中可以对每个环节的紧密联系得到更深刻的认知,例如报价环节对后续订单执行情况的影响,函电往来对双方业务关系的影响,单证制作对发货收款的影响等。

(四)后期总结是体验式教学的关键

国际贸易教学是一个系统而完整的动态过程,是学生在教师指导下由表层的感知逐步向深层的感悟的过程,也是一个需要学生的智力、情感态度、合作态度共同参与的学习过程。体验式学习不仅仅为了现场的体验,更要注重体验后的思考和总结。学生在经过对报价、谈判磋商、制单等相关情境的亲身体验和分析总结后,对情境中所反映的知识形成了自己特有的认识。然后教师应通过启发学生思维,引导学生交流互动,引导学生运用恰当的学习方法,将这些认识和体会加以归纳总结,通过已创设的问题情境发现问题,总结规律,引导学生完成知识体系的构建。参与POCIB比赛的选手从教学班学生中选拔而来,比赛结束后,这些同学回到班级后会将体验和经验与同学分享。

四 国贸课程中运用体验式教学时需注意的问题

(一)教师应注意的问题

1. 教师要明确自己的角色,做好激励工作

体验式教学使得教师要由知识的传授者、灌输者转变为学生主动建构知识意义的帮助者、促进者,要充分激发学生学习的热情、激情,从而提高国际贸易课程的整体教学效果。在POCIB比赛或实训前,教师不再重复讲授知识,而仅需为学生讲解POCIB的一些规则,并鼓励学生能充分利用"百科"菜单,鼓励登录平台的学生之间多交流,尽可能自己去摸索、去思考问题。

2. 教师要做好总结评估工作

体验式教学的重点环节是体验后分析、总结、交流。在体验活动——参加POCIB比赛和实训后，要引导学生对POCIB比赛和实训各环节中遇到的问题进行讨论、思考、总结、交流，并在交流之后，由教师做适当的归纳总结，使学生透彻地理解所学的知识，下次能更好地运用所学知识解决问题。对于老师而言，每一次竞赛都是对教师指导工作的一次检验，可以对现存的问题提出改进措施，明确努力的方向。如果在情境体验与感悟之后，不能因势利导地引导学生对知识进行深入的分析和品味，学生的体验就只能停留在浅层表象上，所得必然有限。

3. 教师要构建合理的课程考核体系

教学考核评价体系是整个教学环节中的重要组成部分，是对学生学习能力和学习成就的检验，影响学生的学习心态和动力。将POCIB竞赛和实训引入国贸课程教学后，既要注意课程评价方案的公平性，也要注意课程评价的灵活性。POCIB教学软件能对学生整个学习过程进行持续评价，相比于传统的以书面考试为主的评价方式更加细致和客观，避免了传统授课和培训过程中因为环境和个人因素所带来的考核效果的差异。但是电脑的评价往往无情，学生资质的差异，以及系统自带的偶然性，教师最终给出考核成绩前要灵活调整。

(二)学生应注意的问题

1. 理论学习和体验式学习不能本末倒置

体验式学习是实践的一种，而理论是指导实践的工具。只有把理论和实践结合起来，才能达到最佳的教学效果。POCIB教学平台是高仿真实训平台，学生在操作学习的过程中，可以体验到做贸易的趣味性和刺激性。但是倘若因此而忽略国贸理论知识的学习，不是在理论知识巩固的前提下进入体验式学习，仅仅为了做交易而匆忙查阅相关知识，是本末倒置的行为。我们在利用POCIB平台进行实训或者参加比赛前，鼓励学生将百科中的知识再梳理一遍，尽量不要在比赛或实训中临时抱佛脚。

2. 学生在体验式学习中要及时总结

在体验式学习中，学生深入理解理论知识，并在实践体验中灵活运用，分析问题，解决问题。整个体验环节中不可能一帆风顺，每一个学生都会遇到各种困惑和挑战。即使在体验过程中通过与同学交流讨论、向老师请教等途径已经解决了问题，在体验活动结束后，也应及时做好自省总结工作。在以往的POCIB比赛中，我们鼓励学生每天记录当天操作中遇到的问题以及解决方法，定期在同学中讨论。一方面,可以让尚未遇到该问题的同学引以为戒;另一方面,也可以加深印象,避免今后的同类问题再现。

3. 学生要轮流体验各种角色

国际贸易流程是一个多方互动的过程,涉及出口商、进口商、双方银行、船公司、检验检疫等机构。在国际贸易实务的理论学习过程中,教师往往以出口商、进口商的视角来教授相关知识,容易忽略其他角色的工作内容。因此,学生在进行体验式学习时容易先入为主地选择贸易商的角色。如果分组学习,每个同学应该轮流体验贸易流程的不同角色,深入感受一下各角色互动的重要性。如果是一个人完成整个流程的体验,则要注意及时切换身份,认真完成每个角色的分内任务。

五　小　结

国际贸易实际业务非常复杂,而校外实习基地的企业又很难吸纳大量的实习学生,因此强调"经历,感知"的体验式教学对于国贸课程的教学非常重要。基于POCIB的体验式教学能让学生去体验生动的贸易环境,让学生在短期内全面体验国际贸易企业运作的过程,面对风险、承担责任[3],获得对国际贸易相关工作的系统性认识,熟练掌握相关的工作技能。

在国际贸易实务课程的体验式教学中,可以充分利用POCIB等专业竞赛,同时选择SimTrade平台及POCIB的培训课程等合适的实训平台,在完成理论学习的基础上体验完整的贸易流程,并做好充分的后期总结交流,教师也要同时构建与体验式学习相匹配的课程考核体系,才能获得较好的教学效果。

参考文献

[1]张金华,叶磊.体验式教学研究综述[J].黑龙江高教研究,2010(6):143-147.

[2]韩琳琳,孟祥革.体验式教学法在国际贸易课教学中的应用[J].教育探索,2011(8):52-57.

[3]胡心宇,刘娜.职业教育中国际贸易实务课程教学方法的创新探讨[J].对外经贸,2014(7):141-145.

"食品化学与营养学"教学改革与实践*

刘彩琴**　王　楠　金建昌　王石磊

摘　要:"食品化学与营养学"是一门科学性、社会性和应用性很强的课程。针对应用型本科层次教改,以提高教学质量为目标,结合多年来"食品化学与营养学"课程教学经验,从教学内容、教学方法和教学效果评价等方面做了教学改革与探索,旨在培养学生适应能力、解决实践难题和创新能力。

关键词:食品化学;营养学;教学模式;课程改革

随着世界范围的社会、经济和科学技术的快速发展,各国人民生活水平明显提高。为更好地满足人们对食品安全、营养、美味、方便的越来越高的需求,传统的食品加工快速向规模化、标准化、工程化及现代化方向发展,以及新工艺、新材料、新装备不断应用等,都极大地推动了"食品化学与营养学"的快速发展。

食品化学与营养学不仅与食品科学有关,而且与食品生产、基础医学和农业科学密切相关;具有很强的科学性、社会性和应用性;是一门理论与实践并重、宏观与微观结合、知识与技能融通的学科。"食品化学与营养学"是我校食品科学与工程专业一门必修的专业基础课。食品化学部分主要讲授食品的化学组成、性质和食品在贮藏加工及包装过程中发生的化学和物理变化,食品色、香、味和食品的安全性等,是为改善食品品质、开发食品新资源、革新食品加工工艺和贮藏技术等奠定基础的科学;食品营养学部分主要讲授食品中营养素对机体健康的功效、机理及价值评定,食物的消化与吸收,营养与能量平衡,加工

* 本文系2015年度浙江树人大学生物与环境工程学院教改项目的研究成果。
** 刘彩琴,博士,浙江树人大学生物与环境工程学院副教授,研究方向为食品科学。

贮藏过程中食品营养价值的变化，以及公共营养等，是为改善食品营养价值、提高人类生活质量及品质等奠定基础的科学。

提高教学质量和培养学生的综合素质是教学研究的一个永恒课题，我校人才培养目标是"高级应用型人才"。也就是说，毕业后绝大部分同学在工作中是应用工程师的身份，要解决一线出现的问题，这就要求从业者具有强的适应能力、解决实践难题和创新的能力等核心能力，而核心能力的形成是一个长期积淀的过程，引路人对学生成长和成才非常重要。笔者结合教学实践，对"食品化学与营养学"的教学内容、教学方法和教学效果评价等三个方面做了教学改革与探索，以期促进学生对知识和技能的掌握，以适应岗位职业需求。

一　注重基础，强化应用

根据"食品科学与工程专业规范"、我校"高级应用型人才"培养模式的要求，以及社会对人才能力与素质的要求下，课题组通过系统的调研及分析，确定了教学内容为基础理论与实际应用相结合。食品化学部分主讲内容为食品中的水分、食品中的糖类、食品中的脂类、食品中的蛋白质、食品中的酶、食品中的色素和着色剂、食品的风味和食品添加剂等的性质，以及在食品加工过程中的变化；食品营养学部分主要讲授人体能量需要、营养基础知识、食物的消化与吸收、各类食品的营养价值、特殊人群营养与食品、公共营养等内容。

除了基础知识外，还添加学科相关研究进展和生产中的实际应用实力。例如，低聚木糖、低聚果糖、低聚异麦芽糖等作为"双歧因子"而广泛地应用于食品的各个领域，因此在食品中的糖类这章还简略介绍一些常见的功能性低聚糖的应用，并要求学生自己通过课外读物了解它们的结构、生理功能和市场开发前景等；在脂类营养中加入膳食营养与健康、体重的管理，并要求学生认识营养在非传染性流行病、慢性病等治疗中的重要性。

二　多维教学方式，关注解决问题

随着技术的进步和学生基本素质的提高，教学方式宜以"学生解决问题能力的培养"为出发点而采用多种教学法。在此教学过程中，我们在教学方式上采用多种教学法相结合的方法以激发学生兴趣、刺激学生的求知欲，提高学生学习的主动性、主体性、合作能力等，以促进教学质量的提高。比如，苯甲酸钠和山梨酸钾常作为饮料的防腐剂，但是其安全性仍存在疑虑。饮料存储过程中，羟基自由基会对苯甲酸盐去碳酸基，产生致癌物质苯；有些儿童对苯甲酸钠和山梨酸钾过敏；但是临床治疗表明苯甲酸钠对于许多尿素循环障碍患者来说是有益的，比如在治疗多发性硬化、精神分裂症、早期阿尔茨海默病和帕金森病中也发挥了积极作用。以此方式激发学生对知识点的理解和掌握，同时用辩证的观点解决实际问题。

(一)多媒体教学法

根据"食品化学与营养学"授课内容的特点，采用丰富多彩的表现形式(如文字、图片、音频或视频等)来展现教学内容，既能优化课堂教学效果，又能激发学生学习兴趣，提高学习效果。因为食品专业的学生对生理学理论知识掌握得较少，化学反应及机体代谢途径等比较抽象，所以图片或视频能直观地展现变化过程，有利于学生对知识的掌握。比如讲解"非酶褐变"的过程和机理时，利用实物图片展示褐变的过程及代谢产物。

(二)PBL式教学法

PBL式教学法是"以问题为中心"(Problem-Based Learning)的教学方法，教师根据教学内容设计问题，学生围绕问题先自主学习，再分析问题，解决问题，课堂上教师再依据掌握程度对知识进行强化或拓展。比如"食品中的水分"这章中"等温吸湿曲线"部分可以从研究等温吸湿曲线的意义、食品配料与产品的水分含量关系、食品的保质期、食品的稳定性、包装材料及保鲜方式等角度设置问题。学生在分析中不仅涉及水分活度的内容，而且还涉及食品技术原理、食品工程原理、食品营养学、包装学等课程的基础知识。通过这种方式，学生培养自我学习的能力，以成为终生学习者和问题的解决者。

(三)CBS式教学法

CBS式教学法是"以案例为引导的教学"(Case-Based Study)模式，教学过程中教师选用能反映课程教授内容的典型性案例，组织学生对案例进行分析和讨论，提出问题，要求学生做出综合、客观的分析，最后由教师进行总结的一种互动式教学法。比如"油脂"这章中可将常见的食品如油条、薯条等作为案例，然后引申出油脂在高温、水、光、金属离子等环境中所发生的化学及物理变化，代谢产物形成过程及机理，以及这些变化对食品质构、保质期、口感等的影响，通过这种方式,学生对食用油有一个比较全面的认识,并对饮食方式有一定的引导。通过案例式教学,学生主动建构自己的知识框架,并能通过质疑与反思的途径提升自主探索能力,培养学生联系生活实际的能力。

(四)比较法教学

比较法是在分析与综合的基础上进行的对比鉴别,是确定研究对象之间异同点的思维过程[6]。蛋白质结构稳定性与稳定蛋白质结构的作用力息息相关,将各结构间的作用力进行比较,让学生更好地理解蛋白质各级结构的稳定性及周围环境对其稳定性的影响。食品蛋白质的功能性质分包括流体动力学性质(如水合性质、溶胀性、黏性、胶凝性等)和表面性质(如湿润性、分散性、溶解度、表面张力、乳化性、起泡性,以及与脂肪和风味结合性等),举出常见的食品如酸奶、腐竹、豆腐等,通过蛋白质作用机制比较,让学生更容易掌握蛋白质的功能性质及常见的蛋白质在食品中的应用。

食品化学另一作用是运用现代科学与技术手段对现有加工工艺提出科学的改进途径。丙烯酰胺是国际癌症研究中心(IARC)认定的2A类致癌物质[7],主要在高碳水化合物、低蛋白质的植物性食物加热(120℃以上)烹调过程中形成,140~180℃为生成的最佳温度[8]。从形成条件来看,油炸型食品如薯片、焙烤食品如饼干等食品中丙烯酰胺含量不低,但是这类食品并没有从我们身边消失,反倒是青少年甚是喜欢。目前,学者发现某些抗氧化剂如维生素C能降低丙烯酰胺的形成,有大型餐饮及食品加工公司已经对油炸型食品和焙烤食品的工艺进行了改进,使食品更利于人体健康。通过实例数据,学生更好地理解了食品加工过程的变化、改进措施等信息,同时也明白了自己的使命是为人类大众健康而奋斗。

(五)研究性教学法

研究性教学就是将一开放式问题交给学生,要求他们多用批判的眼光审视现有的结论,并关注解决问题。在公共营养这章内容中,"社区营养"部分要求学生自己先做PPT并讲解,然后组队做膳食调查,学生采用问卷的形式对家人或者大学生、肥胖患者、退休人员、糖尿病病人等人群的三餐品种和数量进行调查与评价,并提出合理的改进意见。通过调查问卷、整理分析资料、集体讨论、教师指导等方式进行修改,最后撰写调查报告及总结。以此方式引导学生积极思考,拓宽知识面,在学习了基础知识外,能将"生物化学""动物生理学""数理统计"等基础课联系起来,从而培养学生适应能力、解决实践难题和创新能力。

三 教学效果评价

合格的本科院校必须在教学中注重学生的能力培养,所以课程考核成绩应该涵盖学生重组知识的综合能力、应用知识解决问题的实践能力。所以考核涵盖了过程考核(出勤、课堂讲练表现、同组讨论及作业、课后作业、网络学习)和期末考核,使考核更公平、更科学,增强督导作用。通过采用多种形式多个阶段的考核评价,有效调动了学生学习的主动性和积极性,同时学生也能更好地掌握理论知识,而且沟通能力、文字表达能力、解决实际问题的能力都有所提高。

四 结 语

在当前情况下,通过对"食品化学与营养学"课程的教学内容、教学方法和教学效果评价等三个方面的教学改革和实践,锻炼了学生分析问题和解决问题的能力、团队合作能力、主动学习能力、观察能力、书面和口头表达能力等技能。教学改革是一个动态的课题,随时代、学科发展、学生等主体的变化而变化,在今后的教学工作中,我们还需不断根据教学中出现的新问题、新情况,大胆探索与实践,以全面提高教学质量和国民素质。

参考文献

[1]GARDNER L, LAWRENCE G. Benzene production from decarboxylation of benzoic acid in the presence of ascorbic acid and a transition-metal catalyst[J]. J Agric Food Chem,1993(41):693-695.

[2]JACOB S E, Hill H, LUCERO H, et al. Benzoate allergy in children-from foods to personal hygiene products. Pediatr Dermatol, 2016, 33(2):213-215.

[3]PIPER J D., PIPER P W. Benzoate and sorbate salts: a systematic review of the potential hazards of these invaluable preservatives and the expanding spectrum of clinical uses for sodium benzoate[J]. Comprehensive Reviews in Food Science and Food Safety, 2017,16(5): 868-880.

[4]魏国会. PBL和CBS相结合的教学模式在高职高专临床医学专业药理学教学中的应用

[J].教育与职业,2009(30):134-135.

[5]王大红.案例教学法在食品化学教学过程中的应用[J].武汉职业技术学院学报,2012,11(2):72-75.

[6]张萍.运用比较法教学促进学生思维[J].卫生职业教育,2006(5):58.

[7]仲维科,陈冬东,雍炜,等.气相色谱-质谱法测定油炸淀粉类食品中的丙烯酰胺[J].色谱,2005,23(3):312-314.

[8]陈旭明,李婷,王侠文.油炸型膨化食品中丙烯酰胺含量的结果分析[J].食品研究与开发,2013,34(19):75-78.

应用型本科院校国际贸易综合实训教学改革初探*

樊　琦**

摘　要: 本文以国际贸易专业实训课程为研究对象,分析应用型本科技术院校国贸专业实训教学特点,教学体系、教学模式、师资存在的主要问题。以专业核心实训课程为案例,提出培养外贸业务岗位需要的职业技术人才为目标,在学生创造价值的教学理念指导下,突出应用型、实践型、参与型的实训教学特点,围绕学生创业和学生创造价值,提出实践基地、业务案例库、学生创业园、产学教一体化,行业专家进课堂等实训课程教学模式。

关键词: 应用技术型本科国际贸易实训;教学方法

引　言

根据《国家中长期教育改革与发展规划纲要(2010—2020年)》提出的"促进高校办出特色,建立高校分类体系,实行分类管理"和"建立现代职业教育体系"要求,以应用技术大学类型为办学定位的地方本科院校包括地方民办高校,面临深化应用技术型大学的内涵,改革教育教学模式,建立符合社会需求的人才培养方案,实现与各地方、区域、行业、企业共同成长,实现校企双赢、产教共赢的良好教育产业一体化体系。

新型应用本科型大学以学生的职业发展为目标,课程体系建设以职业为导向,鼓励学生创新创业人才培养方案。国贸专业是与实践对接较强的专业,注

---

* 本文系校级优秀应用型课程"国际贸易实务模拟操作"的研究成果。
** 樊琦,浙江树人大学现代服务业学院讲师,研究方向为国际贸易实务。

重培养学生的实际操作和应用能力。因此,国贸专业课程设置必须提供具有发展潜力及弹性的课程,注意群集岗位能力和专项岗位能力培养的结合,在实训课程设置可以采用边学习边模拟实习模式,即理论授课与技能训练同步进行,这样做可以保证理论课与实践技能课之间的衔接和配合,使实训课取得更好的效果,避免流于形式。应用型本科技术大学要实现高质量办学,以教育创造学生价值为理念,确保企业、大学、产业之间良好的人才培养生态链。

本文以国贸专业实训课程为研究对象,分析当前民办高校国贸专业实训课程的教学特点,课程性质,存在的问题。并以国贸专业实训课程"国际贸易实务模拟操作"为例,提出适合当前应用型技术大学实训课程教学特点的教学方法和教学模式。

一　国际贸易实训课程教学特点

实践教学体系提高阶段的必修课程,具有实用性、仿真性、先进性和操作性等特点,通过不同外贸业务实训项目,学生熟悉外贸业务流程和国际惯例,掌握外贸业务操作环节、操作模式、业务流程,具备的基本外贸业务操作技能,培养适应外贸业务实践岗位需要的复合型人才。

当前实训类课程主要依托外贸实务实践平台,进行全方位、多角度、高仿真度的实践操作训练。教学软件完成国际贸易全套流程的实践操作,学生掌握基本的国际贸易实务操作技能和谈判技巧。

多数院校使用的软件是南京世格公司和对外经贸大学研发的SIMTRADE外贸实习平台软件,包含业务背景的确立、产品的选择、广告的推广、进出口商业务交易磋磋函电写作、出口产品定价、申请信用证、审核信用证、生产厂商买卖合同的签订、租船订舱、办理保险、缮制出口结汇单证、进口付汇、收货等全套业务环节。

二　国际贸易实训课程教学存在的问题

虽然本课程建设周期较长,但仍然在传统实训模式的影响下,教学方法单一,需要仅依赖教学软件完成实训任务。学生完成外贸业务实训都是在封闭的机房电脑前完成的。外贸业务环节众多,流程复杂,涉及多个部门,与不同的行业专家有联系,但教学内容仅仅围绕软件进行,必然造成教学与实践岗位的脱节。

(一)教学模式陈旧,缺乏新颖性

实训课程教学模式主要以学生完成实训任务,教师指导为辅,教学手段相对单一,教学模式缺乏创新,教学团队缺乏行业专家指导。教师实训指导内容以"国际贸易实务"课程体系为主,与外贸行业实际岗位技能要求和操作不相符。尚未真正体现国际贸易实训课程特点,不利于学生掌握外贸业务技能,迅速适应岗位,缩小教学与实践的距离。

课程的考核模式比较传统,对学生技能考核力度不够,把以能力本位的考核贯穿于实训教学的实施不到位。实训教学考核不及格现象极少,学生缺少考核压力,技能培养先天不足。

(二)实训教师队伍建设落后,行业专家参与度不够

多数从事实训教学工作的老师是高校国际贸易专业毕业后直接到学校工作,没有外贸行业实践经验。而且教学团队结构相对单一,主要由本专业理论教师组成,外贸一线专家没有参与本课程的实训教学。尚未建成校企合作教学团队,授课形式仍以自然班级为主,没有形成团队合作教学氛围。由于缺乏鼓励专业教师深入外贸行业一线挂职锻炼的制度,导致专业教师更新外贸行业实际业务操作知识难度加大。

三 教学方法创新改革模式

本文结合国际贸易实训类核心课程"国际贸易实务模拟操作"为例,探索新型教学改革模式。通过任务导向训练,学生才能熟悉外贸业务的流程和惯例,熟练运用交易磋商的各种技巧,熟悉外贸业务流程不同环节的工作内容,掌握外贸业务必备的操作技能和工作方法,并在实训体系实现技能和素养的有机结合。

(一)突出行业专家指导,以行业专家为核心的"双师型"教学团队

一支"双师型"的师资队伍:从企业引进具有丰富项目经验的工程师实施实践教学,以"双薪制"聘请企业高水平技术专家担任兼职教师,同时通过企业技术专家来校实训,或者委派本校教师赴企业实训,提升校内教师实践教学技能,学校也将工程实践能力作为教师考核的核心指标之一。打破传统的授课方式,创新教学模式。制定详细的教学计划,根据不同的实训项目内容要求,选择在多媒体教室、实训室、外贸公司、工厂进行现场授课。并请从事多年外贸工作的行业专家和优秀人士以讲座和沙龙的形式,分享其工作经历和人生体验,激发学生从事外贸行业相关工作的兴趣,并对学生求职或创业给予更专业、更深刻的指导。大学教师不仅要有较强的专业知识,更要具备良好的专业实践能力和行业素养。

实训基地的专业人士作为客座讲师对学生的实践过程给予指导和监督。即采取外贸行业专家指导—课堂实训安排—实训基地实践的培养模式,培养真正适合外贸行业最新发展需要的德才兼备、符合岗位需要的高技能型人才。

(二)项目式教学为主线,产教深度融合的教育创新模式

借鉴德国技术型大学采用的"Face to Face + E-Learning"混合型教学模式,邀请行业一线专家参与课程建设。成立由外贸一线专业人士和行业专家与国贸专业经验丰富的教师组成课程专家组,请多年从事外贸工作的专业人士作为课题组的专家顾问,将行业最新的变化和新的趋势融入实训课程教学大纲的制定中来,整个课程的实训目标、项目内容和教学设计都围绕进出口业务流程展开,如:选择纺织品出口或机电产品进口两大实训模块。纺织品出口模块继续细化为出口交易前的准备、出口交易磋商、出口合同拟定及履行等四个实训项目内容,每个实训项目下又可以根据不同的操作流程和业务特点,继续细化为不同的小项目。每个小项目都有其实训目标和需要掌握的操作技能。

实训指导书由学生和实训教师共同完成,学生记录每次实训过程、项目内容及实训体会,教师结合学生反馈,提出自己的意见和教学反思,实现教学的良性互动。

(三)充分发挥实践基地和外贸企业的第二课堂作用

产教融合是实现工程教育改革、培养应用型人才的有效途径。企业深度参与到人才培养过程中,有助于学校结合产业需求和行业标准强化培养学生的工程能力和创新能力,有利于学生更早熟悉工程化实践,有效提升其职业竞争力,实现课堂和岗位统一的实训模式。

密切联系实训基地和外贸企业,作为实训教学的"第二课堂"充分发挥其对实训课程建设的指导作用。

(四)充分利用大数据,建立外贸案例库

邀请教学团队的外贸企业人士和行业专家共同组成"国际贸易实务模拟操作"的课程专家组成员,以外贸一线实际业务案例为背景,进行实训项目内容设计,根据不同专家提供的业务案例内容,删除商业机密信息,建立本课程案例库。

同时,充分发挥学院校友会的国贸毕业生的优势,调动其对母校的感情,定期进行电话回访和邮件联系,根据外贸一线岗位实践发展要求和趋势,对案例库进行实时更新和调整、优化,便于实训项目的设计和安排。

以问卷调查的形式,对国贸专业毕业两年的学生进行调查,征求对本课程的建议和意见,调查问卷的设计和问题要细化,仔细推敲,最好得到专业机构的论证和认可,便于征求到最真实的改革意见和教学反馈。

(五)以学生为主导,实现方法与应用服务立体化

应用型本科技术型大学强调"创造学生价值"的办学理念。因材施教,培养学生团队合作精神,以小组为单位,充分利用网上实习平台,实现课堂、网络教学一体化。鼓励教师把案例教学与创新教育有机地结合起来,在解决国际贸易疑难问题过程中,培养学生的创新意识、创新思维和创新精神,引导学生用新方法创造性地分析和解决国际贸易中的新矛盾、新问题,以及参与国际商务案例研讨、电子仿真模拟、场景实训。鼓励学生积极参与实训项目内容讨论,提出教学改进意见,向教学团队成员咨询专业问题和行业信息;教师认真回答学生提出的各种问题,包括对学生进行就业指导和职业规划。

(六)鼓励学生创业,课堂教学延伸至课外

与产业的合作互动为教育提供现实依据,为创新注入持久活力。鼓励学生创新,进行校企合作平台实训和外贸岗位实习时,结合实习中遇到的问题,大胆提出自己的设想和改进意见。如果被企业采纳,推荐学生到该公司实习,并对其进行表彰和奖励。

对外贸行业有兴趣的同学成立创业小组,与我院实训基地合作,创业小组成为实训基地的合作伙伴或某业务部门,真正参与实际外贸业务中来,找客户、进行交易磋商、接收客户订单、联系供应商、货代、制单等各个环节,将实训课程的所学知识和技能真正付诸实践。

鼓励学生组织创业小组和团队,充分开发学生消费市场,满足学生消费需

求,积累创业经验,为未来就业打下良好基础。

四　结　语

在应用型地方本科院校转型职业技术院校的教育改革背景下,分析国际贸易专业实训教学体系存在的偏理论、轻实务,重视知识灌输、轻视实训能力培养的主要问题。提出从岗位出发,职业发展路径为指导,建立教师和行业专家校企合作的教学团队,鼓励学生创业,按照岗位需要设计教学实训项目和内容。

参考文献

[1]徐胜华,陈平.高职国际贸易实务与职业元素融合教学探索[J].职教论坛,2014(29).

[2]韩国威.高职学习领域课程开发中的工作领域分析—以国际贸易实务专业为例[J].职业技术教育,2014(23).

[3]鲁春义.SPT理念下国际贸易专业订单式培养模式初探[J].中州大学学报,2008(8).

[4]高校本科人才培养模式创新探索[J].中国成人教育,2007(12).

[5]张晓骏.独立学院国际贸易专业应用型创新人才培养模式研究[J].商场现代化,2009(10).

[6]王萍.高校经贸类专业开设"模拟国际贸易实践教学环节的研究"[J].中国高教研究,2004(1).

[7]高彩云.国际贸易专业仿真型实训室建设[J].中国职业技术教育,2007(7).

[8]张晓明,刘文广,等.国际贸易实务综合性教学解决方案的研究与实践[J].中国大学教学,2013(4).